思想觀念的帶動者

文化現象的觀察者

本土經驗的整理者

生命故事的關懷者

Psychotherapy

探訪幽微的心靈，如同潛越曲折逶迤的河流
面對無法預期的彎道或風景，時而煙波浩渺，時而萬壑爭流
留下無數廓清、洗滌或抉擇的痕跡
只為尋獲真實自我的洞天福地

明惠 夢を生きる

高山寺的夢僧
明惠法師的夢境探索之旅

河合隼雄

林暉鈞｜譯

目次

【推薦序】賞析宗教修行與 夢境探索的經驗寶典

　　《高山寺的夢僧》這本書，是日本第一位榮格心理學家河合隼雄的重要著作。主題內容是針對日本中世紀明惠法師長達三十年的夢的紀錄，進行榮格學派觀點的夢的解析，以闡明榮格所謂「個體化」（Individuation）的人格心理發展過程及其人文義蘊。我個人是在九〇年代於美國天普大學（Temple University）宗教學博士班進修時，在日裔佛教哲學教授長友繁法先生的引介下，初次有機會閱讀到本書的英譯本。由於當時我正在鑽研榮格心理學與禪宗修行經驗的可能詮釋連結，因此在閱讀本書後極感震動，對我在宗教經驗及夢境解析方面的思想啟發與影響，竟是漣漪不斷地綿延至今。於是當我返國任教後，便以野人獻曝之心多次向國內出版界提出翻譯出版本書的建議，然而卻因版權取得問題而多次受阻延宕，直到在心靈工坊王桂花總編輯的堅持努力下，今日中譯本才得以和國內讀者見面，可說是在曲折迂迴中見證了多磨好事，實屬難能可貴。

　　值此中譯本問世之際，我個人很樂意將我當初推薦本書的原因簡要說明，以提供讀者在了解本書重要性時的參考：

　　首先，能將個人的夢記錄幾十年的時間是非常稀有的，尤其夢者明惠法師是一個禪修僧人，夢的紀錄縱貫他的修行前後，以及他修行經驗逐步攀升後的不同意識層級，更是珍貴異常。因此，他的夢錄不僅是個人傳記式的，也是人類心靈意識集體原型

9

的縮影。尤其他在意識高階發展所做的生命大夢（big dreams），
更不是一般人所能想像的，其心理分析的意義因此極具參考價
值。

其次，這本夢的紀錄及其象徵解析，可以被當作是禪修經驗
次第的超個人心理學詮釋，河合隼雄的精闢解析讓原本宗教典籍
所遙指的修行意識轉化經驗，開始有了被具象化檢視與探究的基
礎，不再生澀難懂。

第三，對於身為榮格心理分析師的河合隼雄，明惠的夢的紀
錄啟發了他對日本東方宗教文化心靈原型的認識，他同時也以榮
格式的心理分析，讓明惠法師系列夢的現代意義得以澄明，為當
代人開闢出一條窺探究竟之道。因此，本書可以與河合一系列的
文化心理治療作品相互參照閱讀，但更具深度。

第四，明惠的夢之旅其實是榮格所說個體化過程的具體而
微，它是個人在精神與肉體、自我與神性、個人與社會諸多面向
上掙扎、吸納、平衡與整合的學習歷程。這對於尋求生命向上之
路的精神探索者而言，乃是具有高度勵志價值的學習典範。

常言道：「人生如夢，夢如人生。」凡人視夢為幻，然而
從佛教唯識及禪修的觀點看，夢境其實比醒覺的日常生活更為真
實，而且醒覺與夢中心識狀態的整合，乃是通往開悟意識的必經
之路。精神分析自佛洛伊德以降，也對於夢境能透露心識奧祕一
節再無疑義，只是百家爭鳴、詮釋曲風迥異罷了。榮格心理學的
解夢之道，因納入集體潛意識原型經驗的思考而獨樹一幟，最能
契通天人之際的宗教修行之夢。因此，凡是對宗教修行經驗、夢
的解析及日本佛教歷史文化有興趣的讀者，相信在閱讀這本奇書
時，都會有心中升起呼應自身內心探索問題蹤跡的驚嘆感，以及

引發個人心靈成長道路上見賢思齊的渴慕之情。更重要的是，書
中透過對明惠法師夢境分析所透顯的智慧明光，是絕對不會令入
此寶山者空手而回的。

蔡昌雄
南華大學生死學系系主任兼所長

文庫版前言

　　《高山寺的夢僧》（京都松柏社）出版至今，已然經過八年的歲月了。現在這本書將出版文庫本，筆者充滿了感恩的心情。但事實上，筆者在執筆撰寫這本書時，完全沒有預料到有一天它會以文庫本的形態出現。之前我只想著，就算只有少數人讀了這本書、認為它有意義，就已經很高興了。

　　但是讀過單行本的人比我預料的多，使它得以收入文庫之中。或許時代比我想像的變化得更快，有愈來愈多人對這本書產生了需求；這也表示，理解的人增加了。

　　原本有很長的時間，筆者本身對佛教並不關心。話雖如此，就算自己沒有意識到，只要是日本人就不可能和佛教沒有關係吧！到今天我都還記得很清楚，1959年第一次到國外旅行的時候，自己在護照的宗教欄上面，很惶恐地寫下了「佛教」兩個字。我能夠算是「佛教徒」嗎？恐怕有很多日本人，都和我有一樣的懷疑吧。

　　本書的〈後記〉，記載了我閱讀明惠《夢記》的經過。那時候我堅定地相信，自己找到了日本人的心靈導師。在這位導師的引領下，我不但進入了佛教的世界，還開始對平安時代的物語（故事），產生了濃厚的興趣。

　　在《高山寺的夢僧》這本書裡，夢當然佔了很重要的角色。筆者本身一直非常重視夢；但是並沒有想到一般人也會對夢如此地關心。對一位僧侶的夢所進行的研究，能夠引起這麼多讀者的

共鳴，二十年前任誰也想像不到吧。

這樣的傾向急速地加強，和人們對以歐洲、基督教文化為世界中心的想法，日益感到懷疑，有很大的關係。

筆者在年輕的時候，曾經以近代歐洲作為理想典範。但是在累積了多年心理治療的經驗之後，我開始思考日本人的生命態度，開始探求我們的根源。而且我漸漸認為，這樣探索的結果，將不只對日本人有意義，還可以幫助我們思考人類全體「心」的存在方式。

那並不是去「研究」古時候的日本、或是什麼珍奇的事情，而是去尋找對生活在現代的、普遍的人類之啟示。

在這個想法下，只要有機會，我就在歐洲與美國各地發表關於明惠的談話。本身也在思考現代人生存方式的歐美人士，能夠接受我的觀點，讓我非常高興。

很幸運地，這本書出了英譯的版本。因此，我在國外以別的主題演講的時候，也有不少人問我關於明惠的問題，或者和我分享他們的感想。歐美人特別關心明惠和女性的關係，這一點讓我印象深刻。天主教的神父，也有獨身的戒律；現在有不少人在議論這個問題；也有人把這件事，和明惠放在一起討論。

日本人如今面對的重大問題之一，就是重新檢視男女的關係。男女的關係有些地方，再怎麼思考也不可能理解；因此雖然有過各式各樣的看法，我認為榮格所提出來的阿妮瑪（anima）、阿尼姆斯（animus）的想法，值得傾聽（話雖如此，筆者並不是無條件同意他的看法）。

榮格以女性像、男性像，來捕捉阿妮瑪、阿尼姆斯的意象。如果借用他的想法來觀察，日本現代女性的心，受到阿尼姆斯意

象很大的吸引，而且逐漸地實現這個意象。男性如果要回應這個
情形，就必須發展他們的阿妮瑪。

但事實上，這是非常困難的工作。和女性的情況比起來，日
本的男性認真思考阿妮瑪的人非常稀少。我認為這個不平衡的狀
態，正是導致現在日本男女關係困難的原因之一。

明惠是日本人之中、也是古代少見的，追求阿妮瑪的人。以
這一點來說，他的生命態度值得我們學習的地方很多。雖然我們
沒辦法摹仿他的生涯，但是他的基本態度可以給我們很多啟示。

這次出版的文庫版，為了方便閱讀，增加了很多假名拼音。
這一點京都松柏社的西川嘉門先生，幫了我很多忙。同時我也要
感謝他，慷慨應允文庫版的印行。在出書的過程中，受到講談社
生活文化第三出版部豬俣久子小姐的照顧，在此表達我內心的謝
忱。

河合隼雄

明惠上人樹上坐禪像（高山寺藏）

【第一章】明惠與夢

這綿長的大夢

知其為夢的你啊

醒來

救助那些迷途的人吧

——《明惠上人歌集》

　　明惠房高弁，[譯註1] 生於承安三年（1173），歿於貞永元年（1232），享年六十歲（虛歲，以下同[譯註2]），是鎌倉時代初期的名僧。他目睹政治權力從平家轉移到源氏，又從源氏轉移到北条氏，這段期間先後出現法然、親鸞、道元、日蓮等多位高僧；那是一個日本人的靈性極度活潑的時代。明惠雖然與這些名僧並列，受到世人的崇敬，不同的是，他並沒有樹立新的宗派；尊崇他教誨的人們，也沒有形成足以延續到今日的教派。但是，明惠為我們留下了在世界精神史上堪稱稀有的極重要遺產，那就是貫穿他一生、為數龐大的夢紀錄。

　　稍候我們將更為詳細地敘述，明惠不僅專注於夢的記錄，而且這些夢在他的人生中占有重要的地位。明惠的夢與他清醒時的

譯註1　古代日本成年人的名字分為「諱」（本名、實名，亦稱忌名）與「字」（假名）。日常對話中，稱呼他人只可使用其「字」，自稱亦以「字」居多，只有在自報姓名的時候才會用「諱」。僧侶的「字」稱為「房號」。在這裡，明惠房是房號，高弁是法諱（出家後得到的名字）、幼名為藥師丸，尊稱明惠上人、栂尾上人。

譯註2　日本的虛歲算法，出生的那一年算一歲，翌年起每年的新年（不是生日）各加一歲。

生活完美地融合在一起，有如一幅繪卷；夢與現實，如同縱向與橫向的絲線，將他的生命交織成偉大的作品。分析心理學家榮格曾經談到個體化與自我實現的過程，明惠的一生正可以看作是這個過程的精彩範例。筆者對佛教完全是個門外漢；上述的事實，是我之所以想要寫一本書來探討明惠的強力動機。筆者身為深度心理學與臨床心理學的研究者，原本也可以將明惠視為客觀的研究對象，把討論的重點放在他的異常性與病理性；但是我對這一點沒有什麼興趣，所以本書不會由這個觀點來論述。在這方面，精神病理學者小田晉先生曾經發表詳盡的論文，[註1] 有興趣的讀者可以自行參考。

　　明惠是基於什麼樣的想法、用什麼樣的形態記錄下他的夢？筆者為什麼對「夢」這件事情特別重視？首先我想從以下幾點談起。

一、《夢記》

明惠與夢

　　明惠自己親筆記錄的《夢記》，據推算大約有一半左右流傳下來，我們有幸可以直接閱讀。[註2] 明惠從十九歲開始記錄

註1　　小田晉〈明惠〉，《からだの科学》62，日本評論社，1975，所收。

註2　　明惠《夢記》的手稿，目前收藏於京都的高山寺，但是我們可以透過下列的兩種出版品閱讀：

　　　　〈明惠上人夢記〉，收錄於《明惠上人資料 第二》，高山寺典籍文書綜合調查團編，東京大學出版會，1978。

　　　　〈明惠上人夢記〉，收錄於《明惠上人集》，久保田淳、山口明穗校註，岩波書店，1981。

　　　　前者是手稿的影印本，附有周詳的索引；後者是文庫本，一般讀者較容易取得，因此除非特別說明，否則本書引用的《夢記》，皆出自後者。

他的夢，一直持續到他死亡前一年。除了《夢記》以外，他為佛
經所做的註釋中，也留下了一些關於夢的紀錄。還有，明惠的傳
記裡，也將外在的事實現象與許多他的夢並列記載。透過這些資
料，大致上可以補足《夢記》佚失的部分。

那麼，為什麼明惠這麼執著於夢呢？有時候明惠會在夢的紀
錄之後，寫下他對於這個夢的看法，相當於今日我們所說的「夢
的解析」；透過這些文字，我們得以窺見他對夢的態度。從實例
來看或許比較容易了解，讓我們來看看承久二年（1220）二月
十四日，明惠四十八歲時做的夢。為了方便討論，筆者為幾個重
要的夢取了名字；這個夢我們就叫它「禪觀之夢1」。

> 同二月十四日之夜，夢中見一池塘，大小僅約七、
> 八百坪，水少而乾涸。大雨驟降，池水滿溢，其水清澈見
> 底。其旁又有一大池，狀如遠古河流。小池之水充滿，與大
> 池僅隔一尺許。我思：今若再落雨少許，小池必與大池相
> 通。若兩池相通，魚、龜等必游往小池。心以為其時為二月
> 十五日也。我思：今夜月影浮映於此池，其景必甚美。
> 　　細想之後，小池乃禪觀【譯註3】也，大池乃諸佛菩薩所
> 證【譯註4】之根本三昧，【譯註5】魚等乃諸聖。一一具有深義。
> 我思：水枯乃未修佛法之時，水滿乃修行佛法之時。今若稍
> 增信心，則必通諸佛菩薩之道。小池無魚，乃初習佛法之時
> 也。（「禪觀之夢1」）

譯註3　禪觀乃捨棄雜念、觀察真理之意。又稱參禪、冥想。
譯註4　所證是指「悟」，修行所得之證果。
譯註5　三昧乃梵語 Samadhi 之音譯，意指心神統一、安定、專注之狀態。亦譯為三摩地、三摩
　　　　堤、定、正定等。

　　接在「細想之後」的文字，乃是明惠本身對夢的「解釋」。小池塘是禪觀，大池塘是「諸佛菩薩所證之根本三昧」；透過修行（夢裡則是透過下雨），兩個池塘將連結在一起，禪觀將通往諸佛菩薩之道。這個解釋有如「水往低處流」一般自然；現代解析夢的專家們，大概不會提出異議吧。當然，一個夢可以有多種解釋，重要的是提出的解釋必須對作夢的人產生意義；但是解釋如果偏離夢境的脈絡，還是難以令人信服。從這個觀點來看，明惠的解釋非常具有說服力。

　　雖然只舉出一個例子，我們可以看到明惠很自然地記錄自己的夢，有時候加上自己的解釋或感想。在他的紀錄裡，明顯帶有宗教意味的夢，如「文殊大聖於空中顯形」等，與之前提到的「大雨降在池塘上」這種很普通的夢（如果不看他的解釋的話），平等地並列。同時我們也可以了解到，明惠本身對夢的解釋，並不是採取「佛像出現就是宗教性的，世俗之人出現就是世俗性的夢」這種淺薄的分類方式。之後我們將進一步看到，明惠非常了解夢的本質；正因為如此，他才能夠如此持恆專注地記錄這些夢。

　　本章開頭所引用明惠的歌，是為了回應他的舅父上覺【譯註6】所作。上覺是引導明惠出家的人，曾經作了這樣一首歌：

　　　　　浮世之物　　盡皆無常
　　　　　宛如一夢　　究竟虛空

譯註6　　上覺，生於久安三年（1147），歿於嘉祿二年（1226），平安時代後期、鎌倉時代前
　　　　期真言宗的僧侶。法名上學、淨覺等，諱行慈，號西山隱士。湯浅宗重之子，明惠之舅
　　　　父。

　　上覺在這首歌裡所描述的，是當時僧侶與知識階級共通的想法：這個世界上所有的事物，都有如幻夢一般。相反地，明惠的歌讓我們看到比較積極的態度：如果知道塵世如夢，就應該醒過來，去幫助迷途的人們。與其感嘆，不如覺醒。這樣的言論在當時的佛僧之中，是非常特別的，可以說是極具現實感、合乎理性的態度。光從這首歌來推論，或許有些人會認為明惠並不重視夢的價值。但事實上，筆者認為正因為這種合理且積極的態度，明惠才能夠終身堅持記錄他的夢，也才能完成這麼稀有的成就。隨著本書論述的展開，我們將看得更清楚。將此世視若一夢，明惠從這樣的態度出發，斷然覺醒，並以此清醒之眼，注視著自己的夢。我們若要研究明惠的夢，絕對不可忘記這一點。

夢的記錄

　　一生持恆地記錄自己的夢境，果真是稀有的事嗎？其實人類自遠古以來，就對「夢」抱持高度的關心。古代埃及人認為夢是神的諭示；關於古代埃及的夢，我們可以從《舊約聖經》中略窺一二。〈創世紀〉第四十一章記載，埃及法老夢見「七隻美好肥壯的母牛與七隻醜陋乾瘦的母牛」，約瑟為他解夢，預言緊接在七年的豐收之後，將有七年的飢荒；後來預言果然實現。《舊約聖經》裡還記載了其他至少十個以上的夢。《新約》中也有好幾個例子；例如〈馬太福音〉第一章記載，約瑟知道馬利亞懷了孕，想要暗暗把她休了，這時候他在夢中見到主的使者，於是決意娶馬利亞為妻。

　　稍後我們再來談論日本古代的夢。古代的印度與中國，也不乏夢的紀錄。摩耶夫人懷有釋迦的時候，夢見胎內有菩薩騎著白

象；即使是孔子這樣的理性主義者，也曾感嘆自己三日未曾夢見周公。自古以來有關夢的記載，像這樣的例子要多少有多少；但如果是個人終身持續的紀錄，恐怕在近代以前，除了明惠，找不到其他實例。筆者專攻夢的分析，始終對這一點抱持關心，也會趁著旅行歐美的時候，詢問當地的學者，但是至今仍未有任何重要發現。日本的多聞院英俊【譯註7】（1518-1596）受到明惠的影響，曾經在他的日記裡寫下了為數不少的夢。儘管如此，放眼世界，足以與明惠比擬的例子，只有十九世紀末法國的聖德尼侯爵（Hervey de Saint-Denys）【譯註8】長期記錄夢；佛洛伊德在《夢的解析》一書也曾引用聖德尼侯爵的著作。不過，聖德尼侯爵記錄夢，偏向於「研究」的立場，明惠則是在夢的記錄中發現與生存本質息息相關的重大意義，兩者的旨趣略有不同。

從上述的說明，讀者或許可以了解明惠的《夢記》之重要性。終生持續記錄自己的夢，所需要的「心」的能量，遠超過我們的想像；如果有讀者不贊同我的說法，只要親自試試看，就會知道那有多困難。首先，如果對夢的意義沒有相當程度的了解，興趣就會愈來愈淡，很難繼續下去。而且，夢與清醒時的意識不容易連結在一起，想要記住夢的內容，比想像中困難很多。許多人知道自己夜裡作了夢，醒來後卻記不得夢的內容，就是這個緣故。舉例來說，正在接受夢分析的人，在分析師的幫助下，得以

譯註7　英俊，生於永正十五年（1518），歿於文祿五年（1596），日本戰國時代的僧侶。興福寺多聞院主，號長實房，世人多以「多聞院英俊」稱之。

譯註8　聖德尼侯爵（Marie-Jean-Léon Le coq, Baron d'Hervey de Juchereau, Marguis d'Hervey de Saint-Denys, 1822-1892），又名德理文，法國漢學家（sinologist）、夢的研究者（oneirologist）。河合先生提到的著作是《夢以及控制它們的方法：一些實際的觀察》（Les rêves et les moyens de les diriger; observations pratiques, 1867）。據稱聖德尼從十三歲就開始記錄自己的夢。

切實地感覺到夢的意義，也因此記得住自己的夢，可是一旦分析終止，就變得記不住了，這樣的例子很多。

另外有些人對於夢的記憶非常清晰，寫起紀錄來也沒有任何滯礙。對這樣的人來說，有時候無意識的力量會過於強大，超脫意識的駕馭，甚至帶來危險。這種情況下，能夠長期持續記錄夢的案例很少；要不然就是夢的內容強烈顯示病態的要素。明惠的夢，都沒有上述的情形。

考慮到這種種因素，我們不得不說，明惠在那樣的時代能夠如此持恆地書寫夢的紀錄，其精神力之強韌，難以衡量。先前我們說這在世界精神史上是稀有的現象，一點也不誇張。精神病理學家小田晉如此讚美明惠：「文化史上，他是日本第一位以主觀方式積極探索個人的、異常的、內在體驗之人。」【註3】真是所言不虛。「以主觀方式探索內在體驗」，除了藉由夢之外，還有其他方法，或許難以驟下結論；但若是談到透過夢來面對這麼困難的課題，即使說明惠是「世界第一人」，也不為過。

筆者幾乎每天都要接觸現代人的「夢紀錄」，這樣的經驗讓我深切地了解，明惠身處十二、十三世紀，在沒有任何「分析師」的輔助之下，能夠終生持恆地記錄他的夢，是一件多麼偉大的成就。它對我的衝擊，很難以文字傳達一二。

佛僧與夢

雖然實際動筆、終身記錄夢境的行為相當稀有，不過對當時的人來說，慎重地看待夢，原本就是理所當然的事。當時的佛

註3　小田晉，同前引論文（註1）。

僧們就經常經由夢的引導做出重大的決定，或甚至達到開悟的境地。明惠前後的時代，印行了許多佛教故事集，其中記錄了許多有關夢的事；希望將來有機會的話，可以在其他文章中詳細地分析。在這裡我謹參考菊地良一的著作，概略地敘述佛僧與夢的關聯。菊地良一在《中世紀故事的研究》一書中，對於佛教故事裡有關夢的問題，有著非常精闢而耐人尋味的論述。【註4】

　　一般來說，佛教包容了種種對於夢的見解，並沒有既定的觀點。比方《大智度論》【譯註9】第六卷，就對夢抱持否定的態度。另外根據菊地良一引述，《大毗婆沙論》【譯註10】中，認為夢是「心與心所【譯註11】因著機緣、隨境而轉之物」，換句話說，是精神的相互作用之產物。《大毗婆沙論》之中還介紹了將夢視為疾病、天神惡鬼的引誘、預兆等等其他的說法。我們之前介紹過摩耶夫人的夢，出自《過去現在因果經》。【譯註12】另外，《阿難七夢經》記載了阿難【譯註13】的七個夢，以及佛陀對這七個夢的意義之闡述。因為在佛教中經常出現將夢視為預兆的態度，且讓我們在這裡略做介紹。阿難的第一個夢是池塘發生火災；第二個夢是

註4　　菊地良一，《中世説話の研究》，桜楓社，1972。

譯註9　　《大智度論》，佛書的一種，共一百卷，龍樹著，由鳩摩羅什譯為漢文，是大品般若經的註釋，包羅廣泛，可稱為大乘佛教的百科全書。又稱《智論》、《大論》、《智度論》等等。

譯註10　《大毗婆沙論》，佛書的一種，總合說一切有部（Sarvāstivādin）的理論，共兩百卷。西元二世紀前半在喀什米爾編纂而成，由唐朝玄奘譯為漢文。

譯註11　「心所」是佛教用語，譯自古印度巴利語 cetasica。有存於心之物，因心而生之物，心的成分，心的作用之意。

譯註12　《過去現在因果經》，從釋迦前世的善行開始，敘述到釋迦現世的開悟之傳記。五世紀時由求那跋陀羅譯為漢文。又稱《因果經》、《過去因果經》。

譯註13　阿難（梵語：Aananda，有歡喜、慶喜之意，又譯為阿難陀）是釋迦的堂弟，十大弟子之一。伴隨佛陀講經說法，後繼承釋迦與摩訶迦葉，繼續領導僧團，被稱為佛教第三祖。佛經中常出現的「如是我聞」，其中的「我」即是阿難。

日月星辰殞落；第三個夢是出家人墜落洞穴之中，世俗之人的白袍覆蓋在他們頭上；第四個夢是山豬闖入棟樹林；第五個夢是須彌山【譯註14】置於頭頂，卻不覺得重；第六個夢是大象遺棄幼象；第七個夢是死去的獅子口中爬出蟲子來，並且吃掉獅子的屍體。佛陀認為這七個夢，皆為佛法的衰微以及出家者的墮落之預兆。

很顯然明惠也讀過這本《阿難七夢經》。觀察古代佛僧如何看待與想像衰微與墮落的概念，十分有趣。還有許多其他的例子散見於佛教典籍中，顯示夢經常被當作吉凶的預兆。

另外有一種態度，是把夢當成一種宗教體驗，中國遼道廙所編著的《顯密圓通成佛心要集》【譯註15】就是其中一個例子。這本書認為夢是通往觀想的一種途徑，並且敘述觀想與作夢的功德。明惠的思想很可能也受到它的影響。《顯密圓通成佛心要集》認為，既然佛教本來的目的是為了成佛，就不應該區分顯教或密宗；因此集結了顯密各宗派的成佛心要，以獲得成佛所需之圓通為主旨，編纂而成。書中強調作夢與觀想的功德，並且舉出下列具有功德效驗的夢：（一）夢見諸佛菩薩聖僧天女；（二）夢見自身騰空自在；（三）渡大海、浮江河；（四）登上樓臺高樹；（五）登白山；（六）乘獅子白馬白象；（七）好華果；（八）著黃衣白衣沙門；（九）喫白物吐黑物；（十）吞日月。

這種思想認為看見「好相」與成佛有關；夢見上述的「好相」，與其他的修行方式有同等的價值。它不把夢當成吉凶的

譯註14　須彌山（梵語：Sumeru，又譯為蘇迷嚧、蘇迷盧山、彌樓山，意為寶山、妙高山），古印度神話中位於世界中心的山。此世界觀後為佛教所採用。

譯註15　《顯密圓通成佛心要集》是中國的佛教著作，原著作者題名為「五台山金河寺沙門道廙集」，據推測編著於遼代，但亦有元、唐、宋等其他說法。全書是作者學佛修行的體驗與心得，提倡顯密兼學。河合先生認為作者名「道廙」，應是訛傳。

預兆，而認為作夢是修行的一種重要手段。這種思想更進一步延伸，形成這樣的態度：我們不但透過夢來看見所謂的「好相」，夢的體驗本身就是一種宗教體驗；我們透過夢而獲得宗教的領悟，同時相信「夢告」[譯註16]是來自神佛的啟示。

歷代高僧與宗派祖師的傳記顯示，他們有許多原初的宗教體驗，來自作夢或夢告。其中最著名的例子，或許是親鸞在六角堂的夢告。這個事件與明惠的夢有極重要的關聯，我將在第六章詳細論述。

鎌倉新佛教最後的祖師、開創時宗的一遍，也是透過夢告，得到他信仰的原初體驗。[註5]一遍生於明惠歿後七年（1239年），出身武士家庭，幼年喪母，與明惠的境遇相似。但是，一遍的思想與明惠大不相同，屬於淨土宗之流。一遍在前往參拜熊野權現[譯註17]的旅途中，將印有「南無阿彌陀佛」六字名號的紙箋隨機分贈給路上遇到的人。其中有一位和尚拒絕接受一遍的紙箋，使他受到強烈的震憾。一遍問他是否無信仰之心，那名僧人斷然回答：「雖然我對經書的學說沒有懷疑，但是信仰之心無法興起，我也無能為力。」一遍因此借宿熊野的本宮，閉關祈禱。深夜，阿彌陀佛化身熊野權現，以夢告向一遍示諭：

「致力融通念佛的聖者啊，念佛的力量如此卑微，一切眾生並不會因為你的努力就往生淨土。」換句話說，往生淨土只能憑藉佛的誓願；「不管信或不信，不論淨與不淨」，一遍「只管分

譯註16　「夢告」來自日文，意指夢中神佛現身，以言語直接傳達意志與指示，因此無須解夢。
註5　　詳見小西輝夫，《精神医学からみた日本の高僧》第八章〈一遍〉，牧野出版，1981.
譯註17　「權現」來自日文，意指佛、菩薩為了普渡眾生，以假借的姿態降臨此世；特別指化身為日本土著信仰的神祇。熊野神、熊野大神是熊野三山祭祀的神祇，受到「本地垂迹」（日本佛教興隆時期，神佛合一的思想）思想的影響，故稱為「熊野權現」。

贈紙箋就好」。一遍在此得到信心的基礎，持續修行之旅，以印有六字名號的紙箋分贈眾生，不再動搖。

明惠的時代，有些人相信夢本身就是神佛的告示。有些人認同前述佛教經典的看法，認為夢是吉凶的預兆。這一點經常與民俗信仰結合，演變成「夢見掉牙齒是不吉之兆」之類的占卜、斷夢，也有人以斷夢為職業。另外有些人將夢與夢告視為修行的一種，透過夢與夢告來累積自己的修煉。在這種種對於夢的態度之中，明惠抱持自己的想法，獨自從事夢的記錄。

包括前述的《阿難七夢經》，明惠從許多經典中摘錄有關夢的記載，親自編集成為《夢經抄》一書。由此可見，他對佛典中有關夢的知識相當熟悉。不過，從他的《夢記》可以看出，雖然他對這些知識抱持強烈的關心，卻沒有受到它們的觀念束縛。不管是《夢記》中所記錄的夢的內容，或是他對夢的解釋，都顯示出他以相當自由的態度來看待夢。關於這一點，隨著我們逐一討論明惠的夢，將會看得愈來愈清楚。在那之前，筆者想要先討論夢是什麼，以及我對夢的看法。

二、夢是什麼？

在論及明惠的夢之前，我想先談一談：夢究竟為何物？最近我國（日本）對夢也有相當的關注，似乎沒有必要鄭重其事地說明；但是為了表白筆者面對夢的立場，在這裡稍微敘述我的想法，應該是適切的。同時，為了理解明惠，也需要對夢有某種程度的先備知識。

夢的研究

如前所述，過去人類曾經極度重視夢，認為夢是來自超越性存在的訊息。但是經過漫長的歷史，到了西洋的啟蒙時代，夢的價值急遽地下降。夢被斥為非理性的東西，夢的判讀則被貶斥為迷信的行為。眾所周知，佛洛伊德再度把注意力聚焦在這個為人所淡忘的領域，同時把夢當作學術研究的對象。透過他治療歇斯底里患者的經驗，他認為無意識對人類心理的作用不可忽視，並且發現在探索無意識的過程中，夢扮演了重要的角色。他的劃時代鉅著《夢的解析》，正好出版在世紀交替的1900年，應該不是偶然。

極端簡化地說，佛洛伊德最主要的主張，就是夢並非荒唐無稽的東西，而是作夢者的「（受到壓抑的）願望之滿足（經過偽裝的）」。佛洛伊德將夢區分為顯夢（manifest dream）與隱夢（latent dream）兩種形態。人類壓抑的願望之所以在夢裡顯形，是因為睡眠中自我（ego）的控制力減弱。但是由於自我與超我（super-ego）對於本我（id）的願望仍然保有部分「檢查」的力量，夢為了逃避「檢查」而產生扭曲與變形。因此，如果只是觀察經過扭曲變形的夢，我們很難了解其意義；「夢的解析」，就是透過顯夢去發覺隱夢，同時將受到壓抑的願望帶到意識的層面。

根據這樣的想法，佛洛伊德分析了大量患者的以及自己的夢，得出他的結論。他在人類各種壓抑的願望中，特別強調「性」的作用。他對「性」的解釋十分廣泛，認為人類從嬰幼兒時期即有性愛的存在；同時斷言夢的分析之主要任務，就是澄清嬰幼兒時期的性慾如何遭到壓抑而埋藏在無意識裡。他也主張人

類在夢境中，對於心的內容進行凝縮、視覺化、戲劇化以及位移等工作。

　　榮格讀了佛洛伊德的《夢的解析》後甚為感動，進而與佛洛伊德成為知交，兩人協力共同為精神分析學運動而奮鬥。但是，1913年的時候，兩人正式決裂。之後榮格建立起他獨特的心理學，通稱為分析心理學；他在自己的體系裡最重視的，就是夢的分析。與榮格相比，佛洛伊德重視自由聯想法，更勝於對夢的重視；夢對他來說是次要的課題。榮格對夢的看法在許多方面與佛洛伊德不同，其中最顯著的差異是：榮格非常重視夢原來的樣貌，並不像佛洛伊德那樣，將夢切割為顯夢與隱夢。

　　在對夢的不同態度背後，隱含了兩人對無意識看法的差異。榮格認為人類的無意識是更廣、更深的東西，不只是遭到自我壓抑的「心的內容」，更沒有辦法簡單地以正向或負向來判別其價值。有時候無意識同時具有破壞性與建設性，成為創造力的泉源。根據榮格的想法，人類的自我雖然具有某種程度的統合性，本身卻不是完整的；某種程度來說，自我是片面的，而無意識經常對自我產生補償、平衡的作用。榮格這麼說：「夢的一般性機能，是以細膩的方式，產生足以重建全體心靈均衡之夢的素材，進而試圖恢復心理的平衡。這就是我所說的，夢對我們心靈構造所擔負之補充的（或者補償的）角色。」【註6】

　　依循榮格的這個想法，分析他人的夢時，最重要的是要了解作夢者的意識狀態。換句話說，如果我們想要了解夢是以何種方式對人的自我進行補償作用，首先我們必須知道作夢者的意識活

註6　榮格（C. G. Jung），《人及其象徵》（*Man and His Symbols*, 1964）。

動。因此，兩個不同的人即使作了同樣的夢，我們也必須給予不同的解釋。對於榮格學派的分析師來說，探詢當事者作夢當下的想法與情緒，是非常必要的。

從這一點看來，既然我們無法與明惠交談，也就無從解釋他的夢。某種程度來說，確實是如此。事實上，筆者閱讀明惠的紀錄時，有許多夢的意義的確難以了解。但是之後我們將看到，有部分的夢，透過明惠的傳記以及他的其他著作、他身處的時空背景、不同的夢之間相互的關聯，我們還是能夠達到某種程度的推論。本書討論的對象，將限於這一類的夢。

另一個重要的問題，是關於夢的象徵性。大家都知道佛洛伊德重視所謂的性象徵；他認為長矛、刀子、筆等等，是男性陰莖的象徵，而箱子、衣櫥之類的容器，則象徵子宮。關於這一點，榮格雖然在某種程度上也接受這種說法，但是他不贊成一對一的對應關係。榮格以非常嚴謹的方式使用「象徵」這個詞語。他如此定義：象徵並不是某種已知事物單純的代替品；象徵是我們意欲表現某種未知事物的時候，所能找到最好的、最貼切的表現方式。舉例來說，夢見撿到一支筆，我們不應該貿然斷定那支筆就是陰莖的「象徵」（當然，這個看法也有可能是正確的）；我們必須盡可能去思考，到底是什麼東西，非用這支筆來表現不可。

我們相當簡化地描述了佛洛伊德與榮格對於夢的思考方式。在他們之後，相繼誕生的其他研究，更發展出對於夢不同的解釋方法。比如在夢的生理學研究方面，也有急速的進步，目前認為人類一個晚上大約會作五到六個夢。不過，之前也說過，一般來說要記住我們所作的夢是很困難的。

　　福茲哈傑（Fosshage）與勒夫（Loew）曾經主持過一個有趣的研究：他們讓分屬六個學派（包括佛洛伊德學派與榮格學派）的分析師，分析同一位患者的夢。【註7】結果發現佛洛伊德學派和存在主義學派形成相反的兩極，其他的學派則顯示出相當程度的相似性；特別是他們一致認同榮格的主張：「夢具有讓心靈全體回復平衡的功能」，這一點令人印象深刻。

　　如前所述，佛洛伊德學派重視固定的性象徵理論；處於另一個極端的存在主義學派，則極端強調個別的夢之一次性與個別性，拒斥任何象徵理論。其他學派則處於這個兩極之間。

夢的分析

　　我們說過，夢具有讓心靈全體回復平衡的功能。伴隨著成長，個人所形成的自我，具有某種程度的統合與安定之特質；如果沒有發生重大的事件，就可以保持在這樣的安定狀態下。但是以另一個角度來看，這所謂的安定也可以說是一種停滯，只是自我的一個面向；自我始終保有朝向更高次元去統合演變的可能性。因此，我們觀察自己的夢，將夢與我們的自我對照，以了解夢諭示性部分的意義，進而改變自己的生存方式與態度；這樣做將使我們的存在朝向更高層次的統合成長與轉變。分析師的工作就是為這個轉變的過程提供助力；其中夢的分析扮演了重要的角色。

　　分析師陪伴著患者的人格轉變過程，有時候無法只是扮演觀察者或者建言者的角色，而必須對患者的無意識世界敞開心胸，

註7　　福茲哈傑與勒夫（James L. Fosshage & Clemens A. Loew），《夢的解析：當代研究》（*Dream Interpretation: A Comparative Study*, 1987）。

讓自己也暴露在無意識的力量面前，捲入狂亂的漩渦。在這種狀況下，已經沒辦法遵循既存、既定的方法與規則而從事解釋或者提供建議；分析師必須以自己的存在為賭注，讓自己與患者的個性互相衝撞。榮格在晚年談到自己年輕的時候，佛洛伊德曾經解釋他的夢，為他帶來了衝突與糾葛：

> 上述的爭議提示了我們關於夢分析的一個重要本質：夢的分析並不是一種學得來的、有規則可循的技術，而是發生在兩個人格之間辯證式的對話。」【註8】榮格進一步說道：「如果我們將夢分析當作一種機械式的技術，作夢的人將失去他的心靈與人格，治療也將化約為一個簡單的問題：分析者與被分析者，誰將成為支配的一方？

　　當然，筆者並不打算在這本書裡扮演明惠的「分析師」。但是為了探討明惠的夢，我不得不在最根本之處，讓「兩個人格之間產生辯證式的對話」——如同榮格所說。同時榮格也不厭其煩地提醒我們，在這樣的關係之中，分析師有可能反遭被分析者吞噬。換句話說，如果被分析者的夢所蘊藏的課題過於巨大，超越了分析師的器量，不但分析師的精神會陷入不安定的狀態，有時還會導致破壞性的經驗；在某些極端的狀況下，分析師甚至會淪入被分析者的控制與操弄之中。但是如果抱持與筆者類似的態度與想法，認為夢不只是「客觀的研究對象」，那麼這個危險就無法避免。同時在了解明惠本身對於夢的態度之後，那種「客觀

註8　　榮格，同本章註6。

的」研究方式，也引不起筆者的興趣。

接著我想談一談有關夢的解釋之多樣性。透過上述的觀點，或許不難明白，夢的解釋會反映出分析者的個性，因此不可能只有單一的意義；同時，因為人類的意識具有某種階層式的結構，選擇在不同的意識層次對於夢進行分析，也會帶來不同的解釋。不過在實際進行分析的時候，分析師的解釋是否能夠讓被分析者感覺「切中要點」，以及「切中要點」到何種地步，可以當作某種程度的判準，藉以判斷解釋的有效性。但是因為寫作本書的時候，明惠已經不在人世，所以這一點只能仰賴讀者。參照明惠的人格，筆者的解釋對讀者本身來說是否具有意義，能不能「切中要點」，將成為本書論述有效性的某種判準。讀者們也可以從各自的觀點解釋明惠的夢，再與筆者的解釋互相「衝撞」，或許會產生新的發現。但是不管怎麼說，不會有所謂正確的或是唯一的解釋。

讓我們以先前提到過的「禪觀之夢1」（第19頁）做為例子；明惠本身已經為這個夢提出解釋。筆者不屬於佛洛伊德學派，所以只能推測；不過如果是佛洛伊德學派的學者，大概會這樣解釋這個夢吧：

兩個池塘因為下雨而連結起來，意味著男性與女性的性結合。「下雨」和日語暗喻情色的詞語「濡れ場」（濡濕的場面）有關；兩個池塘連結之後，魚、龜等生物從一個池塘游到另一個池塘，也令人聯想到射精的時候，精液到達子宮的情景。就算是名僧，也有強烈的性慾；這個夢是性慾經過偽裝後的形態。明惠在無意識中也了解這一點，而試圖將它隱藏起來，所以說這是「禪觀」，硬是把它解釋成宗教的體驗。

　　當然，沒有任何實證的方法，可以讓我們判斷這樣的解釋是否正確。只不過，我們倒是可以確定，這個解釋的後半段顯然並不貼近事實；因為明惠不但曾經毫不隱瞞地向弟子們敘說自己的性衝動，也曾經把自己作過與性慾有關的夢，忠實地記載在《夢記》裡（請參照本書第224至231頁，有關「性夢」的章節）。換句話說，雖然性的問題對明惠來說是一個重要的課題，但是他從來沒有試圖掩飾、隱藏。而且，就算上述「佛洛伊德式」的解釋是正確的，也不能算是完整的，它還留下重要的問題有待思考：那就是「性」這個意象所包含的強烈意涵。「這個夢表示性的結合」這句話，可以用別的方式重新敘述：「新的事物透過異質事物之結合而誕生；為了達成這樣的結合，心理上、肉體上都必須流出強大的能量。」以這個方式重新敘述，我們可以看到「性」這個意象，在本質上與禪觀的修行並沒有什麼不同。

　　有些人批評佛洛伊德，不管什麼都化約為「性」來解釋；但是這樣的批評大多是淺薄的。我們必須了解，在佛洛伊德的時代文化中，「性」具有何等強大的衝擊力、何等深遠的意涵。對佛洛伊德來說，性本身就是一種象徵。從這個角度來看，雖然說一個夢可以有多重涵義的解釋，但很多時候乍見不同的解釋，在最基礎、最底層的部分，卻是相通的。從事夢的分析，我們必須盡可能努力以語言來表達那最基礎、底層的部分。

夢的作用

　　我們說過夢具有補償的作用。在這裡我想要先區別、說明榮格所提出的「補償」（kompensatorisch）與「補全」（komplementär）這兩種不同的功能。如果將某種事物加於某

個存在之上，可以使它變得完整，這就是所謂「補全」的作用；
比如將一個半圓加在另一個半圓之上，使之成為完整的圓形。但
是如果某種事物對於某個存在來說，雖然具有補充的功能，卻不
一定能夠使該存在變得完整，榮格稱這樣的現象為「補償」的作
用。對我們來說，通常「補償」的性質比「補全」的性質容易接
受。讓我們看看一個例子：對於極端外向的人來說，強烈內向的
性質可以說是補全性的存在，但通常這兩者的差異過於懸殊，無
法統合。相反地，輕微的內向性質則比較容易被外向的人接受，
因此可以扮演補償的角色。榮格主張無意識具有補償的作用，這
表示某種程度來說，無意識的內容是自我較容易接受的。因此，
夢見某種事物，同時也表示該事物的內容與自我相當接近。

　　從這一點來看，雖然夢揭露無意識的內容，但是它與意識的
狀態也有很大的關係。透過一個人的夢，我們可以推測這個人的
意識狀態到某種程度；如果意識沒有達到相當的水準，有一些夢
是看不到的。換句話說，若未經過相當的修練與努力，我們很難
夢見意義深遠的夢。

　　有些讀者說不定會覺得，之前所引述的明惠的夢，未免過於
條理分明。從我們自己作夢的經驗來推測，的確很難相信人會作
這樣有意義的夢。如果有人認為這些夢的紀錄應該是經過明惠有
意識的整理，或者根本是明惠在半夢半醒狀態下所進行的思考，
也是很正常的想法。不過，根據筆者長期從事夢分析的經驗來
看，這樣的夢雖然不是經常可見，倒也不是那麼稀有。隨著作夢
者對於夢的態度有所改變，夢本身也會跟著變化。當然，既然夢
反映了作夢者的個性，就算接受夢的分析，也不是所有的人都會
作如此意義鮮明而重要的夢。

　　先前提到的「禪觀之夢 1」的翌年，明惠又作了一個夢，可以看作是前一個夢的延續。原先一般以為這個夢發生於承久二年，不過根據奧田勳的研究，日期應改為承久三年（1221）。【註9】對於這個夢，明惠也寫下了自己的解釋，非常耐人尋味：

　　　　同日之夜，夢中有清澄見底之大池塘。我乘高頭大馬，嬉戲於斯。馬甚普通。即往熊野參拜。

　　　　細想之後，前二、三日之夜，於夢中戲言：「欲往熊野參拜！」其時真証房斥我曰：「此乃不實之言！」思：「絕非如此。」並立誓前往。今日之夢足證我欲參拜之心，實為吉相也。大池塘應視為禪觀，馬乃意識也。（「禪觀之夢 2」）

　　前一個夢裡的小池塘「水少而乾涸」，等待大池塘的水流過來；這一次的夢則出現了「清澄見底之大池塘」，明惠自己乘著馬於池中嬉戲。前一個夢裡明惠並未出現，也就是說明惠居於觀看者的位置，「看」著自己的夢；但是在「禪觀之夢 2」裡，明惠不再是旁觀者，而變成了夢的中心人物，這顯示了明惠本身自我涉入的深度。如果作夢者本身沒有出現在夢中，表示這個人的自我對夢的內容沒有太大的關注。但是這一次，明惠不但出現在夢裡，還騎著馬走動。讀到這裡，對精神分析稍有涉獵的人應該

註9　奧田勳對《夢記》的研究非常仔細，這一點我們之後還會提到。關於這一個夢判別為承久三年一事，在下列的論文中有詳細的論證：
　　　奧田勳，〈明惠上人關係典籍の奧書・識語について──附・明惠上人夢記第十篇錯卷考──〉，高山寺典籍文書綜合調查團編，《高山寺典籍文書の研究》，東京大學出版会，1980，所收。

都會想起，佛洛伊德曾經將自我與本我（德文作 Es，英文則援用拉丁文，稱為 id。根據佛洛伊德的想法，本我是本能能量的儲藏室，屬於無意識的領域　）比喻為騎士與馬。以佛洛伊德的觀點來看，馬是無意識的象徵，明惠卻認為「馬乃意識也」；或許有人覺得突兀，但這一點是很重要的問題，我們留待稍後對明惠的思想有更清楚的理解時，再來討論。在這裡我們必須先知道一個事實：同樣的主題不但在明惠的夢中重複出現，並且常持續發展。

與夢共生

　　明惠「與夢共生」的態度，在他自己對這個夢所做的解釋中，可以看得更加清楚。在這個夢裡他騎著馬，「即往熊野參拜」。關於這一點，他描述自己在兩、三天前的夢裡，半開玩笑地說「想要去熊野」，結果遭到真証房斥責，叫他不可說謊（指責他說謊的和尚名叫真証房，這一點很有趣。夢裡有時也會出現這樣的幽默）。明惠認為，如今在夢裡真的要前往熊野參拜，是一個吉相。之前我們簡單敘述了佛教對夢的看法，也說明了明惠對此有相當的知識。但是從明惠自身對夢的解釋可以看出，他並不拘泥於佛教經典的記述，而是以他獨自的立場解讀夢的意義。換句話說，這裡「吉相」的判斷，出自明惠自己的思想。

　　前面的章節裡，我們提到《阿難七夢經》以及其他佛教經典的記載，簡單舉例說明了具有功德效驗的夢。在那個時代，普遍以固定的類型為夢的內容分類，藉以判斷夢的吉凶。話說回來，我們可以看到，明惠的解釋並不受到固有類型的束縛。不但如此，明惠認同夢的連續性，並且認為前一個夢裡說過的話，在下一個夢中實現，是一種「吉相」。當然，熊野這個地方在當時是

靈性精神的中心地，這也可能是他判斷此夢為「吉相」的理由之
一。但是明惠這種面對夢的態度，可以看作是他獨立思考開拓出
來的結果。而且，這種態度與當今榮格學派關於夢分析之立場，
完全一致。

　或許有的讀者會認為夢的連續性、與夢共生等等，是荒誕、
不合理的想法。我願意在這裡稍微談一下人類學家基爾頓‧史都
華（Kilton Stewart）所發表，對於馬來半島賽諾族人（Senoi）夢
分析方法的研究。【註10】至少好幾個世紀以來，賽諾族人完全不需
要警察、監獄、精神醫院之類的東西；所有的成員和平地生活在
一起，是極為罕見的部族。長年研究賽諾族生活方式的人類學家
基爾頓‧史都華，把這個祕密歸功於他們分析夢的能力。

　賽諾族人非常重視夢。每天早餐的時候，年長者會仔細傾聽
年幼者前一天夜裡的夢。舉個例子：有個小孩描述自己作了一個
不斷往下掉落的夢，害怕得醒了過來，父親說：「這是個很棒的
夢！不過，你掉下來的時候，臉朝向哪邊？掉落的途中看到什麼
東西？」小孩回答因為太害怕，什麼都沒看到就醒過來了。父親
告訴他，那真的很可惜，並且鼓勵他如果下次還有機會的話，要
盡量放鬆，好好地觀察。乍看之下，這樣做似乎不能改變什麼，
但事實上，當這個小孩再次作掉落的夢時，雖然在睡眠中，但之
前父親的話仍然殘留在他內心某處；他不再害怕掉落，並且可以
充分「體驗」夢的內容。醒來後小孩再度報告夢的內容，年長者
則詳細地傾聽，並且為預備下一次的體驗提供建議。賽諾族人真
的是「與夢共生」。

註10　基爾頓‧史都華（Kilton Stewart），《馬來亞的夢理論》（*Dream Theory in Malaya*, 1951）。

　　這種對於夢的態度，不是以旁觀者的立場「觀看」自己的夢，而是讓自己成為夢的主體去「體驗」它，探究它深層的意義，把它變成自己的一部分。透過這種「體驗」的累積，讓賽諾族人得以保持精神健康。

　　榮格學派的夢分析採取了類似的方法。「這樣很可惜啊，下次要更仔細地觀察！」筆者第一次聽到分析師這樣說的時候，也覺得很怪異；但後來隨著經驗的累積，逐漸了解其要領，得以透過實際的體驗而學習。榮格曾記錄下這樣一個夢分析的例子：一名罹患戰爭精神官能症（war neurosis）的患者，不斷重複同樣的惡夢：半夜在一座獨棟的房子裡，想起來有一扇窗戶沒有關好，但不知道是哪一扇，於是起身檢查。打開最後一扇窗的時候，突然發生大爆炸，患者在極度驚嚇中醒過來。榮格建議他不須害怕，而是去仔細觀察大爆炸的時候，到底發生了什麼事。這位患者再一次作同樣的夢時，想起了榮格的話，於是仔細地觀察。這一次沒有發生爆炸，而是聽到了獅子的吼聲，他又嚇得醒了過來。榮格再度建議他仔細觀察那隻獅子。但下一次獅子沒有出現，換成了一個可怕的人正要侵入那棟房子。再下一次的夢，患者等待那個人，準備與他正面對決，但他沒有出現。從此患者不再作惡夢，戰爭精神官能症帶來的不安也消解了。從這個例子可以看出，分析師並不從事一般人所認為的「解釋」，而是幫助作夢的人面對夢的內容，不再逃避，並透過這樣的過程解決問題。

　　雖然我們並不能任意決定自己要作什麼樣的夢，但意識的狀態的確對夢有某種程度的影響；同時夢也會影響意識的狀態。透過意識與無意識的相互作用，比起意識本身的統合，更能讓我們朝向更高次元的全體性成長。榮格認為真實的個性將透過這樣的

過程產生，因此稱它為個體化的過程，或是自我實現的過程。根據他的想法，把夢記錄下來、與夢共生，是達到自我實現極為重要的手段。事實上，閱讀榮格晚年所發表的《自傳》，就會了解夢在榮格的自我實現過程中，扮演了非常重要的角色。榮格以自己的生命體驗夢與自我實現的關聯，並且將它呈現在世人面前。但如果想到明惠在十三世紀已經進行過同樣的志業，則不得不令人嘖嘖稱奇。他是怎麼做到的？明惠的夢顯示了什麼樣的自我實現過程？接下來我將試著逐步地說明。

三、日本人與夢

我們說過，明惠的《夢記》在世界精神史上是稀有的現象；但是不論它多麼獨特，明惠的成就仍然與歷史的脈絡有所關聯。為了闡明這一點，我將在這一個章節討論日本人對夢的態度與想法。日本文化與夢有密切的關聯，關於這一點，筆者已經發表若干相關著作；而且，如果要詳細討論這個議題，需要花上整本書的篇幅。因此在這裡，筆者的論述，將聚焦於日本人面對夢的基本態度。

古代人與夢

不只佛教典籍，日本的古代史書中也記載了許多與夢有關的事。以下我們要談論的夢，同時出現在《古事記》與《日本書紀》兩本史書中：神武天皇【譯註18】率兵來到熊野，遇見一頭熊

譯註18　神武天皇（711 B.C.?-585 B.C.?），古代日本的神話人物。根據《古書記》與《日本書紀》，為日本初代天皇。

怪，神武天皇與士兵們皆失神倒地。此時熊野的高倉下【譯註19】出現，將一把大刀呈獻給神武天皇。神武天皇接受了這把刀，自己與軍隊皆清醒過來，輕易地打倒了熊野的惡靈。在神武天皇的仔細詢問下，高倉下回答了自己之所以會帶刀來呈獻的理由；他敘述了一個自己的夢：「天照大神與高木之神現身夢中，表示神武天皇遭遇困難，命令雷神前往救助。雷神不能親身前往，但是願將自己的大刀授予神武天皇。於是雷神在高倉下的倉庫屋簷下挖了一個洞，將他的大刀放進洞裡，並且要我在醒過來之後，將這把大刀獻給天神御子。隔天早上我醒來，到倉庫一看，真的有一把大刀，於是就把它帶來呈獻給殿下。」

這個故事有一個特徵：它不只敘述夢中的諭示，同時夢裡的情節與現實中發生的事是互相關聯的。雷神把大刀放在倉庫，是高倉下夢裡發生的事；隔天早上他到了倉庫一看，真的有一把大刀。當然，這不像真實世界中會發生的事，但是這樣的故事會流傳下來，足以反映出古代日本人有多麼重視夢，並且相信夢境是真實的。像這種夢的世界與現實世界交錯的故事，到了中世紀仍然盛行，比方在《平家物語》【譯註20】中記載，平清盛【譯註21】到嚴島參拜，徹夜閉關祈禱，夢見天童【譯註22】賜給他一把小型長刀；醒來以後，發現枕頭上真的有一把長刀。

從這些例子可以看出，對日本人來說，夢與現實世界的界線並不清楚；同時日本人強烈地相信，我們透過夢來接受神的諭

譯註19　高倉下（Takakuraji），意為「高倉之主」，古代日本的神話人物。
譯註20　《平家物語》結集於鎌倉時代（1185-1333），描述平家（古代皇族下貶為臣籍時受到賜姓的氏族之一）的榮華與沒落之故事集。
譯註21　平清盛（1118-1181），平安時代末期的武士、政治家。
譯註22　以少年的姿態出現在人間，負責守護佛法的鬼神。

示。有趣的一點是，不論《古事記》或是《日本書紀》，都沒有關於神代【譯註23】的夢之記載；夢是到了人的世代才出現的。關於這一點，可能有兩種解釋：一方面，如果夢是「神的諭示」，那麼神本身沒有作夢的必要；但也許更重要的原因，是因為在神居住的世界裡，夢與現實沒有分別。不管哪一個解釋，都很合理。

從奈良時代過渡到平安時代，認為夢是神之諭示的態度，依然沒有改變。在這個時代的故事、日記以及佛教神話中，夢占有重要的角色。礙於篇幅，我們無法一一敘述，在這裡僅舉出其中一個極為典型的例子，可以看出當時的人們看待夢的態度。《今昔物語集》第十九卷第十一話之〈信濃國的王藤觀音出家故事〉中記載，有人作了一個夢，夢見隔天的午時，觀音菩薩將會前來入浴，同時，觀音的年齡、容貌、體型都說得清清楚楚。於是人們聚集在澡堂裡等待。果然，到了隔日午時，澡堂裡來了一個人，長相正如夢中所示，所有的人盡皆頂禮膜拜。當事人完全不明白眾人對他膜拜的理由，詢問之下，一位在場的僧侶告訴他夢的預告。接下來故事的發展非常精彩：這個男人聽了僧侶的解釋後，說道：「既然如此，我應該就是觀音吧。」當場就出家，其後並前往比叡山，成為覺朝僧都的弟子。

在這個故事裡，主人翁僅僅聽到別人敘述關於自己的夢，就接受了夢的內容，決定「既然如此，我應該就是觀音吧」，這一點令人印象深刻。西鄉信綱也在他的著作裡提到這個故事，並且引用南方熊楠幽默而切中要點的評語。【註11】南方熊楠的評語實在太有趣了，這裡讓我們再引用一次：

譯註23　指神統治的時代。在日本神話裡，開天闢地之後到神武天皇之前，屬於神代。

註11　西鄉信綱，《古代人と夢》，平凡社，1972。

　　人家說他是觀音，他就相信自己是觀音；物換星移，
現在已經沒有這種人了。但是，現代人被人家稱為美男
子，也不照照鏡子，就信以為真、樂翻了天，這種人比比
皆是。我們相信的事情，會隨著時代改變；但是「相信」
這件事本身，自古至今，其力量從來沒有改變過。

「竟然會相信夢的內容？這是多麼不合理啊！」——現代人
大概會這樣嘲笑古時候的人吧。但是，就如同南方熊楠一語道破
的一樣，現代人也有現代人的「盲信」；而且就是這沒有理由的
信心，支持著我們活下去。話說回來，這個故事除了讓我們看到
這個人的率直之外，更讓我們看到古代人如何與無意識的世界保
持著良好的聯繫，如何生活在自然與整體之中。
　　就算我們接受夢是神佛傳來的訊息，但有些夢的確難以理
解，夢的解釋因此顯得非常重要，以斷夢為職業的人也應運而
生。然而如此一來，卻也為詐欺之徒打開了方便之門。日本人對
於夢的態度，也變得複雜了起來，不是三言兩語可以簡單說清楚
的。
　　古時候的日本人認為，對於夢的錯誤解釋，甚至會扭曲夢本
身的作用。《宇治拾遺物語》中伴大納言【譯註24】的故事，可以看
作是典型的例子：伴大納言難得作了一個好夢，夢見自己「雙腳
橫跨西大寺與東大寺而立」，他的妻子卻說：「你的屁股就要裂
成兩半了。」大納言因而被判罪，遭到流放。也就是說，古代人
認為就算是好夢，如果有人作了錯誤的解釋，現實中的事件會受
到錯誤解釋的影響，反而往不好的方向發展。

譯註24　古代日本朝廷中的官名。

多聞院英俊的夢

《今昔物語集》和《宇治拾遺物語》大約成書於明惠之前，或者與他同一個時代；明惠對這一類夢的故事，應該是很熟悉。另外在《更級日記》與《蜻蛉日記》中，也記載了一些夢、作夢的人，以及他們的想法與感覺。但是，這裡面的夢數量並不多，而且它們既不像明惠的《夢記》那樣忠實地記錄夢本身，夢也不是日記的核心部分。

比起來，多聞院英俊留下來的《多聞院日記》，就記錄了大量的夢；我們也可以透過它，看到英俊如何慎重地對待夢，以及如何把夢視為日常生活的一部分。近代以前，像這樣終其一生持恆地記錄夢的人，除了明惠，應該就是多聞院英俊了。

多聞院英俊生於永正十五年（1518），歿於慶長元年（1596），是興福寺的僧侶。《多聞院日記》分為六部，第一部、第二部由其他僧侶執筆，第三部以下則是英俊從二十三歲到七十九歲的親筆紀錄，這裡面有他大量的夢，以及他自己對這些夢的解釋。

關於多聞院英俊的夢，芳賀幸四郎曾經發表詳盡的研究；[註12] 芳賀在為英俊的夢分類的時候，表示「這樣的分類只是為了方便，有時候會相互關聯或重疊，這一點必須記得」。以下是芳賀幸四郎的分類：

> 多聞院的日記裡，有時候會把兩個、甚至三個夢合
> 在一起記錄，因此夢的確實數量並不容易計算。可以算得

註12　芳賀幸四郎，〈非合理の世界と中世人の意識——多聞院英俊の夢——〉，東京教育大学文学部紀要《史学研究》，1961，所收。

出來的，總計超過五百六十個。當然其他還有很多種可能
的分類方式，不過我以內容的主題做為分類，一共是：與
宗教有關的兩百三十六個、與動物有關的五十三個、與
認識的人有關的四十九個、與財貨有關的四十二個、與政
治或社會的動向有關的三十六個、掉牙齒的夢三十二個、
與天文現象有關的二十五個、有關文藝的二十三個、有關
植物的二十一個、有關自己運勢的十一個、其他主題的夢
二十五個，此外還記錄了十三個別人作的夢。

　　這樣的分類真的只是為了「方便」，與夢的本質沒有太大關
係，不過我們還是可以從中稍稍窺見多聞院英俊的夢之全貌。
　　在這裡我們沒有辦法逐一討論英俊的夢，筆者只打算思考
他對夢的一般態度。大膽而極端地說，英俊對夢的態度，不得不
看作是拙劣的夢分析之犧牲品。難得他用一生的時光來記錄他的
夢（當然，其中也不乏深具意義之處），但就因為對夢的拙劣解
釋，英俊本身從中得到的啟發並不多，我們讀起來也覺得興味索
然。這一點只要比較他和明惠兩個人的夢紀錄，就可以清楚看出
其差別。
　　讓我們來看看一個例子。天正十四年（1586）正月元旦，英
俊記載如下：

　　　昨夜夢裡不知何人，吟誦了這樣的俳句：

　　　　　花落徒留枝材
　　　　　無色無香

我添了一句，將它變為一首短歌：

> 劃破長空萬里
>
> 一行歸雁

我認為這個夢表示我國之主將於三月末賦歸。

在這條紀錄之下，英俊又加上了一行小字：

> 其後發生之事，無一相符。雜夢啊雜夢。

這個夢有其背景：天正十三年，豐臣秀長進入大和，[譯註25] 筒井氏遭貶謫，改封伊賀。[譯註26] 英俊厭惡秀長，一心企盼筒井氏能回歸故里。夢中不知何人吟誦的「花落徒留枝枒　無色無香」，英俊以征雁歸鄉的意象相對。但是，最後他卻以「筒井氏即將歸來」，換句話說，以極為具體的事件，來總結這個夢的意義。

夢的意義具有多重的可能性，除了英俊的內心狀態外，我們也可以觀看這個夢與其他面向的關係。但是，就算我們認為這個夢與英俊希望筒井氏歸鄉的願望有關，夢的諭示也僅限於英俊將筒井氏的復歸，寄託在歸雁的姿態。至於實際上筒井氏會不會回來，這個夢什麼也沒說。在真正進行夢分析的時候，如果從這個夢聯想到筒井氏的歸返，那麼就應該檢討這件事在現實上的可

譯註25　古都奈良周圍地區。
譯註26　今三重縣西部地區。

能性，再從中思考，將一行歸雁看作是筒井氏的復歸，這樣的看
法有沒有意義。如果我們判斷筒井氏的歸返在現實上的可能性極
低，那麼或許就應該將這個夢視為與筒井氏無關，重新思考。或
者作夢的人該檢討自己，為什麼會將幾乎不可能的事，寄託在這
樣的意象上？為什麼期待可能性那麼低的事情會發生？「其後發
生之事，無一相符。雜夢啊雜夢。」英俊不但沒有反省作夢的主
體──也就是自己，反而責怪起夢來，這不得不說完全背離了夢
分析之本質。夢的分析，強烈要求我們倫理上的涉入。

　　當然，對英俊來說，並非所有的夢都是「雜夢」。二十八、
二十九歲左右，英俊遭遇信仰上的危機，甚至決定離開寺廟；就
在這個時候，他有了一個夢幻般的經驗，促使他重新思考。英俊
下定決心從寺廟出走之後，在春日社頭閉關百日、晝夜祈禱，感
謝神恩並且向神告別。修法接近終了的某個夜晚，在半夢半醒之
間，不知從何處傳來吟誦的聲音：

> 生命之苦雖有如初冬的驟雨
> 月影仍投宿於紅葉上的露珠

　　因為這場夢，英俊重新感覺到，即使是像自己這樣卑微的存
在，神仍然不吝惜地賜與祂的慈愛；如果是這樣的寺廟，那麼自
己還是要留下來。這個時候，對於英俊倫理上的決定，夢扮演了
很重要的角色。

　　年輕時候有過這樣的經驗，也促使英俊持續地記錄他的夢。
可惜他以過於具體化的方式接受夢的訊息，無法區分自己的願望
與現實，浪費了難得的、持恆的作業，終究是無法像明惠那樣，

藉由夢走向個體化的過程。

英俊的《多聞院日記》記錄到慶長元年（1596），也正是他七十九歲的時候結束。在那之前一年，文祿四年二月，他作了這樣的夢：

> 數夜前之夢裡，吾登上以稻草鋪成的巨大屋頂，匍匐於屋簷的邊緣，向下一望，距離地面有數丈之遙。吾就要墜落，既驚又悲。前後的屋簷盡皆腐朽，沒有可攀扶依附之處。吾知道不管做什麼都沒有用，手足無措，就要失去意識之時，從夢中醒了過來。
>
> 這個夢表示吾如露水般的生命已然來到盡頭。不論做什麼，都註定要死去；就如同置身腐朽的屋簷，沒有可攀扶依附之處。死期已近，餘命只在剎那之間。我佛慈悲，以此諭示；唯一能做之事，只有專心一志，靜待最後一口氣的到來。

英俊不愧是僧侶，認為這個夢表示自己的死期將近，不但平心靜氣地接受，並且感謝神佛苦心以此夢諭示。不過，這個夢並非直接的死亡預告；英俊真正去世，是在作了這個夢的五年以後。

對人類來說，死亡是難以預料的事，正因為如此，一個人如何接受死亡的事實，對於他的生命態度有莫大的影響。英俊看到的死亡意象，是從腐朽的屋頂墜落。雖然他感謝神佛諭示的態度，令人敬佩，然而對於一位長年修行的僧侶來說，他的死亡意象未免過於具體而即物，予人稍有不足之感。

　　此外，雖然夢見掉牙齒，是大部分人都有過的經驗，但是英俊作了三十二次掉牙齒的夢，未免太多。民間信仰裡，掉牙齒是凶兆，可能有人會因此認為英俊生性容易煩惱擔憂；不過，我有其他的看法。掉牙齒一事，有許多種可能的解釋，但是考慮到牙齒是我們咀嚼的工具，可以想像英俊的咀嚼力太弱，或是他有必要積極地改變咀嚼的方式。在這裡，咀嚼這件事，可以說與「夢的咀嚼（消化）」有關。換句話說，之前我們已經講過，英俊對於夢的解釋，態度過於單純而停留在表層；也許這些一再出現的掉牙齒之夢是一種警告，要英俊更加仔細地咀嚼、消化夢的意義，讓它變成自己的東西。可惜英俊一直無法明白這個警告。從我們進行夢分析的經驗得知，作夢的人如果不能確實掌握夢的意義，同樣的夢會一再地重複出現。英俊不斷反覆掉牙齒的夢，應該就是這樣的現象。

　　天正八年（1580）十二月，英俊六十三歲的時候，在日記裡寫下了這樣一首歌：

> 如夢之世
>
> 寄託於夢
>
> 憂煩愚者
>
> 多作是想

　　英俊當然也抱持著佛教的世界觀，認為這個塵世是如夢一般無常之物。即使寫作這樣的歌，不一定表示他貶低夢的價值，但是他在漫長人生中持續記錄夢境的志業，卻以這首歌做為總結，實在令人惋惜。夢具有更為積極的意義，透過觀看明惠的夢，這

件事會變得愈來愈明白。

理性與非理性

多聞院英俊雖然記下大量的夢，但由於他對夢的解釋，與外在現實的關係過於直接，導致他難得的努力，無法朝建設性的方向發展。我們可以說，問題出在他的態度，與夢的距離過於接近。與此相反，有的人卻能夠與夢保持一定的距離，以冷靜的態度來思考；大家熟知的青砥左衛門尉藤綱【譯註27】就是個典型的例子。《太平記》【譯註28】一書中，記載了以下這個家喻戶曉的故事：

　　有一次，相模守【譯註29】在鶴岡的八幡宮徹夜祈禱。夢中一位老翁現身，告訴他為了世間的福祉，應該要重用青砥藤綱。夢醒之後，相模守決定擢升青砥藤綱，賞賜給他京城附近的土地。藤綱在驚訝之餘，詢問賞賜的理由；當他知道相模守的決定來自夢的諭示後，表示不願意接受。

　　藤綱如此主張：「如果君主憑藉夢來決定事情，萬一夢見的是砍我的頭，即使我沒有犯錯，也要被斬首嗎？我對國家的貢獻微薄，無法擔當如此厚賞。」

譯註27　青砥藤綱是鎌倉時代後期的武士，生卒年月不詳；左衛門尉是古時候的一種官職。

譯註28　《太平記》內容記述1318年至1368年之間與歷史有關的故事（稱為軍記物語，並非正史），是重要的日本古典文學作品之一。

譯註29　相模國是古代日本地方行政區分下的一個「國」，在今東海道地區。相模守則是相模國的領主。這個故事裡的相模守，指的是北条時賴。

　　《太平記》裡還記載了一個有名的故事，青砥藤綱為了找尋掉落在河裡的十文錢，花費了五十文。現代有些研究者，對於歷史上是否確有青砥藤綱其人，抱持懷疑的態度。但就算他存在的真實性值得懷疑，青砥藤綱的確代表了武士的一種理想形象。雖然這個故事主要著眼於藤綱「對國家貢獻微薄」的自覺，不願意接受不適當的賞賜，強調官吏應有的「剛直廉潔」之理想，但我們也可看出青砥藤綱對於夢的態度明快而踏實，與輕易相信夢是現實之預兆的英俊，恰好成為對比。

　　青砥藤綱與啟蒙時代之後的現代人，對夢的態度是一致的。至於現代的我們，又是以什麼立場、如何來看待夢？簡單地說，現代人面對夢的態度，可以說是建立在對於現代理性主義的反省之上。在理性主義的武裝之下，自我雖然具有強大的力量，但它始終是未完成的、片面的存在。如果我們不願意停滯於現有自我的狀態，希望自我能夠成長，那就需要某種可以豐富自我的內容，或是能夠對自我提出批判的存在；這樣的存在，就是我們的無意識。夢就是睡眠中的自我，將無意識傳來的訊息意識化的結果。因此，如果我們的想法執著於自我的理性，那麼夢的內容看起來大多荒誕不合理；但是如果我們將夢的內容視為來自不同世界的訊息，不但超越現有的自我，更引導它走向更高的層次，那麼夢就會為我們帶來很大的意義。當然，夢的內容來自另一種意識，與清醒時的自我意識不同。而且，由於夢總是與自我的盲點有關，要解讀出其意義，不是件容易的事。隨著觀點的不同，夢的內容也可以被當作是一種啟示。但是有些人一旦深刻地經歷過啟示的體驗之後，就放棄以自我意識的立場來檢視夢的內容，只是單純地「相信」夢，英俊就是落入了這樣的陷阱。

　　所以，從事夢分析不但需要具備強大的理性力量，更必須超越理性，勇敢地面對非理性的世界。如果理性的力量不足，容易被無意識吞噬；但是如果一味地固著於理性，則很難發現夢的意義。以這一點來看，明惠能夠具備充足的能力，對自己進行夢的分析，可以說是非常稀有的現象。

　　小西輝夫先生以他對佛教深刻的理解為基礎，從精神醫學的觀點分析了日本歷代高僧。在與明惠有關的論述中，他明確地指出明惠的理性力量。【註13】首先，小西輝夫先生指出明惠的父親平重國是「理性的、現實感強烈的人」，而明惠充分繼承了父親這樣的特質。之後在第五章我們還會詳細介紹，明惠具有一般人稱之為超能力的資質，弟子們因而盛傳明惠是神佛的化身。對於這件事，明惠的反應非常冷淡而平靜。他認為這些超自然的現象，只不過是遵循佛法教誨，長年修行累積的自然結果，並沒有什麼神奇之處，「就像口渴了就喝水，想取暖的時候就靠近火堆一樣」。

　　雖然《夢記》不否定夢預告現實事件的功能，但對於這一點只有輕描淡寫的記述。以下為元久元年（1204）二月的紀錄：

　　　　此地之人盡皆騎馬，舉止粗暴且交通混雜。從糸野來的兩位護持僧從馬上墜落，目睹此情景，心以為其他的人也會落馬；但除了護持僧之外，沒有別的人掉下來。我心想，護持僧落馬是個不吉的預兆。然而，話雖如此，其他的人並未墜落。糸野夫人【譯註30】看見上人【譯註31】於大路上行走。（「護持僧落馬之夢」）

註13　　小西輝夫，同本章註5。
譯註30　這裡指湯淺宗光之妻。
譯註31　這裡指文覺。

　　「這個地方」指的是明惠的出生地，和歌山的有田郡。在夢裡，正當明惠覺得這裡的人騎馬很粗魯的時候，有兩個人從馬上摔下來，倒在地上，明惠很罕見地把這件事視為「不吉的預兆」。上人──也就是明惠的老師文覺──出現在夢裡，表示這個不吉的預感與文覺有關。事實上，這個夢的三天後，文覺接到皇室的旨令，被流放到對馬；【譯註32】有田郡的莊園領主們，因為某些抗議事件，全體遭到撤職，被送往關東地區。明惠母方的親戚湯淺一族，也在同一事件中遭到波及，失去官職。明惠在夢裡感覺到的「不吉」預感，就這樣成為事實，但是他在《夢記》裡寫下的感想，只有淡淡的一句：「這是我還沒聽到此事之前所作的夢。」或許夢具有預兆功能的這個現象，對明惠來說是很自然的事吧。而且，雖然明惠有過多次這樣的經驗，但他並沒有因此把所有的夢都看成是預兆。每一個夢，他都以個別的思考方式去理解、判斷。

　　多聞院英俊的態度，和明惠的態度就大不相同。偶爾夢與外在的事件相符，他就興奮異常，甚至還寫下「夢實在是最不可思議的事，像這麼巧合的事很難再有了」這樣的文字。正因為他的態度如此，也難怪外在事件與夢的預告不合的時候，他會失望地感嘆了。

　　關於夢境預告現實的「準確性」，西鄉信綱明確地指出這個現象的意義。【註14】他認為以夢預告現實，和「瞄準想要捕獲的鳥，抓準時機放出獵鷹」是同樣的道理；所謂夢的「準確性」，就是「透過適切、確實的判讀，讓夢『命中』我們在夢裡見到的

現實」。為了掌握最適切的時機放出獵鷹，我們需要極度合乎理性的判斷，以及長年經驗所鍛鍊出來的敏銳直覺。夢的判斷也是如此。在這方面，明惠顯然具有充分的能力。閱讀明惠的傳記就可以了解，他所擁有的高度理性思考能力，遠遠超過同時代的其他人。正因為如此，他得以終其一生持續從事夢的記錄，領悟夢的意義，卻不曾耽溺其中。

四、概觀明惠的夢

我們從當代深度心理學的知識與立場，觀察了明惠對於夢的態度，以及歷史上夢對日本人的意義。至於實際上明惠以何種方式、記錄下多少夢？這些紀錄又有多少倖存，得以流傳到今日？接下來就讓我們概括地觀察。

《夢記》的史料

明惠從十九歲開始，一直到去世前不久，大約四十年持續寫下他的夢。據說他在圓寂前一年，將這些紀錄的手稿交給弟子空達房定真。隨著年代的消逝，這本《夢記》的手稿佚失了相當大一部分，幸好現在還有大約半數保存在高山寺【譯註33】，陽明文庫【譯註34】、京都國立博物館，以及上山勘太郎個人也有部分典藏。此外，由於明惠的書法造詣甚深，又曾經親手栽培茶樹，雅

譯註33　高山寺是明惠開創的寺廟，位於京都市右京區。寺內收藏大量的繪畫、典籍、文書等珍貴歷史資料，同時寺廟本身也被登錄為世界遺產。

譯註34　陽明文庫是位於日本京都市右京區宇多野上之谷町的歷史資料保存機構，由前日本內閣總理大臣近衛文麿設立於 1938 年，收藏了自十世紀至二十世紀，超過一千年的歷史資料。

好茶道的人喜歡收藏明惠的墨寶，有些《夢記》的斷簡殘篇因而被裱褙成掛軸，成為個人收藏。這些斷簡被稱為「夢之記切」，但是這裡面記錄的夢通常無法確定日期。

近年來，高山寺典籍文書綜合調查團，對高山寺所藏的歷史文書進行了詳細的調查；其中奧田勳先生針對《夢記》作了詳實的研究，讓我們得以窺見其全貌，實在是值得感謝的功績。上述調查團編纂的《明惠上人資料　第二》中，收錄了《夢記》的影印本以及活字印刷本，並且附有詳細的目次與索引，對研究者來說是難能可貴的資料。只不過因為它的規模非常龐大，對於一般的讀者來說，久保田淳與山口明穗校註的《明惠上人集》（岩波文庫）也許比較容易上手。這本書除了《夢記》，還收錄了《明惠上人歌集》、《栂尾明惠上人傳記》、《栂尾明惠上人遺訓》，句讀、漢字、假名的用法也經過整理，比原文容易閱讀，對讀者來說很方便。

高山寺所藏的《夢記》收藏在稱為「木秘本」的經函[譯註35]中，上面附有保管《夢記》的定真和尚之弟子——仁真和尚整理的紀錄。透過這份紀錄，我們可以窺知《夢記》本來的篇幅與篇數：

建久九年（第二年以後）　三卷（各三紙）、又三紙
正治二年　雜御記雙紙內有之
建仁三年　四卷四紙
元久二年　四卷三紙　造紙二帖

譯註35　收藏經書的特製木盒。

建永一年　造紙二帖（切紙）　又二紙

承元四年　造紙一帖　又一紙

建曆二年　造紙一帖（大）二卷一紙

建保六年　建曆御記之內有之

　　　　　以上一結

承久三年　造紙一帖（大）

貞應二年　二卷三紙、又承久御記之造紙之內有之

元仁一年　貞應御記之內有之元仁元年（云云）

嘉祿二年　一卷三紙

安貞二年　一紙

寬喜三年（至二年為止）　一卷一紙

又無年號六紙有之

　　　　　以上一結

自建久二年至寬喜二年，總計四十年之御夢御日記，皆御

自筆也

　　奧田勳將上面的紀錄與現存的資料比較，整理出一個對
照表：

			木秘目六 (木秘本)	高山寺 現存	高山寺 本推定	山外 現存	山外本 推定
建久	元	1190					
	2	91	○				
	3	92	○				
	4	93	○				
	5	94	○				
	6	95	○	○			
	7	96	○				
	8	97	○				
	9	98	○				
正治	元	99	○				
	2	1200	○				
建仁	元	01	○	○			
	2	02	○				
	3	03	○	○		○上	○
元久	元	04	○	○	○	○上	○
	2	05	○	○			
建永	元	06	○	○			
承元	元	07	○			○京	
	2	08	○				
	3	09	○		○	○京	○
	4	10	○				
建暦	元	11	○			○京	
	2	12	○	○			
建保	元	13	○				
	2	14	○				
	3	15	○				○
	4	16	○				
	5	17	○				
	6	18	○	○		○	
承久	元	19	○	○			
	2	20	○	○			
	3	21	○	○			
貞應	元	22	○				
	2	23	○	○			
元仁	元	24	○				
嘉祿	元	25	○				
	2	26	○				
安貞	元	27	○				
	2	28	○				
寬喜	元	29					○
	2	30	○	○		○	
	3	31					

「上」為上山勘太郎典藏本。「京」為京都國立博物館典藏本。
（根據《明惠上人資料　第二》）

透過這個對照表，我們可以對《夢記》的史料有一個概括的認識。本書所根據的資料，除了高山寺、陽明文庫、京都國立博物館、上山勘太郎先生的收藏之外，也參考其他學者研究中所引用的「夢之記切」。「夢之記切」分別為白洲正子、北村謹次郎、佐藤正憲、小川廣巳等人所典藏。前三位之所藏，除了文字的紀錄，還附有明惠親筆的繪畫。大概是因為裱褙成掛軸的時候，附有繪畫的價值較高，所以將有繪畫的部分切割下來。眾所周知，明惠對藝術具有很深的興趣，從這些掛軸上的素描可以推測，他在繪畫上也有相當的才能。

在夢的文字紀錄方面，有些是作夢的當天寫下的，有一些則是事後回想整理而成。因為明惠是為了自己修行的目的而作，並沒有打算公諸於世，有些字跡潦草、不易判讀，有些則文意不明。有時候沒有附上日期，還有一些事後的紀錄，明惠自己也不記得日期。另外之前曾經說過，在某些紀錄的後面，明惠添註了自己的「解釋」。

其他的夢

現今流傳下來的明惠《夢記》，並不是完整的全貌。但是由於明惠經常對自己的弟子講述他的夢，而且這些談話，與他對生命的態度以及對宗教的想法有很深的關係，他的傳記裡有大量的記載，也成為我們重要的參考資料。本來，這些轉述的資料在史料的價值上，或許不如明惠的親筆紀錄，但是它們恰好可以補足《夢記》的缺損。特別是這些轉述的資料，可以幫助我們了解明惠作夢當時的外在時空狀況。

關於明惠傳記的細節，請讀者參考專門的研究，這裡不再

贅述；我們引用的主要史料有《高山寺明惠上人行狀》（以下簡稱《行狀》）與《梅尾明惠上人傳記》（以下簡稱《傳記》）二書。【註15】兩者有一個共同的特徵，就是在敘述明惠生涯的同時，大量記載了他的夢。我們不得不說，捨棄夢不談，就無法談論明惠的生涯。《行狀》可以確定是一生跟隨明惠的義林房喜海所著，可信度很高；全書分為上、中、下三卷，中卷雖然已經佚失，但是由於《行狀》的漢文譯本至今仍然流傳，我們可以根據它補足佚失的部分。早年認為《傳記》也是義林房喜海所作，但晚近的研究推翻了這個看法，因此它在史料的可信度上面，評價不如《行狀》。

　　《傳記》在歷史研究方面的評價雖然不如《行狀》，但是它讀起來比《行狀》更加有趣，並且記載了許多明惠珍貴的事蹟，是在《行狀》裡沒有的，因此擁有廣大的讀者群，江戶時代曾多次再版。讓我們引用一個例子：明惠九歲離家、在高雄入山【譯註36】那夜所作的夢。這個故事只見於《傳記》，《行狀》並沒有記載：

　　　　是夜行抵寺廟，【譯註37】臥夢中見死去之乳母，身體切為無數段，散於四處，其苦痛莫此為甚。我哀傷至極，

註15　〈高山寺明惠上人行狀〉有參雜假名的版本與漢字的版本，都收錄於高山寺典籍文書綜合調查團編《明惠上人資料　第一》，東京大學出版會，1971。
　　　〈梅尾明惠上人傳記〉收錄於久保田淳、山口明穗校註《明惠上人集》，岩波書店，1981。本書中所引用的《傳記》，就是該版本。另外，平泉洸譯註有《明惠上人傳記》，講談社，1980，收錄了《傳記》的原文以及白話文翻譯。
　　　關於明惠的傳記，還可以參考田中久夫《明惠》，吉川弘文館，1961。
譯註36　入山指的是僧侶為了修行或擔任神職，而進入寺廟。
譯註37　當指神護寺。

> 此女若為平生罪業深重之人，則我願為良僧，以救助此等
> 人之來世。

　　這個夢對明惠來說，具有極重要的意義，我們將在第三章詳
細討論。根據現存的文獻，這是明惠最初的夢。《傳記》為我們
留下了無比珍貴的紀錄。

　　入山之後，明惠隨即開始勤勉地研習佛典，遇到不了解的
地方，便向當時的大學者賢如房律師【譯註38】尊印求教，賢如房
律師尊印卻無法回答。不料那一天夜裡，明惠夢見一位印度僧
人，逐條為他解說不明之處。這個夢在《行狀》與《傳記》中皆
有記載。作夢的時候領悟清醒時不懂的事情，這種經驗有時也會
發生在平常人身上；但是佛典的不明之處，以九歲的稚齡就可以
在夢中尋得解答，明惠顯然擁有超凡的資質。這個夢還有一個值
得注意的地方，那就是為明惠解答疑惑的，是位印度僧人。從一
開始，佛教對明惠來說，就擁有與釋迦直接相連的性質。在日本
國內，恐怕找不到真正可以引導他的明師。在明惠日後的夢裡，
「梵僧」也扮演了重要的角色，出現在許多關鍵的時刻。

　　今後在本書的論述中，我們將以同等的重要性，來看待明惠
的《傳記》以及《夢記》裡所記述的夢。另外，還有一些夢的紀
錄出現在很特別的地方，就是明惠在佛經經文之後的添筆。乍看
之下，這是很矛盾的現象，因為明惠對待佛經的態度非常慎重虔
敬，甚至為弟子們訂下詳細的規矩，比方念珠不可以放置在佛經
上、不可在佛經上空傳遞物品等等。不過，這也更顯示出明惠是

譯註38　「律師」在佛教裡的意義，和現在我們使用的意義不同，指的是僧綱（僧侶的官職）中
　　　　第三高位的僧官，僅次於僧正、僧都；也泛指通曉戒律、德高望重的僧侶。

多麼重視夢的價值。也可能明惠的夢與經文的內容，或是他從經文中得到的領悟有深切的關聯，所以特地寫在經書的扉頁之中。舉例來說，明惠在《後夜【譯註39】念誦作法（向南修之）》的背面，記載了以下這個夢：

　　昨夜夢見我於寒冬中，向東眺望遠方破曉。明星天子【譯註40】現身，光彩奪目，其旁立一人，曰：自今日始，汝可奉祀虛空藏【譯註41】菩薩。見此奇景，記錄於此，心中為其神奇所感。記於建久二年六月十日。（「虛空藏之夢」）

　　這是建久二年（1191），明惠十九歲時作的夢，當時他已經開始記錄《夢記》了；但由於這個時期的《夢記》已經佚失，這個夢是否記載其中，已不可考。根據《大方等大集經》第十四虛空藏品，虛空藏菩薩居於東方大莊嚴世界的一寶莊嚴佛之處。明惠在這個夢裡，將現身在東方的明星太子與虛空藏菩薩聯想在一起。或許他認為這是非常吉祥的夢，因此特意將它記載在佛經之中。不過這僅僅是我們的推測。

譯註39　後夜是指午夜到凌晨的時間。
譯註40　在佛教的說法中，明星指太白星，內有宮殿，居住其中者即為明星天子，乃是虛空藏菩薩的化身。
譯註41　虛空藏梵文為 Bodhisattva Akasagarbha，亦譯為虛空孕、虛空庫，密號如意金剛、庫藏金剛等，乃佛教八大菩薩之一。

有關明惠的夢之研究

最近出版的《明惠上人與高山寺》【註16】一書中，編錄了有關明惠與高山寺的參考文獻附錄，我們從中得以詳細了解過去有關明惠的研究。但是，其中收錄在「夢與夢記」分類下的條目，為數卻不多。以下筆者將簡單介紹列舉於其中的著作、後來陸續發表的研究，以及筆者個人接觸過的資料。

持續研究明惠的夢最為徹底的，是奧田勳先生。如前所述，奧田勳為高山寺所收藏的《夢記》加上詳細的註釋並且出版；多虧了奧田先生偉大的貢獻，讓這本書變得淺顯易懂。奧田先生另外還發表過一些論文，並且集結成《明惠──夢與朝聖之旅》【註17】一書出版。雖然這本書主要是傳記性質，但如同副標題所示，它以相當大的比重透過明惠的夢來記述他的生平；想要對明惠的夢有一個概括性的了解，這是最適合的一本書。之前談論《夢記》的史料時，我已經借用奧田先生編列的表格，之後我們還會頻繁地援引他的研究成果。

白洲正子的《明惠上人》【註18】一書，一方面介紹明惠，一方面對於他的夢的本質，進行了無比敏銳的剖析。她這樣說：

> 明惠的夢並不是夢，而是他清醒生活的延長。在這樣的意義下，或許我們應該稱它為過去的記憶。不過，明惠與心理學家的差別，在於他的夢是活生生的；夢並不是他研究的材料，而是使他的信仰深刻化的原動力。他的夢與

註16　明惠上人と高山寺編集委員会編《明惠上人と高山寺》，同朋舍，1981。

註17　奧田勳，《明惠──遍歷と夢──》，東京大學出版會，1978。

註18　白洲正子，《明惠上人》，新潮社，1974。

日常生活以不可思議的形態重疊、交織，如同阿拉伯式的
蔓藤花紋。

　　這樣的想法其實與筆者不謀而合。或許有些心理學家的態
度，真的如同白洲女士所述，而且他們也有他們存在的意義。但
是在這裡不得不聲明，筆者雖然也算是一名「心理學家」，看待
夢的立場卻是截然不同的。筆者的立場，在本章的第二節已經明
白表示過了。
　　接下來是堀池春峰的論文，[註19]雖然篇幅很短，但是它介紹
小川廣巳所收藏的「夢之記切」，為研究者提供了寶貴的資料。
　　山田昭全的論文[註20]則介紹佐藤正憲所收藏的「夢之記
切」，同樣為我們提供了寶貴的資料，而且它說不定是日本第一
篇以明惠的夢為主要討論內容的論文，關於明惠對於夢的態度，
以及明惠的夢之整體面貌，有適切的論述。作者觀察到，或許我
們理所當然地想像神佛、菩薩會頻繁地出現在《夢記》裡，但事
實上，現實中的人出現的頻率要高得多。論文的最後引用了一首
歌，並且以為它是明惠的作品：

　　　　　　　宛如旅途的人生
　　　　　　　以野草為枕假寐
　　　　　　　在夢中
　　　　　　　作夢

註19　堀池春峰，〈明惠上人《夢の記》について〉，奈良地理學會編，《奈良文化論叢》，1967，所收。

註20　山田昭全，〈明惠の夢と《夢の記》について〉，《金沢文庫研究》177号，1971，所收。

　　事實上這首歌出自同時代的慈円之手（《拾玉集》）。慈円以《愚管抄》一書著名。有趣的是，慈円也作了許多奇妙的夢，並且將它們記錄下來，流傳至今。筆者認為比較慈円與明惠對夢的態度，將是一件深具意義的事情，希望日後可以進行這方面的研究。

　　山田昭全也引述了之前我們提過的「禪觀之夢 2」，以及明惠自己的解釋。之後他這樣說：「這樣看來，我們不難明白，明惠不只觀看著自己的夢，他把夢當作日常生活的規範，給予它生命。不僅如此，我們甚至可以說，比起意識面的思維，明惠賦予夢中影像以及影像所象徵的意義更高的價值。」我認為這一段話捕捉到了明惠看待夢的態度之本質。在之後的論述中我們將看到，明惠的確非常重視夢的價值，更甚於平常的意識。但另一方面，就像本章一開始所引述的歌，明惠同時也強調「從夢中醒來」的重要性；可以說能夠以這種平衡的態度接近夢，正是明惠的重要特徵。

　　桶谷秀昭也寫了有關《夢記》的評論，[註21] 不過他的立場與筆者不同，是以文藝評論家的角度展開論述。

　　有一位法國學者也從事這方面的研究，令我又驚又喜。佛雷德里克‧吉哈（Frédéric Girard）在奧田勳的指導下，於 1984 年發表題為〈明惠上人《夢記》——詮釋之嘗試〉的論文。[註22] 他以對華嚴經的理解為基礎，試圖透過明惠的夢與華嚴教義的關聯，來解釋明惠的夢。當然，做為他研究的前提，關於明惠對夢

註21　桶谷秀昭，〈明惠，数寄と菩提心　《夢の記》〉，《国文学》28卷4号，學燈社，1983，所收。
註22　吉哈（Frédéric Girard），〈明惠上人の《夢の記》——解釈の試み〉，收錄於《思想》721號，岩波書店，1984。

的態度、禪定與夢的關係等等，也有周延的論述。吉哈透過與佛經教義的關係來解釋明惠的夢，和其他把焦點放在明惠人性面的研究，在觀點上可以說是互補的。他指出，明惠認為在禪定之中所作的夢，比起平常睡眠中的夢，具有更高的價值。在明惠的想法裡，夢不只反映過去，更「澄清有關未來的象徵性意象」。這些觀察非常值得我們注意。

在這篇論文之前，吉哈還發表過一篇短論，分析陽明文庫所收藏的《夢記》中，一個相當複雜難解的夢。【註23】筆者對這個夢也抱持極大的興趣，之後談到它的時候，也會一併介紹吉哈的觀點。

以上就筆者所知，為各位概略介紹了有關明惠之夢的研究。另外古川哲史所著《夢——日本人的精神史》一書，收集了從古代到現代大量日本人的夢的資料，然而卻完全沒有提及明惠的夢。筆者認為，如果要透過夢來討論「日本人的精神史」，明惠的夢是不得不談的。

田邊（Tanabe）的論文【註24】雖然不是關於《夢記》的研究，但是卻附有《夢記》的英文翻譯。在《夢記》的文本難以理解的地方，參照這個英文版本將有助於解決問題，謹提供讀者們參考。

註23　吉哈，〈明惠上人の《夢の記》について〉，收錄於《明惠讚仰》12、13號，明惠上人讚仰會，1981年二月。

註24　田邊（Tanabe, G.），《明惠上人：早期鎌倉佛教的傳統與改革》（*Myoe shonin [1173-1232]: Tradition and Reform in Early Kamakura Buddhism*, University Microfilms International, 1983）。

【第二章】明惠與他的時代

　　在前一章我們已經看到，明惠留給世人的《夢記》，不管對日本或是對全世界來說，都是精神史上偉大的遺產。既然本書的目的是探討明惠的夢之意義，我們就必須對於明惠這個人以及他生活的時代，有某種程度的認識。之前我們說過，為了對夢做出適當的解釋，我們必須先認識作夢者的意識狀態。在接下來的各章中，我們將大致沿著時間順序，透過明惠的夢來發掘他自我實現的過程，並且在討論每一個夢的時候，盡可能與明惠當時的意識狀態做關聯對照。當然，我們對明惠的意識狀態能了解到什麼程度，是一件無法確定的事。我們將在這一章概述明惠的生平，或許可以對這一點提供一些幫助。

　　想要了解明惠的夢，不只要知道明惠概略的生平，也應該從精神史的角度，對明惠的時代有足夠的認識。如此一來，我們或許可以稍稍了解明惠所面對、背負的精神「課題」，以及在當時的時代中，這個課題具有什麼樣的意義。我們必須先認識到一點：明惠生活的年代，正值從外國傳入的佛教與日本人的靈魂深入互動、進而改變其樣貌的時候，可以說是日本精神史上非常重要的時期。

　　筆者為了理解明惠的夢，也透過理解明惠的夢，開始認識鎌倉時代日本佛教演變的軌跡。法然、親鸞、道元、日蓮等等名僧相繼出現，透過彼此的影響，以及相互間的批判、攻擊，逐漸構築各自的教義學說。這樣的情景，不禁讓我想起二十世紀初心理

學的三巨人：佛洛伊德、阿德勒（Alfred Adler, 1870-1937）與榮格，他們透過彼此之間的合作、爭執與衝突，為「發現無意識」竭盡心力；這樣的過程與鎌倉時代的名僧們如出一轍。亨利·艾倫伯格（Henri Ellenberger）的名著生動地描寫了這個過程，它的書名就叫作《發現無意識》。那些為「日本佛教的發現」奠立根基的僧侶之間的關係，在許多方面與這幾位深度心理學家極為相像。然而，如果要詳細討論「日本佛教的發現」，不但超過筆者的能力，也不是本書的篇幅所能容納。但是為了理解明惠的夢，筆者將試著以最少的篇幅，進行必要的介紹。

一、明惠的生平

明惠的時代

　　明惠生存的時代，是日本歷史上重要的轉捩點。自古以來以天皇為中心、由周圍的公卿貴族所把持的政治權力，轉移到以武士為主的幕府手中。文治元年（1185），握有絕對優勢的源賴朝，以自己的意圖向朝廷呈遞「朝廷改造書」，其中多次強調當前為「天下的草創期」。源賴朝的確是有意識地企圖開創新時代，不管是否真的談得上是「天下的草創」，當時的人們的確都意識到這有史以來的巨大變革。政治的中心明確地移動，同時也造成某些人的喪失。

　　與此政治上的變革相呼應，思想界也興起了劇烈的革新。在明惠前後不到一個世紀之間，法然、榮西、親鸞、道元、日蓮、一遍……等，這些日本佛教思想上具代表性的名僧們，各自以創新的思想活躍著。如同政權從天皇移向武士，向來從屬於上流社

會的佛教，也下降到一般民眾的內心扎根。光是這一點，佛教的面貌就不得不做出與之對應的改變。

為了概觀明惠的時代，我製作了簡單的年表（詳下頁）。從這個年表可以清楚地看出，明惠生活在一個何其動盪不安的時代。

明惠出生於承安三年（1173），當時是平家的全盛時期，社會大致上是安定的。話雖如此，但是在平家獲得政權之前，還歷經了保元之亂（1156）與平治之亂（1159）。在這些戰爭中，親子、兄弟、朋友互相殘殺，人們深切體會到世間的無常，以及我執的可怕。不過，平家的強盛畢竟為社會帶來短暫的安定，再加上明惠的父親平重國是隸屬於平家的武士，明惠誕生的時候，家中應該是充滿平靜與安祥的。

但是這看來幾乎是永恆的安定，在明惠八歲那年破碎了。從此，驚天動地的變化接踵而來。治承四年（1180），明惠的母親病死；同一年不久，源賴朝在伊豆舉兵，明惠的父親又接著死於戰場。文治元年（1185），平家在壇之浦一戰中滅亡。短短五年間如此巨大的變化，使得民不聊生。原本對一般民眾來說，政權落在誰的手上都無所謂，但是連綿的戰事帶來混亂。加上治承四年，西日本發生嚴重饑荒，人們相繼餓死。根據鴨長明《方丈記》的記載，餓死的人被棄置在京都的路旁，難以計數；河原町一帶死者的殘骸堆積如山，車馬無法通行。仁和寺的某位和尚，為了超度亡靈，四處在道路旁每一具屍首的額頭上書寫「阿」字；四月到五月這兩個月之間，光是京都的左京町一地，就寫了四萬兩千三百多字。所有的人都切膚地感受到佛教所說的「無常」。

明惠與他的時代　概略年表：

承安三年(1173) 一歲	正月八日，生於紀州有田郡石垣莊吉原。親鸞亦誕生於同一年。
治承四年(1180) 八歲	正月，母親亡故。八月，源賴朝舉兵。九月，父親平重國於上總敗戰而亡。
養和元年(1181) 九歲	透過舅父上覺，入神護寺。同年，平清盛歿，日本各地發生大飢荒。
元曆元年(1184) 十二歲	原決意離開神護寺，卻因夢告的啟示留下。一月，源義經入京，木曾義仲敗戰而死。二月發生一之谷之戰。
文治元年(1185) 十三歲	三月發生壇之浦大戰，平氏滅亡。同年，明惠試圖捨身。
文治四年(1188) 十六歲	在上覺引介下出家。前一年，義經逃往陸奧；翌年，賴朝平定奧州。
建久元年(1190) 十八歲	接觸到《遺教經》，自覺為釋迦之遺孤。十一月，賴朝進京。
建久二年(1191) 十九歲	奉佛眼佛母尊為本尊，修行佛眼法。開始撰寫《夢記》。榮西自宋朝歸國，傳布臨濟禪。翌年，賴朝創立幕府。
建久六年(1195) 二十三歲	三月，賴朝入京，重建並供養東大寺。秋，明惠辭去東大寺職務，離開神護寺，於紀州栖原之白上峰閉關修行。
建久七年(1196) 二十四歲	於白上峰割去自己的右耳，文殊菩薩顯身。
建久九年(1198) 二十六歲	八月回到高雄；秋，再次回到白上峰，移居鄰近其出生地的筏立。同年，法然完成《選擇本願念佛集》，榮西完成《興禪護國論》。
建仁二年(1202) 三十歲	移居鄰近筏立之糸野，計畫前往天竺。前一年，親鸞入法然門下。
建仁三年(1203) 三十一歲	正月，因為春日明神顯靈諭示，中止天竺行之計畫。九月，源實朝【譯註1】接任將軍。
元久二年(1205) 三十三歲	再次計畫前往天竺。計畫再度中止。貞慶起草「興福寺奏狀」（請求停止念佛的訴狀）。《新古今和歌集》編纂成書。

譯註1　源實朝（Minamoto Sanetomo, 1192-1219），鎌倉時代前期鎌倉幕府第三代征夷大將軍。

建永元年(1206) 三十四歲	十一月，後鳥羽院賜予高山寺之土地。同月，於九条兼實【譯註2】宅邸設壇祈禱。
承元元年(1207) 三十五歲	二月，法然、親鸞遭流放之刑。秋，明惠受皇室任命為東大寺尊勝院首席學問僧（學頭）。
建曆二年(1212) 四十歲	正月，法然歿。十一月，明惠著《摧邪輪》。鴨長明《方丈記》成書。
建保四年(1216) 四十四歲	十月，石水院建立。同年，實朝建造大船，意圖往育王山參詣不果。
承久元年(1219) 四十七歲	正月，實朝遭暗殺，源氏滅亡。秋，高山寺金堂落成。
承久二年(1220) 四十八歲	七月，修行「佛光觀」。修行前後，坐禪中得見許多好相、好夢。九月，著《華嚴修禪觀照入解脫門義》一書。
承久三年(1221) 四十九歲	五月，發生承久之亂。六月，幕府將軍入京，後鳥羽院以下的三上皇遭流放。明惠與六波羅探題北条泰時會面。
貞應二年(1223) 五十一歲	建善妙尼寺，收容朝廷貴族子女。同一年，道元赴宋。
元仁元年(1224) 五十二歲	六月，北条泰時接掌政權。冬，明惠於楞伽山閉關坐禪。親鸞著《教行信証》一書。
安貞元年(1227) 五十五歲	明惠著《光明真言加持土沙義》。道元歸國，推廣曹洞宗。
寬喜二年(1230) 五十八歲	二月中旬患「不食症」。泰時以歌相送，祈求康復。
寬喜三年(1231) 五十九歲	四月，前往紀州的施無畏寺本堂接受供養。十月，前年以來的病狀惡化。大飢荒。
貞永元年(1232) 六十歲	正月十日，病危。十九日，圓寂。期間許多人作了預知的夢。八月，泰時制定《貞永式目》。
建長五年(1253)	道元完成《正法眼藏》，歿。日蓮於鎌倉開始布教。
弘長二年(1262)	親鸞歿。同時期《歎異抄》成書。
弘安二年(1279)	一遍開始舞蹈念佛。二年後，蒙古來襲（弘安之役）。

譯註2　九条兼實（1149-1207），鎌倉前期的貴族。自幼博學多才，平氏掌權後晉升為右大臣。鎌倉幕府建立以後，得到源賴朝的信任。在法然的影響下篤信淨土宗。

71

在這天搖地動的五年內，明惠在除了第一年痛失父母之外，第二年就進入神護寺修行，與一般人比起來，或許不是那麼直接地受到戰亂之害；但是他目睹世間的慘狀，一定對人生有很深的感觸吧。這一點在他的各種傳記裡雖然沒有提及，但是對他日後內在人格的發展，必定有很大的影響。

建久三年（1192），源賴朝殺死親兄弟義經，平定天下，建立幕府，這一年明惠二十歲；從前一年起，他開始撰寫《夢記》。就在外在世界產生劇烈變動的時候，明惠開始認真地向內沉澱、探索。諷刺的是，建久六年時，源賴朝為了重建並供養東大寺，前往京都；其時明惠正值二十三歲，他離開了神護寺，在紀州栖原的白上峰閉關修行。對於殺死自己父親的敵軍大將，明惠有著什麼樣的情感？從傳記中看不出端倪。當時明惠正勤勉地學習華嚴的教義，經常前往東大寺。賴朝為了展示自己的文化修養，戮力重建受到平家破壞的東大寺。對明惠來說，自己修行學習的殿堂東大寺，由賴朝來重建，心裡不知道有什麼感覺？

就在這時候，明惠捨棄在東大寺的學習，到白上峰閉關。之後我們將看到，這個決定來自他內在發展的需求，與賴朝的行為沒有什麼關係；但是這兩件事發生在同一年，仍然耐人尋味。

如果我們把目光轉移到佛教的脈絡，最引人注意的是明惠與親鸞同樣誕生在承安三年。這兩個人對佛教的看法與立場，幾乎是完全相反的。佛教以及日本文化中的女性問題，向來是日本人的重要課題；他們兩人以各自的個性，毫不迴避地面對此課題。這樣的兩個人在同一年誕生，實在深具意義。之後在第六章，我們將進一步比較他們兩人的異同。

明惠誕生的時候，法然已經開始提倡專修念佛。明惠十九歲

的時候，榮西第二度從宋朝歸國，開始在日本傳布臨濟禪。建久九年（1198），法然的《選擇本願念佛集》與榮西的《興禪護國論》雙雙問世，讓人感覺到日本新佛教勢力的興起。建仁元年（1201），親鸞在比叡山修行之後，發生了俗稱「六角堂參籠」的著名宗教體驗，使他決意進入法然門下。也差不多在同一時期，明惠在經歷過白上峰的宗教體驗之後，變得與外界有較多的接觸。他的外向性一舉爆發開來，建仁二年，他決意前往天竺未果。元久二年（1205）他第二次計畫渡天竺，卻再度放棄。十年後，實朝也訂下前往宋朝的計畫，甚至已經建造好大型的船隻，最後還是沒有成功。或許當時日本所呈現的末世景象，讓許多人產生向國外尋求救贖的心情吧。

元久二年，與明惠有深厚情誼的貞慶提出「興福寺奏狀」，向官府訴請禁止念佛宗的傳播。兩年後（承元元年），法然與親鸞雙雙被判以流放之刑，新佛教遭遇巨大的困境。然而種種的阻礙，反而使得信徒的信仰更加堅定，新佛教的傳布更廣，影響力也愈來愈強。建曆二年（1212）法然獲赦，卻在同一年死去；這一年，明惠寫作了《摧邪輪》一書，對法然進行強烈的批判。至此，明惠與法然、親鸞的軌跡明顯交錯，之後我們將詳細討論這一點。

榮西與明惠的關係相對較為友好。榮西於建保三年（1215）以七十五歲之齡圓寂，死後他提倡的臨濟禪教義仍廣為流傳。承久元年（1219），實朝遭到暗殺，北条氏取得絕對優勢。不到五十年之間，政權就從平家、源氏到北条氏不斷轉移，令人眼花撩亂。

進入1220年代之後，《保元物語》、《平治物語》、《平家

物語》等故事集相繼成書，過去的事情被當作「故事」來敘述，同時社會的一般生活似乎也開始擁有欣賞、玩味故事的餘裕。或許這些故事集刻意以描寫激烈的戰爭為重點，來讓讀者感受到「無常」；但是對於當時的人們來說，支持佛教世界觀的「無常」，就發生在自己的身邊。

承久三年（1221）發生的承久之亂，明惠也被捲入其中。北条政權將後鳥羽院以下的三位上皇[譯註3]處以流放之刑，藉以表示自己相對於朝廷的絕對優勢。原本應該是天下中心的朝廷，竟然有如玩物般受到北条氏的支配，毫無反抗能力。這個事件對當時的人們，特別是京都的居民，造成極度的震驚。當時明惠收容、庇護許多落難的朝廷人士，以及他們的子女；此舉最終導致他與北条泰時的會面。在戰亂之中，明惠毫不猶疑地採取宗教人應有的舉動，其態度確實令人尊敬。

安貞元年（1227），道元自宋朝返回日本，又為鎌倉佛教注入一股新的力量。貞永元年（1232），北条泰時制定「貞永式目」，並且平息長年的戰亂；日本國以明確的武家政治形態，終於進入安定的時代。同一年明惠圓寂，享年六十歲。

明惠死後，親鸞繼續從事宗教活動，直至弘長二年（1262）才以驚人的高壽圓寂，享年九十歲。親鸞過世前兩年的文應元年，日蓮提出《立正安國論》，以戰鬥的姿態傳布佛教。弘安二年（1279），鎌倉佛教的最後一位宗師一遍法師，開始提倡舞蹈念佛，此時距明惠逝世已有四十七年。原本是外來宗教的佛教，要如何為日本所接受？如何才能融入日本的文化與生活之中？自

譯註3 對於將皇位讓與後繼者之天皇，朝廷贈予「太上天皇」的尊號，簡稱「上皇」。

法然以來為數眾多的宗師們，毫不迴避地相繼迎向此一艱難的課題，而一遍可以說是這場接力的最後一棒。一般認為在那樣的時代中，明惠屬於守舊傳統的代表人物。先不論這個判斷是否正確，明惠生活在一個宗教上意義深遠的時代，這一點誰也不會否認吧。

筆者以自己的方式，試著為明惠的時代描繪了一個概略的輪廓。閱讀明惠的年表，讀者們或許也會產生各自的感想。不論如何，至少有一點可以確定：明惠活在一個政治、社會、宗教劇烈變動的時代。

明惠的生平

人的一生總是伴隨著起伏，有許多重要的轉捩點，並不是平淡而一成不變的。從年表上不難看出，明惠的一生豐富而精彩。之後我們將透過相關聯的夢，來討論其深刻的意義；目前則先簡單概要地敘述明惠的生平。

明惠的父親平重國是服侍上皇高倉院的武士。母親出身紀州有田郡，外祖父是當地頗有勢力的武士湯淺宗重。出身於這樣的武士家族，對於明惠的生命態度有不可磨滅的影響。

據說關於明惠的誕生，他的雙親作了饒富興味的夢；這些夢流傳了下來。他的父親平重國到法輪寺參拜，祈求子嗣，期間夢見從法輪寺的內殿中走出來一個人，告訴他：「你的願望將得到實現。」並且用針在他的耳垂上刺了一下。明惠的母親則夢見有人給她一顆橘子。她把這個夢告訴和她在一起的妹妹，沒想到她妹妹也作了一個類似的夢：她在夢裡獲贈兩顆大橘子，結果被姊姊（明惠的母親）搶走了。沒多久明惠的母親就懷孕，生下了明

惠。後來明惠引用中國的故事來解釋這個夢，認為兩個橘子代表
了他所學的華嚴宗與真言宗兩個教派的教義。

　　許多流傳的故事顯示，明惠自幼年起就充滿強烈的宗教情
感。其中最令人印象深刻的是在他四歲的時候，父親半開玩笑地
說：明惠相貌俊美，也許該讓他到朝廷去當官。對於父親的這番
話，明惠表示自己立志要成為僧侶，不惜損毀自己的容貌。他想
要出家的決心是如此強烈，真的試圖從屋緣跳下，也曾用燒紅的
火箸燒燙自己的臉，幸好都被家人阻止。

　　雖然在父母親的關愛下成長，但如同許多歷史上偉大的
人物，明惠很早就失去雙親；八歲的時候，母親病逝，不久父
親也戰死沙場。通常雙親早逝的人，容易暴露在原型層次的
（archetypal）父性與母性力量之下，缺乏抵抗能力。如果因此
心靈受到傷害，將會導致不幸的人生；但如果能夠克服並超越，
則有機會發展出超乎常人的偉大人格。這一點在明惠的身上很明
顯。雙親過世之後，姨母收留他，但隨即在九歲時，經由舅父上
覺的引介，讓他進入京都的神護寺修行。明惠當時雖然年幼，但
也一定自覺到，這是他人生的重要轉折吧。

　　入寺修行之後，明惠熱切地學習真言宗與華嚴宗的教義。
十三歲的時候他自覺「吾年十三，已然老去，死期不遠矣」。既
然不免一死，他決心效法佛陀為眾生捨身的精神，代替原本將死
之人，以自己的身體餵食狼虎，獨自前往荒涼的墓地，靜候一夜
直至天明。然而野狼並沒有出現，明惠悵然而返。這件事與明惠
對生命的態度有很深的關係，稍後我們還會詳細討論。從十三歲
到十九歲為止，明惠每天一次到高雄的金堂禱告，從未間斷。或
許就是十三歲時這個「死亡體驗」，使他重新下定決心，更深一

步踏入宗教的世界吧。

十六歲時，明惠隨著上覺出家，在東大寺戒壇院受具足戒，【譯註4】終於一償幼年以來的宿願，開始過著僧侶的生活。當時的僧侶，通常同時在世俗社會中扮演學者或祈禱師的角色，但明惠卻只是遵奉佛教的教義修行，一心一意追求佛的真理，過著純粹的求道生活。據記載，明惠曾經為了學習《俱舍論》往返東大寺，每一次都強記暗誦數頁、甚至十頁的經文，回到神護寺之後再抄寫下來。

明惠十九歲開始記錄《夢記》，並且以佛眼尊為本尊，開始修行佛眼法。佛眼尊又稱佛眼佛母尊，隨著時代與宗教派別而有不同的形象解釋，如今我們已經很難求證明惠所信仰的佛眼尊屬於哪一種形態。但是從明惠所作與佛眼尊有關的夢看來，明惠的佛眼信仰顯然具有母性的形象。在佛教信仰中，佛眼佛母尊被視為一切萬物之母。明惠應該是對於已逝的父母充滿孺慕之情，繼而將這一份感情昇華，成為宗教上的信仰吧。

二十三歲，明惠離開神護寺，在紀州栖原的白上峰搭建草庵，開始過著隱遁的生活。當時有許多僧侶們違反戒律，汲汲於名利；這樣的光景對年輕的明惠來說，必定難以忍受，所以他才選擇了隱遁的生活吧。有一個真實的事例，直接了當地讓我們看到明惠是多麼厭惡俗世的一切，以及其求道的決心有多強烈。二十四歲的時候，他親手將自己的右耳割下來。原本佛僧之所以剃髮、著僧衣，是為了避免心生驕慢。相反地，當時的僧侶卻費盡心思，把頭剃得漂亮，把僧衣妝點得很華麗，不但踐踏了佛陀

的本意，更失去了剃髮著僧衣的意義。為了表示出家的決心，需要更激烈的形式，因此明惠親手割下自己的右耳。從這裡不但可以看到明惠一心不二的態度，更可以看出他得自武士家族的激烈性格。

割耳事件發生的翌日，明惠夢見文殊菩薩顯像，對他來說具有重大意義。雖然明惠從十九歲就開始記錄《夢記》，但最初的部分已經佚失；現存的《夢記》是從他二十四歲寫下的文字開始，第一篇就是這個文殊顯像的夢，很難讓人覺得是偶然。

> 一、同年月之廿五日，於釋迦大師御前修行無想觀。
> 文殊大聖於空中現形，通體呈金色，坐於獅子王之上，其
> 身約一肘長。（「文殊現形之夢」）

這段紀錄只單純記下文殊出現的事實，並沒有附加明惠的感想或解釋。但就在下決心割耳之後，看見文殊顯像，明惠的感動在這短短的文字中表露無遺。透過這個事件，明惠得到了對自己信仰的自信，遠離其他的僧侶，只依憑佛教的經典，獨自深入內在的世界。在這個時期，明惠脫離了青年期，開始憑一己之力獨自修行。切斷右耳、文殊顯像，可以說是最適合的成人禮。

從此以後，一直到三十四歲接受後鳥羽院高山寺土地的賞賜，並前往京都為止，可以說是明惠集中向內探索的時期。這段時間明惠夢見許多意義深遠的夢，努力研究華嚴教義，也收取少數弟子，對他們講授華嚴經。二十九歲時他寫了《華嚴唯心義》一書，註釋《華嚴經》中著名的〈如心偈〉，這首偈語最初四句如下：

如心佛亦爾

如佛眾生然

心佛及眾生

是三無差別

　　讀了上述的偈語不難明白，原本遠離世俗、避開其他僧人、一心獨自求道的明惠，開始把目光投向外界。或許對他來說，內在、外界的區別已經逐漸消失，萬事萬物都是「佛」的體現吧。

　　在這內與外一體化的過程中，明惠對佛陀的仰慕之心開始轉化為實際的行動，決定親身造訪佛陀的出生地。在他三十歲與三十三歲的時候，曾經兩度計畫前往天竺，可惜後來礙於現實，計畫不得不中止。明惠對佛陀的孺慕之心是如此強烈，甚至自稱「佛後遺孤」，這或許是他年幼失怙的悲傷昇華之後的情感吧。

　　放棄到天竺去的想法之後，明惠體認到，前往佛的國度，與留在家鄉為日本的眾生盡力，是同等的事情。剛好在那之後不久，明惠接受了退位的上皇後鳥羽院所賜的高山寺土地，定居於京都，與世俗世界的接觸也頻繁了起來。這時明惠三十四歲，一直到晚年，他以過去的內在經驗為基礎，不斷更進一步探索，並且與別人分享其豐碩的果實。

　　三十五歲的時候，明惠接受皇室任命，擔任東大寺尊勝院的首席學問僧（學頭），為華嚴宗的興盛而努力。就在同一年，法然與親鸞遭到流放之刑，他們所提倡的新佛教勢力卻反而逐漸強大起來，與舊佛教之間的衝突也日益加劇。明惠在四十歲的時候著《摧邪輪》一書，對法然進行激烈的批判。關於明惠與法然的關係，之後我們將進一步詳細論述。

　　明惠一方面與世俗世界頻繁地接觸，一方面繼續嚴格的禪定修行。他曾自述「此山中一尺見方以上之石，未有我不曾坐禪於其上者」，可見其修行之勤。承久二年（1220），四十八歲的明惠進行百餘日的「佛光觀」【譯註5】修行，得見許多好相；這時期許多重要的夢，相繼載入《夢記》裡。之後他著述了代表作之一《華嚴修禪觀照入解脫門義》，解說佛光觀的教理。稍後我們將詳細論述明惠在這個時期的夢，這裡想要引述《高山寺明惠上人行狀》中記載的一個有趣故事。在明惠完成《華嚴修禪觀照入解脫門義》的時候，有一位完全不知道此事的人，作了有關的夢：距離明惠的禪房二里之遙，住著一位名為發心房、原本是位關東武士的老僧。就在明惠完成著作的九月三十日夜裡，發心房夢見「明惠奉命建造了一座大堂，在大堂之前建造一座大門；從大門到大堂之間，建造了數段的階梯。大堂朝向東方，明惠在大堂之中與眾人說話，口中發出光芒。其後，從堂外運來聖教經典，七位了角童子前往迎接，並將其安置於大堂之內。」明惠如此解釋這個夢：「大門乃是入解脫門。階梯有五十二段（菩薩修行之階段）。大堂面東而建，因為如來說法的時候，就是面向東方。」雖然明惠的解釋相當直接，但這是夢與現實之「共時現象」的一個好例子。這件事特地記載在《行狀》裡，足見明惠也非常高興。

　　翌年（承久三年）發生承久之亂，京都一片動盪。明惠藏匿、庇護了許多落難的朝廷人士與其家族，因而被北条氏武士拘

<hr>

譯註5　佛光觀是中國初唐華嚴學者李通玄所提倡的一種冥想修行法，以華嚴經的光明覺品所述「爾時，世尊從兩足輪下放百億光明，照此三千大千世界……其中所有，悉皆現現……爾時，光明過此世界，遍照東方十佛國土；南、西、北方，四維、上、下，亦復如是」為意象。

提到六波羅，^{【譯註6】}接受北条泰時^{【譯註7】}的審問。這一次的會面對北条泰時來說，具有重大的意義；他當場為明惠的人品所折服，兩人自此成為莫逆之交。至於明惠，在長年深刻的宗教體驗之後，不論是面對政變的發生，或是個人生死的關頭，都早已能夠泰然處之。

　　兩年後明惠五十一歲，在高山寺境內建立了善妙尼寺，收容許多朝廷貴族的子女。晚年的明惠雖然擁有許多追隨者，經常為他們講道，但是他真正嚮往的，卻始終是隱居坐禪。五十八歲時他為了替亡父祈求冥福，原本計畫閉關一個夏天，卻引起周遭的恐慌。在眾人的懇求之下，不得不放棄這個計畫。對明惠來說，他最渴望的，就是一個人獨居的生活吧。

　　五十九歲那年的十月，明惠長年宿疾的痔病再度發作，同時他吞嚥困難，無法進食，似乎大限已到，不意卻奇蹟般地康復。翌年的貞永元年（1232），明惠自覺死期將近，於一月十一日立下遺書，仔細地向弟子們囑託後事。一月十九日明惠圓寂，臨終時莊嚴而平靜，宛如一幅涅槃圖。^{【譯註8】}誠心敬愛的弟子們忠實地陪伴著他，一直到最後一刻，明惠仍然為他們諄諄地講道。終於他枕著手，向右側臥，說出人生的最後一句話：「我，自護戒者中來。」然後寧靜地逝去。據說明惠死後，空氣中漂浮著難以形容的香氣；人們堅信明惠登上了兜率天。^{【譯註9】}當時不論僧

譯註6　六波羅是京都的地區名，位於鴨川之東。平家曾居於此地，承久之亂後，北条氏在此建立總管政務、審判的機關，並兼負監視朝廷的任務。

譯註7　北条泰時（1183-1242），鎌倉時代前期之武將，鎌倉幕府第三代掌政者。

譯註8　涅槃圖描繪釋迦牟尼佛在娑羅雙樹下圓寂的情景；釋尊頭朝北、面向西方，右側臥，弟子、菩薩、天龍、鬼畜環繞四周悲泣。涅槃圖常用於涅盤法會時。

譯註9　兜率天是梵語 Tusita 的音譯，意為「具足歡喜」，又譯知足天、妙足天、喜樂天、喜足天等等，乃佛經記載「欲界六天」之第四天，是彌勒成佛前的居處。

俗，有許多人在夢裡預知了明惠的死亡，真可說是由夢而始，隨夢而終，精彩的人生。

二、佛教史中的明惠

以上簡單介紹了明惠的生平。之後我們會透過明惠的人生軌跡與他的夢之關聯，進一步探索他的內在生命。在討論他的夢之前，我想要概略地述說明惠在歷史上，特別是在佛教史上所代表的意義。從其簡略的生平記述不難看出，明惠果然是世間少有的名僧，但是我們要如何為他在日本歷史中定位？

明惠的歷史意義

翻開手邊高中教科書的「日本史」，關於明惠，只有簡短一行敘述：「相對於鎌倉時代新佛教的抬頭，與貞慶等人共同為奈良佛教的復興努力」。這大概就是一般人對明惠的歷史評價吧。融合了日本文化的各個新佛教宗派相繼興起，不但流傳到後世，甚至到現在都還擁有強大的勢力；相對於這些新勢力，明惠的形象成了守舊派的代表。

當然，筆者並非佛教的專家，但是翻閱大野達之助的《日本佛教思想史》，【註1】卻發現書中沒有任何一個字提到明惠。仔細想想，這也不難理解，因為如果從「思想史」的角度來看佛教，一般的觀點必然會從南都六宗【譯註10】開始談起，經過天台宗、真

註1　　大野達之助，《日本仏教思想史》，吉川弘文館，1957。
譯註10　南都六宗指奈良時代（710-794），活躍於平成京（奈良時代首都，位於如今奈良縣奈良市、大和郡山市一帶）的六個佛教宗派，分別是法相宗、俱舍宗、三論宗、成實宗、華嚴宗、律宗；又稱奈良佛教。

言宗，然後就是鎌倉時代如雨後春筍般驟然興起的新佛教思想。在討論過以法然為首、鎌倉新佛教各個宗派祖師的思想之後，日本的佛教思想史就可以算是完結了。的確，在這樣的脈絡下，明惠所佔的位置微乎其微。

　　但是，筆者想要從不一樣的觀點，來討論明惠在歷史上的意義。首先浮現在我腦海裡的，是布拉姆斯【譯註11】說過的一句話：「如果從音樂史的角度來看，我大概會得到與凱魯畢尼【譯註12】差不多程度的評價吧。」時至今日，布拉姆斯已經是公認的大作曲家，這件事沒有人會懷疑；當時布拉姆斯應該也有如此的自信與自覺吧。這樣的布拉姆斯竟然表示將來世人對自己的評價，會與幾乎名不見經傳的凱魯畢尼差不多，還特地強調「從音樂史的角度來看」；透過這樣的言語，其實他是充滿嘲諷地對「音樂史」本身提出質疑。

　　討論歷史意義的時候，我們通常都會把焦點放在新的演變。的確，如果以這樣的觀點來看的話，布拉姆斯並沒有帶來什麼新的變革；但其實透過上面引述的那段話，布拉姆斯真正想說的，是希望世人注意他音樂的本質，而不要把眼光放在「新舊」的問題上，不要管什麼新的要素，不要在意形式，他希望大家聆聽他的音樂本身，從聆聽中給予他評價。

　　筆者認為同樣的主張，也適用於明惠。不要去問在日本宗教史上明惠帶來了什麼新的東西，而應該著眼在明惠本身的宗教性。只有這樣做，才能在真實、本質的層面，替明惠在我國的佛

譯註11　布拉姆斯（Johannes Brahms, 1833-1897），十九世紀德國作曲家、鋼琴家、指揮家。
譯註12　凱魯畢尼（Luigi Cherubini, 1760-1842），出身義大利，活躍於法國的作曲家，其歌劇作品在當時得到極高的評價，但在十九世紀中葉以後，逐漸被世人所遺忘。

教思想史中，找出他應有的位置。對明惠來說，他不需要任何新的事物。對他來說，佛陀的存在就是一切。當然他有充分的自覺，知道自己無法與佛陀相比；雖然如此，他卻沒有開發新事物的意圖。明惠的自我定位，在下引的這一段話中表示得非常明確：

> 若吾生於天竺，則毋須有所作為。惟巡禮五聖地遺跡，禮讚如來，則我心足矣。學問修行，亦屬多餘。（《却廢忘記》）【註2】

明惠認為自己若能出生在釋迦的誕生地天竺，就已心滿意足，大概也不會致力於學問與修行了吧。關於他的這種態度，白洲正子表示：「我們可以說，明惠所信仰的並不是佛教，而是釋迦本人，一位美好的人類。」【註3】我覺得她說得一點也沒錯。

如果從思想史的關聯，來思考明惠宗教性的特質，就不難發現他與同時代其他僧侶的不同之處。鎌倉時代相繼出現的祖師們，各自從佛教的某個單一面向切入，以尖銳的意識形態做為教義，形成獨立的宗派。「這個是正確的」這句話，很容易就變成「除此之外都是錯誤的」。這樣的態度比較能產生明白的主張，吸引大量的支持者。意識形態提供明確的判準，讓我們據以判斷善惡、正邪；意識形態如果產生變化，其判準也會產生變化。變化的本身，以及變化的原因，是很容易討論的對象，因此思想史

註2　《却廢忘記》是明惠的談話、教誨集，由他的弟子長円所抄錄，手稿為高山寺所藏。出版品收錄於前述《明惠上人資料　第二》。

註3　白洲正子，同前註（第一章註18）。

總是追隨著意識形態的變遷。

　　不過仔細想想，人類的存在，甚至世界的存在，本來就充滿矛盾。不僅如此，所謂「矛盾」這個說法，正來自人類淺薄的判斷；存在本身是超越善惡與正邪的。原本佛教就是以這樣的存在做為思考對象，才出現的宗教，因此它不是一種意識形態（ideology）；佛教具有強烈的宇宙論（cosmology）性質。

　　宇宙論試圖盡可能地包括、涵蓋所有的事物；意識形態的力量，則在於切割與取捨。意識形態試圖透過排除它自己判定的邪與惡，來建立完全的世界；這個時候，意識形態的代言人與執行者自身，就成了絕對正確的存在。但是如果我們向深層發掘，了解自己的存在，就不得不承認，不管死亡與邪惡多麼讓我們難以接受，生與死、善與惡，同時存在於我們之內。認識到這樣的自己也參雜在世界裡，也是它的一部分，我們該如何看待世界？在世界之中，我們給予自己以及其他諸多矛盾什麼樣的位置？這些問題形成了宇宙論。

　　我們無法用邏輯的整合來建立宇宙論，宇宙論只能透過意象（image）形成。關於宇宙論（世界觀），只能由個人生命的全體，提供相關的意象。比起想法與知識，明惠的生命態度本身更能代表他的「思想」。這個觀點，將成為本書總體論述的依據。從這個角度來觀看，那麼不止是日本的佛教思想史，明惠在思想史上的位置也變得非常重要。當今時代關心的焦點，可以說正從意識形態移向宇宙論，對於明惠的評價也因此產生急遽的變化。這種時代思潮的動向，還可以從另一個跡象看出來：在過去，比

起鎌倉時代的宗師們，空海【譯註13】並沒有受到大家太多的重視；但近年來我們對空海的關注，也正急速地升高。

宇宙論沒有辦法像意識形態那樣立論清楚、立場鮮明，但是，這一份不確定感，正是個體人格心性的體現。舉例來說，白洲正子曾指出，關於在深山之中閉關修行，明惠就曾表示過完全相反的不同態度。在致井上尼（名為井上的尼姑）的一封信中，明惠寫到「山寺具有崇高的神性」，建議她「到山寺中修行」，強調隱居深山的必要性。但另一方面，《傳記》裡記載，弟子喜海表示希望到深山幽谷隱居的時候，明惠則舉例為他說明閉關對修行可能造成的危險。針對同一件事情，明惠對不同的兩個人陳述了相反的意見；以邏輯來說，明惠的確是自相矛盾。但是仔細閱讀明惠寄給井上尼的信，以及他對喜海的諄諄教誨，在不同的內容底下，我們看到的是明惠為對方的細心設想與無限柔情，那正是明惠面對生命的態度，令人尊敬。

另外，《傳記》裡記載了一段明惠的話：「末世沒有真正的知識。若自家宗派中有難明之理，則不妨尋求禪宗的幫助，向得道禪僧請益；或者參考經典，或者求他人幫助，切不可偏執傲慢。」《却廢忘記》裡也說：「既然義是相同的，就不應有顯密之差別。」明惠的態度與立場是極為自由開放的。不過，這樣的明惠卻曾經對法然的《選擇集》進行猛烈的批判，這一點我們稍後再詳細論述。

我們討論了明惠在日本佛教思想史上的重要性，山本七平先

譯註13 空海（774-835），平安時代初期僧侶，法號遍照金剛，謚號弘法大師，真言宗的開山祖師。在804年，空海以正規遣唐使留學僧的身分赴中國，806年回日本，帶回兩百一十六部（總計四百六十一卷）的佛教經典。

86

生則從日本的歷史與文化著眼，對明惠的歷史意義有極為精彩的論述。【註4】相關細節，還希望各位讀者能夠親自閱讀山本先生的原著，這裡只針對與本書主題有關的內容，簡單介紹其要旨。

　　山本七平認為，北条泰時所制定的「貞永式目」，【譯註14】與其說是劃時代的創舉，更應該看作是一種「革命」，而這一場「革命」的思想支柱就是明惠。之前我們也提過，相對於新佛教，在現行「佛教史」一般的觀念裡，明惠被認為是「保守主義者」；然而對這場日本罕見的「革命」來說，明惠卻是理論的支柱。明惠的特徵，就顯現在他同時具有兩種相反的性質，他既是保守的，又是革新的。或者我們可以說，日本新佛教的祖師們提出激進的意識形態，而明惠則是持有激進的宇宙論。山本七平指出明惠對北条泰時產生重大的影響，並且表示：「泰時受到的影響並不在於『教義』，而在於『人格』。」確實如此。雖然北条泰時相當信賴、甚至依賴明惠，但是他所提出的體制，並沒有對於佛教體制的干涉。不像聖武天皇與華嚴宗的關係，泰時並沒有運用華嚴宗做為他統治的基礎。「貞永式目」的制定中，的確存在明惠華嚴思想的精神，但那很明顯只是經由明惠人格影響而傳遞的。

　　與既往的律令體制相對的「貞永式目」，是極為根本的改革。山本七平稱之為「世界史上罕見稀有的事件」，因為提出這麼全盤、劇烈改革的北条泰時，明白表示「貞永式目」的制定，並不以任何法理為基礎。山本七平指出，「如此公開宣言的立法

註4　　山本七平，《日本的革命の哲學》，PHP出版社，1982。

譯註14　原稱「御成敗式目」，是鎌倉時代武士政權所制定的法令（式目），成立於貞永元年
　　　　（1232），故別稱「貞永式目」，是鎌倉時代最初的成文法。

者，人類史上恐怕只有他一個人吧。」如果沒有法理典籍做為基礎，那麼立法者是以什麼做為根據？面對這個問題，泰時坦然回答：「不過就是遵循道理進行的方向罷了。」

山本推論，這個「道理進行的方向」，背後即是明惠的主張：「如其應然」（あるべきやうわ）。這句「如其應然」，可以說是明惠思想的根本，稍後我們將詳述。這裡筆者想要強調的是這樣的歷史事實：明惠以真實的生活、生命，實踐自己「如其應然」的信念，形成獨特的人格；泰時在接觸到明惠的人格之後，也以這樣的信念來支持自己推行的體制改革。明惠的「如其應然」，當然與華嚴思想有關，但是，他並沒有將它變成宗派的教義或者意識形態，去成為北条泰時政治體制的「統治神學」。明惠的思想體現為他全人的生命態度，正因為如此，才能夠成為泰時的支柱，讓泰時進行這場巨大的變革的時候，在宗教上採取自由的立場。

山本七平指出，泰時的「貞永式目」從發布直到到明治時代，長達六百餘年的時間，一直是日本人日常生活的一部分。他認為「貞永式目」是「庶民百姓唯一長年閱讀的法律書與日常生活規範書。日本人從幼年開始，便以貞永式目做為習字的教本，閱讀並且抄寫，這一點對於日本人的秩序意識有莫大的影響。」也因此記述明惠思想與生平的《明惠上人傳記》，長期以來成為日本人之間廣泛流傳的讀物。

透過這樣的觀點，明惠在日本思想史上的重要性不證自明。只不過，因為要從明惠的思想擷取明確的意識形態十分困難，所以他在思想史論述上，長期受到忽視。筆者認為，若要知道明惠的思想，理解他的《夢記》就變得非常重要。本書將朝向這樣的

目標，持續對《夢記》進行討論。

日本人與戒

　　如前所述，一般佛教史對明惠甚少著墨，明惠的信徒也沒有在後世形成繁盛的宗派，因此對現代人來說，他的知名度並不高。即使如此，做為與宗派無關的個人，現代尊崇明惠的人亦不在少數，這應該來自明惠人性的魅力吧。辻善之助【譯註15】提出他尊敬明惠的理由：在日本諸多名僧之中，唯有明惠一人終身不曾犯戒。其實指出這一點的不乏其人，也有人稱明惠為唯一的清僧。

　　原本佛教是嚴格遵守「戒」的宗教，但是仔細觀察現代日本的佛教界，遵守戒的佛僧寥寥無幾，甚至可以說一個都沒有。哲學家上山春平指出，這一點是日本佛教最大的特徵之一。【註5】佛教戒的第一條就是淫戒，然而日本的佛僧們並非偷偷摸摸，而是公然犯戒，這一點令人瞠目結舌。上山春平表示：「（日本）僧職的世襲制度，就是以破壞淫戒為前提。像這樣將犯戒行為制度化的國家，在全世界的佛教國家之中，恐怕絕無僅有。使人不禁懷疑，到了這種地步，還能不能稱之為佛教。」

　　上山指出，日本人不但破壞佛教的戒，也不遵守儒教中的「禮」；他認為我們在思考日本人的特性時，這是一個重要的觀點。關於這一點，我們在這裡暫不深論，但是在本書接下來的論述裡，還希望讀者們能放在心上。

譯註15　辻善之助（1877-1955），兵庫縣出身，東京帝大榮譽教授，日本的歷史學者、文學博士，專長日本佛教史。他以實證主義方法，從日本佛教史觀點研究日本文化的形成。

註5　上山春平，〈礼と戒律〉，《80天城シンポジウム記錄　日本と中国》，1981，所收。

做為「戒、定、慧」三學之一，戒對佛教來說極為重要。透過守戒、禪定來集中精神，以獲得最高的智慧，可以說是佛教的精髓。玉城康四郎【譯註16】認為佛教特有的思維是「全人格的思維」，他明白地指出：「眾所周知，佛教自創始以來，就強調戒、定、慧三學。這三學恰恰表明佛教特有的思維。」相反地，所謂「學術研究工作者的思維方式，無法對全人格發揮作用」。【註6】換句話說，他主張若要對佛教有真正的了解，修行戒、定、慧三學，是必要條件。

出家的僧侶必須遵守的戒，實在是非常多。以南方上座部【譯註17】的佛教來說，男性必須遵守的有兩百二十七戒，女性則有三百一十戒。即使到了現代，在緬甸、泰國等地，仍然嚴格遵守這些戒（不過目前在這些地方，只有男性可以成為正式的僧侶，沒有女性的僧侶）。石井米雄【譯註18】親自過了三個月的僧侶生活，以他自己的體驗為基礎，對戒的問題進行探討，極為深入而有趣。讓我們根據他的論述，來稍稍思考佛教的戒。

石井認為佛教的特徵是「無神論的宗教」；「有神論」的基督教之十誡，與佛教的戒基本上完全不同。讓我們直接引用石井的文字：【註7】

譯註16　玉城康四郎（1915-1999），熊本縣出身，佛教學者、大學教授，教授宗教學。

註6　玉城康四郎，《冥想と思索》，春秋社，1984。

譯註17　上座部佛教又稱南傳佛教、小乘佛教，與大乘佛教並列為現存佛教最基本的兩大派別，流傳於斯里蘭卡、泰國、緬甸、柬埔寨、寮國等地。

譯註18　石井米雄（1929-2010），東京出身，歷史學者，專長東南亞歷史，特別是泰王國研究。

註7　石井米雄〈戒律〉，收錄於上山春平、梶山雄一所編《佛教的思想》，中央公論社，1974。此外，石井米雄的《戒律的救贖──小乘佛教》（淡交社，1969）一書，對於佛教中戒的意義也有非常具體的說明，值得參考。

　　我們剛才看過了，摩西的「十誡」是神的命令。但是從至今為止的研究中可以明白看出，佛教的sila【譯註19】（梵語）——也就是「戒」——並非絕對存在的命令。破戒並不是對神的不敬，也不會變成罪。「戒」是希望從「苦」中獲得解脫的人，相信並決定實踐佛陀教導的同時，所加在自己身上的一種自律的行為準則。佛教的戒，不會產生耶穌所說的「粉飾的墳墓」【譯註20】般的偽善，因為佛教的「破戒」充其量只不過是放棄自己的決心而已；其結果只能傷害自己，不能傷害到別人。在這裡面，沒有「罪」的存在。

　　我們必須清楚地認識這兩種對戒的不同想法。佛教的戒雖然與基督教不同，並不是由絕對存在者所頒布，但若是不遵守戒，就無法進入涅槃，所以守戒是絕對必要的。實際觀察佛教戒的內容，兩百二十七戒中最重要的，可以說是「性交」（淫慾）、「偷盜」、「殺人」（殺生）、「虛言」（妄語）四個禁戒。其中第四項「虛言」不單是一般撒謊的意思，還包括明明尚未達到解脫的境界，卻宣稱自己已經解脫、得到超能力等等。除此之外，還有不可觸摸女性、不可以手淫等等一連串鉅細靡遺的戒。

　　像這樣嚴格守戒的精神，可以說是南方上座部佛教的特徵。相對於此，大乘佛教認為佛教不應只是個人邁向涅槃之路，而

譯註19　現代人經常使用「戒律」一詞，但事實上「戒」（梵語：sila）與「律」（梵語：vinaya）是兩個不同的觀念。「戒」是個人自律的、內在的道德規範，「律」則是僧侶在僧團中必須遵守的團體規則。犯律會受到團體的處罰，犯戒則不會。

譯註20　出自〈馬太福音〉第二十三章27節：「你們這假冒為善的文士和法利賽人有禍了，因為你們好像粉飾的墳墓，外面好看，裡面卻裝滿了死人的骨頭，和一切的汙穢。」

強調救濟他人，重視所謂的「菩薩道」（大乘佛教稱南方上座部佛教為「小乘」。大乘、小乘的分法，原本就是大乘佛教的觀點）。這樣的大乘佛教，經由中國再傳到日本，這之間對戒的態度，逐漸產生了變化。

佛教剛傳到日本的時候，日本的僧人也曾一度努力守戒。當然，他們很可能也有「門面」與「本意」【譯註21】分離的現象。率先正視戒的問題，進行劃時代改革的，是最澄和尚。【譯註22】

最澄在他的主要著作《顯戒論》中，主張捨棄小乘戒，採用大乘戒。與小乘戒比起來，大乘戒的數量明顯減少，只有十個重戒以及四十八個輕戒。剛才提過的四戒（淫慾、偷盜、殺生、妄語）雖然也列在十重戒之中，但不再具有以往的分量，反而強調不要吝惜物力、不要吝惜教導他人、不要詆毀三寶【譯註23】……等有關精神態度的戒。經過最澄的改革之後，戒的重要性比起小乘佛教，驟然減輕許多。

從此，日本僧侶對戒的態度逐漸變得鬆散而隨便了起來。當作「門面」，表面上還保留了大乘戒，但其實私底下破戒的人比比皆是，司空見慣。就以淫戒來說好了，後白河法皇【譯註24】有一句出名的話：「暗地裡做的是高僧，不做的是佛。」顯見高僧們

譯註21　原文是「建前と本音」（Tatemae and Honne）。這是一組外國人常常拿來討論日本文化的概念。「建前」是人符合其本身地位，以及因應社會要求的行為與言論準則；「本音」則是內心真正的感覺或欲求。從其他文化看來，「建前」很容易被認為是虛偽造作、表面工夫，但是在日本社會裡，它比較像是一種為了避免衝突的禮儀。「建前」與「本音」的背離或衝突，經常是日本人壓力的來源之一，也成為許多戲劇、電影探討的主題。

譯註22　最澄（767-822），日本平安時代僧侶，出生於近江國（今滋賀縣），日本天台宗的祖師。

譯註23　佛教有三寶之說，分別指佛（開悟者）、法（佛的教誨）、僧（奉行佛法者）。

譯註24　後白河法皇（1127-1192），平安時代末期第七十七代天皇。篤信佛教，喜愛歌謠，曾編纂歌謠集《梁塵祕抄》，成為日本重要文化遺產之一。

「暗地裡」都與女性交往。或許是因為在日本的風土人情中，有什麼東西使得堅守戒律變得困難，或者有什麼因素使得人們不願意捨棄男女之事，總之，淫戒淪為有名無實的狀態。

在這種時候，正面迎向這個問題，並且為之苦惱不已的，就是明惠與親鸞。如同石井所指出，佛教的戒與基督教的戒不同，和絕對存在（神）沒有關係，如果不要想太多，順其自然，破戒並不會帶來太大的煩惱。這個問題卻對明惠與親鸞造成那麼大的折磨，可見兩個人都具有很深的宗教性。但是這兩個人從同樣的問題出發，卻得到完全不同的方向，這一點稍後我們會再詳細討論。

眾所周知，親鸞認真面對這個問題的結果，得到「即使破戒，也能得救」的信仰。親鸞曾說過自己「沒有任何弟子」；上山春平也指出，親鸞「是否自認為僧侶，有沒有創立宗派的意圖」，【註8】無法得知。不論如何，親鸞的思想廣為日本大眾所接受，並發展成為龐大的教派。其他的宗派對於戒沒有任何檢討或反省，只是搭上親鸞的便車，一點一點放棄了守戒之心，演變成今日的局面。因此有人說，日本人「方便主義」、喜歡搭便車的心性，在這一點上展露無遺；也有人開玩笑地說，日本的大乘佛教發展到後來，成了便乘（便車）佛教。

從日本人的心性來看，關於戒還有不能不考慮的一點。上山春平在某個學術會議【註9】上曾經指出，日本人並不真正具有戒或禮的觀念。在場的多納德・金（Donald Keene）【譯註25】對這一點

註8　　上山春平，同前引論文（註5）。
註9　　請參照前引《80天城シンポジウム記録　日本と中国》。
譯註25　多納德・金（Donald Lawrence Keene, 1922- ），美籍日本文學研究家、文藝評論家，哥倫比亞大學榮譽教授，一生致力於向歐美國家介紹日本文化。

提出質疑，他認為從歐美文學的立場來看，沒有任何一種文學像日本文學那樣，有那麼多的禮儀與戒律。他以連歌【譯註26】為例，指出連歌的規則非常繁複細膩；又比方能劇【譯註27】或茶道，每一個微小的動作，都有精密的規定，這是大家都知道的。

如果要思考明惠對戒的態度，這一點的確不得不考慮。從一般的觀點來看，有兩個可能。首先，就如中根千枝【譯註28】在同一次的會議中指出，日本人雖然不能接受普遍形式的「禮」或「戒」，但是在特定的領域或團體之中，卻充滿極度繁複嚴格的禮儀與戒律。此外，筆者還有另一個想法。正因為日本人在日常生活或倫理方面，無法遵守禮戒，所以才會在藝術的世界中，如此強調，這或許是一種補償作用吧。不過如果繼續這樣討論下去，這本書的主題就要變成日本文化論了，讓我們就此打住。但是在探討明惠個人生命態度的時候，必定會不斷地碰觸到日本文化的根本問題，可見明惠這個人，在日本思想史上，占有多麼重要的地位。

譯註26　連歌是一種日本傳統的詩的形式，起源於鎌倉時代，經過南北朝至室町時代集大成。連歌以和歌的韻律（五七五與七七兩種音節）為基礎，由多數的作者連作而成。

譯註27　能劇為日本特有的一種舞台藝術，由演員佩戴面具演出古典歌舞劇。

譯註28　中根千枝（1926-），東京出身，日本社會學家，專長印度、西藏與日本的社會組織。是東大第一位女性教授，日本學士院第一位女性會員，也是首位得到文化勳章的女性。

【第三章】母性存在

　　終於，我們即將實際討論明惠的夢。在這之前，雖然我們已經鋪陳了許多的背景資料，但事實上，為了對明惠的夢進行解釋，那只能算是最低限度的準備。

　　如同第一章的說明，分析家在實際處理夢的時候必須盡可能地了解作夢者的性格、作夢當時當事人身處的情境以及當事人由夢引發的聯想。只截取夢的內容就從事各種議論，是一件危險的事。既然我們不可能親自與明惠面談，這一點更要特別注意。因此透過明惠的傳記或書信，對於他的性格以及他生存的時代取得某種程度的認識，就變得非常重要。

　　其實，或許我們應該更詳細地探討明惠本人以及他的時代，但是光是這樣做，恐怕就需要一整本書的篇幅，所以讓我們就此打住，開始進行夢的解釋。

　　之前也提到過，除了《夢記》之外，明惠的夢還散見於其他的史料，我們也將不時從這些來源取材。以下的論述將盡可能依照年代順序進行，但根據主題的需要，有時候會調動前後的次序。

一、最初的夢

　　某些情況下，小時候作過的夢，一生都忘不了；許多來我這裡接受諮商的人，都提到這一點。大多數的情況下，幼年的夢對

當事人的一生，具有極其重大的意義。榮格在他的自傳裡提到，終其一生，他一直記得三、四歲的時候作的夢，那個夢對他的人生來說，具有很深的意義；稍後我們將詳述這件事。明惠的《傳記》裡則記載了如今我們所知道他最初的夢。

乳母之死的夢

根據《傳記》的記載，明惠在父母雙亡之後，於九歲時離開親族，前往高雄山；當天夜裡他作了一個夢。《傳記》裡這樣寫著：

> 是夜行抵寺廟，臥夢中見死去之乳母，身體切為無數段，散於四處，其苦痛莫此為甚。我哀傷至極，此女若為平生罪業深重之人，則我願為良僧，以救助此等人之來世。（「乳母之死的夢」）

乳母的身體被切成片段，散於四處，實在是令人心碎的夢。明惠入寺修行的第一天就作了這樣的夢，對他來說是極為關鍵的。身體被切開，四處丟棄，這種肢解身體的主題，在許多神話與宗教中都曾出現，象徵性非常高；榮格經常談論這個主題。埃及神話中，歐西里斯（Osiris）遭弟弟賽特（Set, Seth）殺害，並且分屍棄置；狄奧尼索斯（Dionysos）信仰中，也會在狂歡的宴會之後屠宰、切割動物，做為一種犧牲的儀式。榮格考慮到這些事實，從鍊金術的關聯，探討了肢解身體的象徵意義；筆者將簡單介紹榮格的論點。

榮格認為從中世紀流傳下來諸多有關鍊金術的書，並不是真

的在記載鍊金的方法；他認為透過對鍊金程序的描述，這些書實際上在敘說人類人格發展的過程——以他的話來說，就是個體化的過程——榮格就以這樣的觀點，來解讀鍊金術的書。關於鍊金術的過程有著各式各樣的記述，一般的共通點如下：一開始是完全未分化的原料，接著進入「分離」，也就是分解為各種要素的階段。這個「分離」的階段，通常透過肢解身體或動物的犧牲等方式表現出來。[註1]有時候「分離」也會用切斷母親的手，或是切斷獅子的腳來表示。我們不難感受到這種鍊金術的象徵表現，與明惠的乳母屍首遭到切割的夢，有相通之處。

第三世紀靈知（Gnosis）派的鍊金師佐西摩斯（Zosimos of Panopolis）之幻象（vision），[註2]很生動地傳達鍊金術肢解身體這個意象的意義。榮格曾經發表他對佐西摩斯之幻象的解釋，讓我們來看看最初的部分。佐西摩斯的幻象真的是駭人聽聞：一開始他看到十五層的階梯之上，有一座祭壇，他自己就躺在祭壇上，旁邊站著一位祭司。接著，祭司開始肢解他的身體，剝去他的頭皮，將他的肉與骨都燒成灰燼，直到他的身體化成靈（spirit）。榮格以前面所述鍊金術過程中「分離」的階段，來解釋這個異常痛苦的幻象體驗。榮格認為在這個幻象裡，身體根據「調和之規則」（rule of harmony）被切成四段，亦即分解為四個要素；肢解所用的刀，代表 Logos[譯註1]的力量。榮格並引用

註1　榮格，〈移情心理學〉（Psychology of the Transference, in *The Collected Works of C. G. Jung*, Vol. 16, Pantheon Books, 1954）。

註2　榮格，〈佐西摩斯的幻象〉（The Vision of Zosimos, in *The Collected Works of C. G. Jung*, Vol. 13, Pantheon Books, 1967）。

譯註1　Logos 是古希臘哲學與神學的術語。在哲學上表示支配世界萬物的規律性或原理，在神學上表示上帝的旨意或話語。

《聖經》的話：「神的道是活潑的，是有功效的，比一切兩刃的劍更快。」（〈希伯來書〉第四章12節）同時聖經裡也說，雙刃之劍是宰殺犧牲者的器具。榮格在他的解釋中還指出，供奉犧牲者、被犧牲者以及宰殺犧牲者的刀之間，暗地裡潛藏著同一性；在這裡，痛苦與苦行具有重要的意義。

讓我們參考榮格對佐西摩斯的幻象之解釋，來思考明惠的夢。「乳母之死的夢」在肢解身體、犧牲、痛苦這幾個主題上，與佐西摩斯的幻象有明顯的關聯。有一點非常重要：在明惠的夢裡，身體被肢解的是他的乳母。在這裡乳母代表必須被切斷、必須被犧牲的東西。如果考慮到榮格所云潛藏的同一性，那麼或許可以說乳母也代表明惠本身。

關於日本文化中母性原理的優勢地位，筆者已經談論很多，這裡就不再贅述。[註3] 如果簡單地以公式化的方式來說，母性原理的主要機能是「包覆」；相對地，父性原理的主要機能則是「切割」。包覆所有的事物、成為單一的全體，以及窮盡可能地切斷、分割事物，正是相對立的機能。其實，對立的機能這個想法，本身就是父性原理的觀點。本來如果遵循母性原理，視萬事萬物為一體，將超越所有的對立；但如果徹底實行這一點，人類將失去語言。透過對事物的切割、分類，才可能有語言的表現。因此，只要我們依賴語言進行說明，無可避免地，就必須在某種程度上使用父性原理。我們思考父性與母性之對立的同時，必須牢記上述的事實。

依照這個想法，與歐美文化比較起來，在日本文化中，母性

註3　河合隼雄，《母性社会日本の病理》，中央公論社，1976。

原理占有優勢的地位。包覆一切、將一切化為一體的傾向，即使在現代的日本仍然持續存在。由於近年來與西洋文化激烈頻繁地接觸，某種程度上或許可以看到改變的徵兆；就算如此，它的基本樣貌卻沒有什麼改變。

　　基督教顯然是一股支撐西洋父性原理、並使其強大的力量。天上唯一存在的男性神，就是父性原理的體現。當然，從《舊約》過渡到《新約》，天主教教理中馬利亞升天的說法，可以看作是母性原理對父性原理的一種補償作用。但是天上唯一的神是男性神，這個本質上的結構是非常嚴峻的。與此相較，佛教究竟偏重父性還是母性，就不是那麼容易回答的問題。誕生在印度的佛教，不但長年累月產生了多樣的變化，經由中國傳到日本的時候，其樣貌更有了劇烈的改變。隨著時代與派別的不同，雖然都稱為「佛教」，其內容可說是截然不同的。

　　在這裡，讓我們避開這麼困難的問題。總之，傳到日本的佛教，應該可以說相當偏向母性的一面吧。明惠本身也從母性的觀點來接受這個夢。他同情乳母的痛苦，同時也認知到乳母平生罪業深重，因此決心在佛法上精進，以救助乳母的來生。不管是如何罪業深重之人，都想要將她從痛苦中救出，而且認為將她救出是可能的事，從這些地方可以看出母性原理的作用。

　　在這裡為各位讀者介紹一則有趣的小插曲。筆者曾在歐洲談論有關明惠的夢，將這個夢翻譯成英文的時候，遇到「若為平生罪業深重之人」這一段，我解讀為「正因為她是罪業深重的女性，所以我願救助她的來世」，我用了「because」這個字來翻譯；幫我檢查英文的美國友人表示：「這個說法很奇怪。應該是『儘管她是罪業深重的女性，我仍然願意救助她』才對吧。」跟

著用「although」替換掉原先的「because」。的確,「若為平生罪業深重之人」這句話,用 because 這個字來翻譯,不免讓人覺得淺薄;然而斬釘截鐵地把它解讀成「儘管是罪業深重之人」,語意上重要的情感內涵就不見了。想要把這樣的語意,轉譯到在父性原理體系之下發展而成的英文中,大概很困難吧。筆者向友人抗辯,試著向他說明,但是沒有成功,最後是我妥協了,改成「儘管」。這是一個罪業深重的女人;正因為如此,我非救助她不可。說不定這種基於母性原理的感情,不是那麼容易就能讓西方人理解吧。

再回到我們的正題。雖然明惠本身以母性的觀點來看待這個夢,但是這個夢重要的地方,在於「身體被切成無數段」,出現了「切斷」的主題。參考前述榮格針對佐西摩斯之幻象所做的評論,從這個夢可以讀出,對九歲的明惠來說,「分離」或是「切斷」這個父性的機能,已經強烈地發揮功能。

當然我們可以像明惠那樣,將出現在夢裡的乳母,看作是真實的乳母,這也是一種解釋。但是如果我們將這個意象替換成普遍的母性,那麼可以說與母性的切斷、對母性的分析……等這種對日本人來說極為稀有的課題,已經降臨在明惠身上。我們也可以說,父性與母性的相剋、共存,以及隨之而來的苦悶、苦惱,註定成為明惠的命運。在母性原理之外,也同時具有強烈的父性原理,在日本人之中,明惠是罕見的例子。

九相詩繪

在這裡讓我們稍微談論一下「九相詩繪」,因為它和明惠「乳母之死的夢」有所關聯,同時也有助於我們了解明惠之後的

人生態度。

　　究竟「九相詩繪」是什麼樣的東西呢？請看看第102頁的圖片：一位美麗高雅的女性死去，屍體逐漸腐爛，最後遭野犬與烏鴉吞噬而散於荒野的樣子，描繪得非常逼真。為什麼會畫出這樣的畫來呢？這種畫存在的根基，在於佛教的「九想觀」；將「九想觀」以繪畫的方式表現出來，就是「九相詩繪」。

　　在「九想觀」的條目下，《望月佛教大辭典》這樣寫著：「凝集九種『想』【譯註2】進行觀照，亦稱為九想（或九相）；所謂觀禪不淨觀的一種。為了讓執著五欲、耽戀美好、興起迷想者得以覺知人間的不淨，以除去情欲之觀想」。為了讓沈迷於此世欲望之人「覺知人間的不淨」，所實行的一種觀想。關於「九想觀」以及「九相詩繪」的詳細考證，我們且略過不談；但可想而知，明惠在夢見「乳母之死的夢」時，已經知道女性死亡的樣貌。

　　據云，九想觀基於佛典，從《大智度論》（第二十一卷〈九想義〉）等書的思想得來。空海曾作〈九相詩〉，描寫死亡分為九個階段變化的樣貌，流傳至今。雖然也有人懷疑這首詩是否真的為空海所作，總之，它應該在明惠的時代就已廣為人知。以繪畫來表示九想觀這個方式，是從什麼時候開始的？至今尚無定論。但是經過考證，本書所引用的圖畫來自鎌倉時代，明惠應該有相當大的機會看過這樣的繪畫。童年開始就具有極度強烈宗教感受性的明惠，這樣的畫只要看過一次，大概就不會忘記吧。

　　既然提到了空海的〈九相詩〉，就讓我們趁此機會，介紹

譯註2　這裡指的是佛家五蘊（色、受、想、行、識）中的想蘊。

九相詩繪　吞食之相

明惠一個有關空海的夢，非常令人印象深刻。這個夢出現於明惠
十四歲的時候，《行狀》與《傳記》都有記載。

> 弘法大師以納涼房之橫梁為枕而眠，雙眼如水晶球，
> 置於枕邊。我拜領此雙眼，納入袖中，自覺獲賜寶物而醒
> 來。（「弘法大師之夢」）

獲贈弘法大師之眼，並覺得如獲至寶，可以理解為明惠接受
並且延續空海的觀點。實際上，明惠的思想的確受到空海很大的
影響；對明惠自己來說，這個夢也可以看作是他與空海的連結，
具有深遠的意義。

　　話題回到「九相詩繪」來。可以想見明惠曾經看過這一類的畫，並且在心中留下強烈的印象。但是，「九相詩繪」和「乳母之死的夢」有兩個決定性的不同之處。明惠是否清楚地意識到這些不同，我們無法得知；但是毫無疑問地，這些差異非常重要。首先，「九相詩繪」呈現了屍體腐爛的樣貌；相對地，明惠的夢則強調「切斷」。第二點，前者描繪年輕女性的死亡；相對地，明惠夢中的死亡，則是以乳母的母性形象出現。

　　有關「切斷」的意義，我們已經談論過了。其次，關於年輕女性與母親的女性形象之差別，之後我們在敘述女性的篇章，還會詳細討論，在這裡只稍微談一下最重要的幾點。這些看法並非來自明確的邏輯思考，而是筆者在觀看「九相詩繪」的時候，心裡所產生的聯想，也可以說是我的直觀。但是對筆者來說，如果要思考日本人自我實現的過程，這些觀察非常重要，而且和本書處理的主題，也就是明惠的自我實現，有深刻的關聯。

　　觀看「九相詩繪」進行冥想，是為了「除去人的情慾」，是專屬於男性僧侶的修行法。因此修行此法的僧侶們，冥想的並不是自己的死亡，而是年輕女性的死亡。西洋中世紀也有許多繪畫採用「死亡」做為主題，並且加上吶喊般的標題：「不要忘記死亡！」（Memento mori）。這些主要是關於「自己的死亡」，強烈地警告我們，自己總有一天會死去，這件事千萬不可忘記。相對地，「九相詩繪」則以女性的死做為觀想的對象。

　　隨著男性對待女性態度之不同——把女性當作母親，還是當作對等的對象——認知與相處的方式也會有很大的差異。之前我們也談到，日本對於母性有很高的評價，幾乎可以說女人就等於母親。說得誇張一點，只有當女性變成母親、男性變成兒子的角

色，才會感到安定。受到西洋文化的影響，現代這個情形似乎逐漸改變，但是如果我們仔細觀察日本人的深層內在，不難發現，其實此變化是停滯不前的。

日本的男性，經常夢見當自己正打算與年輕的女性親熱時，母親突然出現，讓他大吃一驚。許多已婚的男性也經常作這樣的夢。也有人表示困惑：自己並沒有親近或喜歡的女性，怎麼會作這種夢？然而，如果以內在世界的觀點來思考，應該就不難理解。

日本男性與母性存在的連結極端強烈，即使為時短暫，一旦試圖與年輕女性發展關係，就會受到母性存在的強力阻礙。因此許多日本男性，並不把結婚的對象當作妻子，而是當作「媽媽」；許多女性也覺得扮演這樣的角色比較安心自在。日本男性的「外遇」，常常並不是與兩位女性之間的糾葛，而是宛如小孩子瞞著母親惡作劇那樣的心情。這裡面，和以「母性存在」無限包容為前提的撒嬌心態，纏繞不清。

在內在的世界裡，這個與「母性存在」產生糾葛的「年輕女性」，究竟是什麼？關於這一點，稍後我們談到佛教與女性的關係時，還會詳細地討論。在這裡筆者想要稍微談論西方分析師榮格的看法。他以「阿妮瑪」（anima）來稱呼出現在男性夢中的年輕女性。阿妮瑪在拉丁文裡，表示「靈魂」的意思。對榮格來說，如同字面的意思，年輕女性代表了靈魂的形象。因此在西洋文化裡，男性與女性的結合具有極高的象徵性，榮格認為具有「與靈魂結合」的意義。

如果我們原封不動地接受榮格的看法，要如何解釋？難道觀想年輕女性死亡過程的佛僧們，體驗到的不是「身體」，而是

「靈魂」的消滅嗎？為了要了解人世的無常，以及人體的不淨，佛僧們所進行的修行，其實是在否定靈魂嗎？筆者在最初看到「九相詩繪」的時候，感到強烈衝擊的，除了這些繪畫實在過於逼真之外，因為熟悉榮格的思想，上述的疑問立刻充滿心中。簡要地說，難道日本文化，是以否定靈魂為前提嗎？但是，經過嚴密的思考，或許我們可以這樣說：日本佛教與日本文化繁榮發展的前提，就在於否定**榮格式**的、以女性形象做為靈魂意象的想法。

接近「靈魂」有無數的方法，因此人類描述靈魂的意象，也是無數的。但是對於每個文化與時代，都有其優勢的意象；強調某些面向的時候，就會否定其他的面向。在日本，靈魂透過母性存在意象來表現的例子壓倒性地居多。過於強調母性存在的結果，一見到與母性存在互相矛盾、衝突的年輕女性，就容易予以否定。

在佛僧們觀想年輕女性形象的腐爛，以做為修行過程的時代，明惠卻在他記憶中最初的夢裡，夢見母性存在的肢離。從這個短短的夢可以看出，明惠所背負的課題，是如何與時代的文化相連，又如何超越時代的文化。他與同時代其他的佛僧不同，沒辦法在母性存在的懷抱裡感到救贖、感到滿足，這是明惠背負的命運。母性存在解體後產生的嶄新女性形象，要如何面對？明惠的課題不但極度沉重，而且極為困難。

身體是什麼？

如前所述，紀錄中明惠最初的夢，是乳母的身體受到肢解。接下來我們會看到，在這個夢不久之後，明惠企圖以「捨身」的

方式自殺。對他來說，「身體」是重大的課題。考慮到這一點，讓我們先思考一下關於身體這件事。

為了思考身體，讓我們先來看一下記錄在榮格自傳裡，他三、四歲時作的一個夢，【註4】與明惠的夢對照起來，也深具意義。

> 牧師的房子，孤單地站立在勞芬（Laufen）城外不遠處；教會雜役家的農園後面，有一片廣大的牧場。夢中我就在這牧場裡。突然我在地面上看到一個漆黑的、由石頭圍起來的長方形洞穴，以前從來沒有見過。我覺得很好奇，就走了過去，向洞穴裡面窺視；那時我看到一道石頭的階梯，一直通往下面。我一面猶豫著，一面感到害怕，但還是走了下去。到了底，有一座圓形的拱門，用綠色的布簾遮起來，布料像是錦緞之類的，又大又重，看起來非常昂貴。我很好奇後面不知道藏著什麼，把布簾向旁邊推開，眼前的昏暗微明中，出現一個長約十公尺的長方形房間。拱形的天花板，由石頭切割而成；地上也鋪著石板，一條紅毯穿過中間，從門口一直鋪到一座低矮的平台，平台上放著非常豪華的黃金王座。我不是很確定，但座椅上似乎放著一個紅色座墊，那是張雄偉的椅子，就像童話裡真正的國王寶座。王座上站著某個東西，第一眼望去，我以為是根樹幹，大概有四到五公尺高，直徑約五、六十公分，真的非常巨大，幾乎要碰到天花板。但是它的構造很

註4　榮格，《榮格自傳——回憶‧夢‧省思》（*Memories, Dreams, Reflections*, edited by Aniela Jaffe, New York, Random House, 1965）。

奇特，是由皮膚以及裸露的肉組成，上面有個圓圓的、像
頭一樣的東西，但是沒有臉，也沒有頭髮；頭的最頂端有
一隻眼睛，一動也不動地盯著上面看。

　　儘管沒有窗子，也沒有明顯的光源，房間卻相當明
亮。在那個頭的上方，有一團模糊發光的霧氣。那個東西
一動也不動，但我總覺得它不知道什麼時候會突然離開王
座，像一隻蟲那樣向我爬過來，我嚇得全身不能動彈。就
在這時候，我聽見媽媽的聲音，從外面、上面傳來，她大
喊：「對！看著他！那就是吃人的怪物！」她的叫聲使我
更加恐懼。我醒了過來，全身是汗，嚇得半死。接下來的
好幾個晚上，我都不敢上床睡覺，生怕自己還會作類似的
夢。

　　這個夢和明惠的夢相比較，引人深思。雖然一邊夢見的是
乳母的遺體，另一邊夢見巨大的陰莖，但對雙方來說，他們的課
題都是廣義的「身體」。明惠看到母性的形象，榮格看到男性的
性器，可以說分別反映了日本與西洋文化中母性與父性的特徵；
但是兩者的夢都包含著矛盾。明惠的夢裡可以看到「切斷」這個
父性的機能；榮格夢裡的父性，並不是以「天上的父」的形象出
現，反而是地下的、肉體的存在。換句話說，兩邊的夢都對他們
各自的文化顯示出補償性。

　　人如何看待自己的身體，影響深遠。有的人非常珍惜、重
視自己的身體，也有人對身體的態度很隨便、馬虎。但是，這裡
我們要談的，不是這一類的差別。西方基督教的思想裡，靈與身
體明確地分離；日本對於「身」這個存在的觀念，則具有曖昧模

糊的整體性。我們要討論的是這個差別，因為對明惠來說，「身體」是一個很大的課題。

在基督教思想裡，「靈」與「肉」的對比非常明確，聖經中一再出現對「肉」的否定。舉例來說，〈加拉太書〉（第五章16-17節）這樣寫著：「我說，你們當順著聖靈而行，就不放縱肉體的情慾了。因為情慾和聖靈相爭，聖靈和情慾相爭。這兩個是彼此相敵，使你們不能做所願意做的。」這是很明顯的例子。

有這樣的基本想法，會蔑視性－肉體的結合，也是理所當然的。〈哥多林前書〉（第七章）這麼說：「男不近女倒好。但要免淫亂的事，男子當各有自己的妻子，女子也當各有自己的丈夫。」然後，保羅對未婚與鰥寡者這樣說：「若他們常像我就好。倘若自己禁止不住，就可以嫁娶。」假如無法自制，非要做那些品行不端的事，那就結婚好了——看待、接受性關係的態度如此消極，令人印象深刻。

正因為有這樣的前提（對「肉體」與「性」強烈否定），做為一種補償，西洋文化才會賦予男性與女性的結合高度的象徵性。如果不是以強烈的否定為前提，雌雄結合的性關係，是所有的動物都有的行為，並不具有什麼特別高的象徵價值。

與西方比起來，東方對身體的概念曖昧模糊，不易清楚界定。市川浩對「身」這個詞語在日本所具有的包容性之意義，進行了詳細的分析，我們將引述他的看法。【註5】市川認為，「み」（mi，「身」的日語發音）是原生的日本語，在從中國引進漢字「身」做為它的書寫文字時，兩個文化裡的字義產生了混合，

註5　市川浩，〈「身」の構造〉，《講座現代の哲学2　人称的世界》，弘文堂，1978，所收。

如今我們已經無法得知其中有多少、哪些成分是「み」原來的意義。總之，現在「み」這個字指涉的對象非常廣泛，不只是「肉體」、「身體」，還涵蓋了「生命存在」、「社會性自我」等等多種觀念。值得注意的是，從「身にしみる」（強烈深刻地感知）、「身に覚ゆ」（從經驗得知）、「身にこたえる」（刻骨銘心地感知）等用法可以看出，「み」表示人的「整體存在、心靈」。換句話說，對日本來說，身體與心的分離並不是那麼清楚；「み」這個概念同時包含了兩者。關於這一點，市川這樣說：「『身』這個字表達人存在的整體，包括從肉體到心靈。而且這個存在整體的統合不單是階層式的統合，而是人與他人以及人類以外其他的『身』之間多觸角的、多重的連結中，所產生的網狀統合。」

以上雖然只是粗略的討論，但是基督教與日本面對「身體」的不同態度，其對比應該很清楚了。參考這樣的對比來觀看明惠與榮格的夢，引人深思。在靈與肉明確地分離、蔑視肉體的文化中，榮格夢見存在於地底下的「肉體的神」；在身體與心靈被視為一體的文化中，明惠在夢裡「切斷」含攝一切的母性存在。幼年時的夢就已經明白地預示，兩者對於他們各自的文化，皆背負著重大的課題。

二、捨身

在前面的章節中，我們簡單地檢討了有關身體的觀念。對明惠來說，「身體」非常重要，與身體有關的「性」也是一樣，可以說兩者都是貫穿明惠生命的課題。之前我們已經談過，明惠曾

經在幼年試圖以燒紅的火箸烙燙自己的臉,十三歲的時候又企圖捨身,兩次都沒有如願。終於在二十四歲那一年,他成功地割下自己的耳朵。這些行為很明白地顯示出明惠對「身體」的態度,但是它們隱含什麼樣的意圖?又具有什麼樣的意義?某種程度來說,在明惠的夢裡,可以看到這些問題的解答,因此我們將參照明惠的夢,來探討他的「捨身」。

我,年十三已然老去

明惠自從九歲在高雄入寺修行之後,奮力學佛。他曾經因為研習華嚴經典,有不能明白的地方,向當時的碩學賢如房律師尊印求教,結果仍然無法得到解答。這時候一位印度僧侶在他夢裡現身,一一為他解明疑問。後來明惠把夢的事情告訴尊印,尊印則表示這麼深遠的意義,超過他的理解。有時候的確會發生這種事——不論怎麼思考都想不通的問題,卻在夢中得到解答。有一些例子,顯示無意識的創造性會以非常戲劇化的方式出現在夢裡,比方塔爾蒂尼【譯註3】寫作《魔鬼的顫音》,或是凱庫勒【譯註4】發現苯分子結構的過程,都是很好的例子。明惠的情況或許沒有那麼戲劇化,但是連當時的大學者都不懂的問題,他卻在夢裡得到解答,已經非比尋常。

還有一點值得注意:印度僧侶經常出現在明惠的夢裡。稍後

譯註3　塔爾蒂尼(Giuseppe Tartini, 1692-1770),義大利作曲家。塔爾蒂尼曾遲遲無法完成一首奏鳴曲,有一晚他夢見一個瓶子裡有個魔鬼懇求被釋放出來,塔爾蒂尼提出條件,要魔鬼被放出來後必須幫他完成這首曲子。當魔鬼離開瓶子後,依約演奏出完美的奏鳴曲。塔爾蒂尼醒後,經由回想夢中之曲,創作出「魔鬼奏鳴曲」。

譯註4　凱庫勒(Friedrich August Kekulé von Stradonitz, 1829-1896),德國化學家。據稱他是因為夢到一條蛇咬住了自己的尾巴,才受到啟發想出苯環單、雙鍵交替排列的結構,亦即所謂的「凱庫勒式」。

我們會提到，曾經有印度僧侶在夢中傳授明惠《理趣經》；明惠
割耳之後所作的第一個夢，也出現了印度僧侶。由此可見明惠希
望將佛教與佛陀直接連結的態度。周圍的佛僧們，讓明惠感到失
望。佛教傳到日本之後，改變了樣貌，不能滿足明惠。他強烈地
渴望透過直接的體驗，向佛陀學習。因此對明惠來說，佛陀的祖
國印度具有特別的意義；印度僧侶不但屢屢出現在他夢中，甚至
直接傳授他佛法，這件事有深遠的意涵。

　　明惠十二歲的時候（《行狀》記載為十二、十三歲；《傳
記》則是十二歲），一度想要離開高雄山神護寺。根據《傳記》
所述，明惠認為「若不能求得真知、認識正途，徒以瑣事浪費心
神，於得道不僅無益，且有大害。況生命短促，怎可期於未來。
我須火速追尋真知，於深山幽靜之處，閉關修行。」他因而決定
從高雄山出走。明惠求道精神之強烈與迫切，可見一斑。恐怕在
那個年紀，明惠已經覺得從同輩、甚至前輩的佛僧身上，可以學
到的事情不多了。終其一生，他在深山閉關修行的意願，從未斷
絕。

　　決定離開高雄的那天夜裡，明惠作了一個夢。夢中他「從高
雄山出發，直下三日坂（地名），路中見大蛇阻道，昂首而來。
此時八幡大菩薩之信使──四、五寸大蜂飛來，曰：『汝不可離
此山。若強行離去，前程必有險難。此乃因時機未到，道行未成
之故。』」（高雄出奔之夢）透過這個夢，明惠了解到雖然自己
的心意已決，但「時機」並未成熟，於是他決定繼續留在高雄。
有趣的是，在這個夢裡阻止明惠行動的要素，以動物（蛇與蜂）
的形象出現；而且地上爬的、天上飛的，形成對比。蜂代表八幡
大菩薩的信差，蛇的象徵則不明。不過，蛇昂首朝向明惠而來，

顯示明惠在離開高雄之前，尚有不得不與之正面對決的事物。

十三歲的時候，明惠企圖自殺。《行狀》裡這樣記述他的想法：「今，年十三，已然老去，死期亦不遠矣。即思有所為，此去亦無應為之事。死既無可免，唯願效佛之為眾生捨命，以己之身代他人之命，死於虎狼之口。」於是他隻身前往墓地，徹夜橫臥。

當時所謂的墓地，不過就是將屍首集中棄置、任憑野犬等野獸吞食之處。明惠就如死屍般躺臥地上，一心念佛，等待犬、狼將他吞噬。但根據《行狀》的記述，「一夜無事，即已破曉。（明惠）懷著遺憾醒來而歸去。」同一事件，《傳記》的記述添加了些許色彩：「夜深後，大群野犬結伴而來，啃食身旁死屍，聲音清晰可聞。犬群仔細地嗅我的氣味，注視著我，卻無意吃我，即結伴而去。我感到無限地恐懼，隨即明白，不論如何意欲捨身，若定業未果，即便尋死亦屬不能。於是我放棄了這個想法。」

有兩個想法，支持著明惠尋死的決心。第一個是「今，年十三，已然老去」，其二就是將自己的身體捨予犬狼等野獸。關於第二點的意義，我們將在稍後的篇章討論，這裡先思考有關第一個想法。

才十三歲就認為自己「已然老去」，或許有很多人會覺得不可思議。關於這點，筆者有一些看法。實際觀察就不難發現，青少年的人格在青春期來臨前夕，會達到某種「完成」的狀態。對人類來說，青春期可以說是一個重大的危機；「性」的衝動開始在體內作用之後，我們該如何面對？接下來要如何活下去？在這些問題誕生之前，青少年在沒有「性」的狀態下，達到某種人格

之完成，並且以此為基礎，去面對個人生命的重要危機。以這樣的認知為基礎去接觸青春期之前的少年，不難發現他們快速地吸收大量知識；有時候他們表現出來的智慧，連大人都感到汗顏。這個年齡的少年經常帶給我們一種難以言喻的、極度的「透明」感。但是，這個「完成」的狀態稍縱即逝，緊接著就是青春期的混亂。

這種「完成」的狀態不但甚為短暫，通常本人也沒有自覺。但是對於感受性極度敏銳的少年明惠來說，恐怕他不但知覺到該種「完成」，更深深預感到即將到來的未知混亂，所以才會想要以自殺來保持那種難得的「完成」吧。現代社會中，偶爾也會見到十二、十三歲少年自殺的報導。筆者認為，在那些被判定為原因不明的自殺事件中，應該也包含著上述的類型。當然，自殺的原因有很多種，並不能一概以上述的原因來解釋青少年的自殺；但是在少數的例子中，筆者的確感覺到這樣的可能性。

十二、十三歲對兒童來說，算是「老成」了。處於這個時期的人，可以預感到隨著與性衝動的正面對決，自己人格的完成將在一瞬間遭到破壞。明惠決定離開高雄時所說：「須火速追尋真知，於深山幽靜之處，閉關修行。」一方面可以解釋為追求完成的強烈衝動，另一方面，也可以看作是他想要逃離現世羈絆的態度。正因為如此，蛇與蜂出現在他的夢中，諭示他時機尚未到來。蛇與蜂都是動物性的東西，恐怕正象徵著明惠心中逐漸升起的性衝動。相對於匍匐於地面的蛇，我們可以感覺到蜂飛舞在空中的姿態，象徵著精神性；蜂被解釋為八幡大菩薩的信差，引人深思。在沒有與自己的身體、與「性」正面對決之前，光是隱居在山中，是不被允許的。

當然，少年時期的明惠，並沒有明確地意識到這件事吧。他意識到的是自己「已然老去」，想要透過捨身的形式，讓自己因衰老而接近死亡的身體，歸於空無。從這裡可以看出他對自己身體的強烈否定。接下來讓我們探討明惠捨身的意義。

捨身的意義

根據《望月佛教大辭典》的定義，捨身是「捨棄身軀以供養諸佛，或是以肉身惠施眾生的烈行」，並且提出一些經典中記述的例子。《行狀》中記載，明惠不但沒有為第一次的失敗而退縮，反而再度前往墓地：「執弓箭而生者，必不死於卑懦。【譯註5】為求正法，我亦如是。如雪山童子為聞半偈【譯註6】而投身羅剎，薩埵王子【譯註7】哀憐餓虎而捨身……」可見明惠意圖效法佛教經典中捨身的前例，並且付諸實行。

這裡所舉的例子來自《佛說本生經》，據說是釋迦尚未成佛的前世之體驗。雪山童子為了聽聞羅剎所說的半偈，而自懸崖跳下，薩埵王子則將自己的肉體捨予飢餓的老虎；兩者都表示為了求道，或者為救助他人的苦難，不惜捨棄自己性命的態度。

當然，明惠應該熟知這些故事，所以才會決定以那麼激烈的方式捨身。不過值得注意的是，這時候的明惠不只是一名佛教徒，來自武士血統、無懼死亡的性格，也對他產生了作用。白洲正子表示：「如果抱持隨隨便便的人生態度，那『就算活著，也

譯註5　因為真正的武士不執著於生死。
譯註6　半偈又稱雪山偈、雪山半偈，為「諸行無常，是生滅法，生滅滅已，寂滅為樂」一偈之後半。
譯註7　薩埵王子是傳說中大車國王的第三個兒子，與兄長同遊山林，見一虎產七子，陷於飢渴，故發慈悲心，捨身餵虎。

沒什麼意思』——這樣的態度伴隨著他的一生。毫無疑問地，明惠生命的深處，澎湃地流著鎌倉武士的熱血。」【註6】筆者深具同感。不單是捨身，在明惠人生其他關鍵時刻，比方與北条泰時的會面，也都讓人深切地感覺到，他的體內的確流著「鎌倉武士的熱血」。

那麼，為什麼明惠毫無畏懼，急著尋死到這種地步？對於這一點，他曾經說自己「已然老去」，《傳記》也引述他的話：「正因此五蘊之身，才有無盡煩惱痛苦。」他的想法很明顯：身體正是煩惱的根源，應該予以捨棄。「與其老醜，不如無畏地自決」——我們可以從中窺見如此的武士姿態。什麼是他所預見的「老醜」？對於已經達到某種「完成」境界的明惠來說，或許就是接下來他無可避免、一定會經驗到「性」這個難以理解的東西吧。

鴨長明的《發心集》，曾經記載玄賓——與空海同時代的名僧——與女性的關係。皈依玄賓的某位大納言【譯註8】詢問師父苦惱的原因，玄賓據實相告、毫無隱瞞：自己因為迷戀大納言夫人的美貌，而感到苦惱。大納言回答，如果是這件事，倒也不難處理，他立刻安排了兩個人的密會。這件事很有趣，大納言竟然可以馬上盤算這樣的事情，透露了當時的人——包含僧侶在內，對男女關係的看法。

於是玄賓前往密會的場所赴約。但他只是盯著夫人的臉孔，完全沒有靠近她，持續一小時左右就離開了。也就是當時玄賓進行了先前所述「九想觀」之類的觀想，終於能夠捨去自己的妄

註6　　白洲正子，同前註（第一章註18）。
譯註8　　古時候日本的一種官位。

執。

　　明惠選擇被狼或是狗吃掉，做為捨身的方法，這一點應該是直接或間接受到「九想觀」的影響。不過明惠不像其他高僧那樣，透過觀想女性之死來去除妄念，而是透過捨棄自己的身體，來與妄執對決。「對女性見死不救」，明惠做不到。他就算犧牲自己的生命，也不願殺害女性，這一點是明惠與日本其他高僧很明顯的不同之處。之前我曾經提到，日本佛教的主流，以殺死年輕貌美的女性為前提發展至今。相反地，對明惠來說，西洋文化稱之為阿妮瑪的東西，是他重要的課題。

　　在捨身事件之後，明惠夢見自己在「巨巖之上建造了華美的灌頂堂，並且為師父灌頂」。當時明惠並無法了解這個夢的意義，為什麼是自己為師父灌頂？自己並沒有成為「真言師」的企圖。這到底是怎麼回事？根據《行狀》記載，後來明惠認為這個夢是「即將獲得大智慧的瑞相」。有時候夢的意義並不容易了解，要等到過了一段時間之後，才恍然大悟。這個故事也讓我們看到明惠多麼重視「夢」這件事，終其一生不斷反覆、重新思索之前作過的夢。正如明惠所說，後來他的確獲得「大智慧」。與我們敘述過的諸多事蹟合併思考，可以說這個夢顯示了明惠和他的師父活在相差甚遠的精神次元裡。

　　為了思考明惠捨身的意義，還有一個值得參考的東西，就是出現在鍊金術書籍中的一幅圖。這張圖描繪一匹狼正在啃食一位王，象徵了鍊金術過程最初階段的「煆燒」（calcinatio）。我們已經說過，在鍊金術中，提鍊黃金的化學過程，其實是人類個體化過程的隱喻。對於這最初的階段，愛德華・艾丁格（Edward

Edinger）如此說明：【註7】狼正在吞食的王，已經死去了；王的死，象徵「意識的規範性原則之死」。過去的支配原則已死去，遭到狼吞食。這匹狼是鍊金術中的第一原質（Prima Materia）。

煆燒之圖（摘自艾丁格，《心靈的解剖學》）

　　在這張圖的背景，可以看到那匹狼被火燒烤，新的王則從火中走出來。根據艾丁格的說法，狼＝欲望，欲望又等於火。在

註7　　艾丁格（Edward Edinger），《心靈的解剖學：心理治療中的鍊金象徵》（*Anatomy of the Psyche, Alchemical Symbolism in Psychotherapy*, Open Court Publishing Co., 1985）。

這裡，欲望將自己燒成灰燼，從中產生新的王，也就是新的規範性原則。王經過地獄（在這裡是狼的子宮），受到火的淨化而重生。

看到這樣的鍊金術圖，就不難明瞭明惠捨身的意義。從他的生命週期來看，那是他童年時代的終結；過去支持著他的少年規範性原則必須丟棄，他必須為自己確立屬於成人的新規範性原則。明惠的捨身，就是這個必經的過程。

明惠是一位偉大的人。他在不知情的狀況下擔負了文化與時代的使命，同時將改變當時日本佛教普遍奉行的原則。明惠的捨身，也預示了那會是一條布滿苦痛的道路。

捨身的成就

文治四年（1188），十六歲的明惠跟隨上覺上人，在東大寺戒壇院領受具足戒，正式出家。根據《行狀》記載，之後他曾經再度嘗試捨身未果。不久，他作了這樣一個夢：

> 二匹之狼，欲以我為食。心思云，正如我願，將以此身施之。狼食我，苦痛難堪，然此乃當為，故忍。食盡之時，我命猶存，真奇妙事也。是時汗流浹背而覺。（「被狼吞食之夢」）

這是何等激烈的體驗啊。兩匹狼啃食著自己，痛苦難以承受，只因為他相信這是應為之事，忍耐到最後，身體全部被狼所吞食。

雖然罕見，但的確有人夢見自己的死亡。大多數的人會在死

前一刻醒來，但如果在這裡「死亡」對當事人具有深刻的意義，也有人真的會夢見自己死去的情景。許多時候，這樣的夢對應著當事者人生的劇烈變化。《日本靈異記》的作者景戒，在該書的下卷記載著自己死亡之夢。在夢中，景戒死去、身體遭到火化的時候，他的「魂神」為了讓屍身燃燒完全，以樹枝刺穿屍身，將裡外倒轉翻面，是相當驚人的夢。景戒將它視為某種事態的前兆，嘗試解夢，然而沒有成功。作這種夢的景戒，可以想見也是不簡單的人物，然而我們對景戒當時的境遇情況不甚了解，無法進行詮釋。

但是根據我們對明惠的了解，他這個夢的意義不難明白。這個夢發生在他出家之後，當時正完成了急遽的變化。關於這個夢，事後明惠自己也曾表示：「此夢乃覺醒之時，我心所願之試行是也。」

聽了這樣的話，任誰都會想起佛洛伊德吧。佛洛伊德曾說，夢是願望的滿足。或許讀者會認為，明惠對自己的夢有一樣的看法，但是，這一點需要做進一步仔細的檢討。嚴密地說，佛洛伊德所說的是：「夢是受到壓抑的願望經過偽裝的滿足」。在他的想法裡，夢自始自終是一種偽裝過的形態，我們的願望隱藏在其背後。以佛洛伊德之觀點來看，明惠在夢裡被狼吞食，是一種偽裝過的形態；透過夢的解析，我們可以找出隱藏在它背後明惠真正的願望。關於這一方面，我們在第一章第二節已經討論過，這裡就不再贅述；對於我們的思考來說，重要的毋寧是以慎重的態度來看待夢。

明惠的態度和我們是一樣的。他如實地觀察自己的夢，並且認為他覺醒時的願望，在夢中達成了。值得注意的是，他的願望

是自己的「死亡」，這一點很能顯示明惠的性格特質。只要還活著，就無法成就自己的「死亡」，只有在夢中才可能。我們在這裡使用「成就」這個字眼，是因為他的夢境有一些值得這樣形容的特性。關於這一點，我們在第一章談到「與夢共生」這個標題時就討論過了。明惠以這個方式「成就」自己的捨身，是一件偉大的事。

明惠的「捨身」一方面與性衝動有關，但同時還有另外的面向——身體總是和各式各樣的物欲連結在一起，正是煩惱的來源。一方面也是因為年少的傲氣吧，這個時期的明惠，對於其他僧侶極度世俗化的生活方式懷著強烈的反感。誠心一意相信佛陀教誨、追求信仰的明惠，看著那些若無其事地違反戒律的僧侶，或是以知識換取財富與地位的名僧們，眼裡充滿了懷疑與不信任。

在之前提到的夢（第116頁）裡，明惠為他的師父施行灌頂儀式，當時明惠無法明瞭這個夢的意義；想到自己竟然成為真言師，為別人舉行灌頂，他感到非常震驚。那是因為當時許多僧侶以真言師的身分，為人加持祈禱，收取豐厚的謝禮，或者成為學者，以知識博得人們的尊敬。明惠完全不想走上這樣的路，他只想遵循佛陀的教誨，努力修行。

《行狀》之中，明惠談到這時候的事，曾經這樣說：「堂塔造營等，猶世間之事也。」對明惠來說，建造雄偉的廟宇，仍然是世俗的事情，並非他心中所想的宗教。像這種立場直接鮮明的言論，也讓人感覺到「鎌倉武士」的氣魄。

在表示鍊金術過程的圖畫裡，被狼吞食的王，通過火的淨化而重生。明惠的「捨身」，既然是在象徵的次元成就自己的死

120

亡，也就與重生有關。可以說接下來，明惠不得不經歷狼的胎內
體驗。一般來說，人無法記住在母親胎內的體驗，但是，如果真
的要讓人生具有深刻的意義，我們必須有意識地感受胎內體驗。
明惠在作了「被狼吞食之夢」後，經歷了極為深層的胎內體驗。
關於這一點，我們將在下一節討論。

三、佛眼佛母

　　捨身成就之後，明惠經歷了了不起的胎內體驗。經過這個
時期，明惠達成了某種「重生」，而支持他度過這個體驗的，
是佛眼佛母尊。根據《行狀》的記述，「十九歲時受傳金剛
界，【譯註9】其後以佛眼為本尊，恆修習佛眼之法」；修行中見
證「諸多吉相與善夢，種種不可思議之奇瑞」。明惠從十九歲開
始撰寫《夢記》，當時應該是體驗到許多圍繞著佛眼的夢，感受
到其中深邃的意義，並且記錄在《夢記》裡吧。可惜現存的《夢
記》並不完整，明惠二十四歲之前的文稿已經佚失了。所幸《行
狀》等其他文獻，尚記載著當時的夢，可以讓我們一窺明惠對於
佛眼的深刻內在體驗。

佛眼──諸佛之母

　　根據《望月佛教大辭典》，佛眼佛母的地位，位於胎藏界曼

譯註9　「金剛界」是「金剛界曼陀羅」的簡稱。佛教以佛像、文字、圖畫等視覺性符號，來象
　　　　徵聖域、佛開悟的境界、世界觀等等，稱為「曼陀羅」或「曼荼羅」。其中，密宗以大
　　　　日如來為中心，周邊配置以諸佛的圖畫，由「胎藏界曼陀羅」與「金剛界曼陀羅」合稱
　　　　「兩界曼陀羅」，或「兩部曼陀羅」。

陀羅的遍智院【譯註10】中央、一切如來智印【譯註11】的北方，同時
是釋迦院中央釋迦牟尼佛的北方下列第一位。佛眼是佛的眼睛人
格化之後的顯現，同時也是一切諸佛之母。

眼睛具有多重象徵性的意義。榮格認為眼睛是母親的子宮，
瞳孔則是從中誕生的孩子。【註8】埃及神話之中，也有描述神進入
眼睛，並且從眼睛中重生的故事。佛眼佛母之「眼」，也具有這
樣的意義。明惠以佛眼佛母像做為信奉的本尊，延續被狼吞食的
夢，回到母性存在的胎內，並體驗從中重生的過程。對於明惠來
說，佛眼佛母的意義超越了他個人的母親，而是更為廣大的母性
存在。

明惠對佛眼佛母的孺慕之情，至為深重。根據《行狀》的
記載，這個時期他相繼作了許多令人印象深刻的夢。首先他夢到
「天童令明惠乘坐華美的轎子，口中唱頌『佛眼如來佛眼如來』
而步行。明惠心想，自己已成為佛眼」。在這個夢裡，明惠超越
了男女的性別，覺得自己已成為佛眼，這種**一體感**的體驗具有深
遠的意義。首先達到母子一體的境界，之後再各自分離。

明惠以佛眼為母，接連作了許多自己與佛眼合一的夢。比如
他「置身破舊的屋子裡，向下望去，見無數蛇蠍毒蟲。其時佛眼
如來現身，將他抱入懷中，使他免於恐懼」。佛眼像在這個夢裡
以保護者的角色出現。又比方他「乘馬行於險地，佛眼牽引韁繩
做為先導」。在這裡，佛眼是引路的嚮導。明惠還曾經夢見自己

譯註10　「胎藏界曼陀羅」分為十三大院。佛眼佛母是位於遍智院中的一尊，因此本院又稱佛眼
　　　　佛母院。

譯註11　位於遍知院中央之三角智印，為以諸佛智慧之火燒除煩惱之意。

註8　　榮格，《轉化的象徵：一個精神分裂症案例病源的分析》（*Symbols of Transformation: an*
　　　　analysis of the prelude to a case of schizophrenia, 1967）。

佛眼佛母像（高山寺藏）

在佛眼懷中，受其養育。在另一個夢裡，他甚至收到佛眼捎來的
信，上面寫著「致明惠房佛眼」。明惠如此虔敬信奉的佛眼佛母
像，很幸運地，現今仍保存在高山寺，我們仍能拜見。筆者曾在
昭和五十六年（1981）高山寺舉行的展覽會上，見到真跡：栩栩
如生、高雅神聖的佛之面容，令人感動。佛眼結跏趺坐【譯註12】於
白蓮之上，白色的基調，一方面予人清新純淨的感覺，一方面與
光背【譯註13】的紅色形成調和的對比。充滿慈愛的佛眼頭上戴著獅
子形的頭冠，獅子張開血紅的口，表情甚為駭人，似乎表示著佛
眼的另一個面向，令筆者印象深刻。

在佛眼像的右邊，明惠以細小的字，親筆題下他的讚辭：

> 我所尊崇的佛啊，除汝之外，再無知者，無耳法師之
> 母御前也。

稍後我們將敘述，明惠在此佛眼像面前，割下自己的耳朵。
自稱「無耳法師」的這段讚辭，應是他割耳之後所題。或許當他
正透過夢與各種好相，達到與佛眼的一體感之時，沒有餘裕以如
此的詩歌表現自己的體驗吧。這首和歌【譯註14】還有下文：「哀憫
我，生生世世，須臾不離，南無母御前，南無母御前」，在其左

譯註12　「結跏趺坐」乃是佛教、瑜伽進行冥想時採取的坐姿，雙腿交叉成結形，亦即俗稱的
　　　　「盤腿」。雙腿交叉時右腿在上者稱為「吉祥坐」、「蓮花坐」，是開悟者的坐法；左
　　　　腿在上者稱為「降魔坐」，乃修行中人的坐法；雙腿交疊但不交叉者，稱為「半結跏趺
　　　　坐」。
譯註13　「光背」指佛像、佛畫、基督教的聖人等，由體內發出向背後放射的光芒，是一種神聖
　　　　的象徵。出現在頭部的稱為「頭光」，出現在軀幹的稱為「身光」，涵蓋全身的稱為
　　　　「舉身光」。依形狀也有各種不同名稱，如圓光、舟形光、火焰光等等。
譯註14　日本的一種詩歌形式。

側明惠則寫道：「南無母御前，釋迦如來滅後遺法御愛子成弁，紀州山中乞者敬白」。明惠稱呼佛眼為「母御前」，率直地表現他對母親的孺慕之情。但是他能夠以語言來表達這樣的情感，並找到「母親」的定位，是在他移居紀州、割下自己的耳朵之後，才變得可能。正如他的夢境所顯示，十九歲的明惠在佛眼前修行的時期，體驗到分不清「他即佛眼」或「佛眼即他」的一體感。接下來我們將談到這些體驗與《理趣經》的關聯。從中我們可以看到，佛眼對明惠來說，甚至具有情人的意義。當然，那是一種「母親＝情人」的未分化狀態；根據性心理學的說法，可以說是母子亂倫的關係。

　　除了像明惠這樣的天才，這種下降到心理深層的體驗，對常人來說幾乎是不可能的。《行狀》裡記載，明惠在寫下有關修行佛眼之法的記述之後，經歷了各式各樣的共時性（synchronic）體驗。舉例來說，《行狀》中記述了這樣的故事：有一次在修行中，明惠召喚隨侍的弟子良詮，告訴他有一隻蟲掉落在寺前淨手的水桶中，生命有危險，要他前去相救。良詮聞言後頗為驚訝，到了水桶旁一看，果然有一隻蜜蜂溺於其中，即將死去。像這一類有趣的逸事，還有很多記載，這一點我們稍後再詳細論述。不過，現在的深度心理學認為，當我們下降到深層的無意識時，這樣的事情經常發生。明惠修行的深度，可見一斑。

理趣經
　　《行狀》與《傳記》雙雙記載，明惠在修行佛眼之法的時候，經由夢告獲授《理趣經》。根據《傳記》的說法，傳授他《理趣經》的，是明惠十九歲時，出現在他夢中的一位印度僧。

125

在這裡我們再度見到印度僧的形影，值得注意。對釋迦的出身地印度，明惠一直充滿嚮往。看著他周圍的日本佛僧破戒的樣子，讓他非常懊惱自己不能直接向釋迦學習佛教。

在夢中，印度僧告訴明惠：「明天就教你《理趣經》吧！」翌日的白晝，明惠正在修行，佛壇上空傳來好像隔著門簾或某種障蔽的聲音，從極遠之處誦讀，向明惠傳授《理趣經》。那聲音彷彿從虛空之中響起，甚至連是遠是近都無法判斷。修行後明惠走出佛堂，試著將所聽到的經文寫下來，但因為開始之處，聽得不是很清楚，沒辦法完整記錄，於是明惠祈禱：若此乃佛之旨意，請再一次教諭開示。這時候聲音再度於虛空響起，清楚地為他誦讀經文。

這個故事顯示對於這個時期的明惠來說，《理趣經》具有特別深遠的意義，正符合他內在的需求；但另一方面也表示，他對學習《理趣經》抱有某種程度的排斥與抵抗，所以用尋常的方式無法理解。明惠是以何種態度接受《理趣經》的？不管是《傳記》或其他文獻都沒有記載，但至少，在這個時期修習《理趣經》，對明惠來說是一件很重要的事。

《理趣經》正式的名稱是《大樂金剛不空真實三摩耶經》，意為「大樂不變如金剛，不空即成真實，乃我佛之真意」；具推測成書於西元三至六世紀。此經的特徵是肯定欲望，認為「欲望乃清淨之物」；在一般的認知中，是極少數肯定男女愛慾的經典。《理趣經》最初的部分通稱為「十七清淨句」。此經曾由中國不空三藏法師【譯註15】譯為漢文，但由於不空法師的行文過於

譯註15　「三藏」乃指佛教中的經藏、律藏、論藏，精通三藏者尊稱為「三藏法師」，同時也指稱從印度、西域帶回經典，譯成漢文的譯經僧。不空法師乃唐代高僧，獅子國（今斯里

簡潔，文義不易理解，故此處引用的是金岡秀友的譯本。【註9】金岡依據不空法師的譯本，並且參照殘缺的梵文經典，將文義遺漏之處補足；金岡補遺的部分，置於括號（）之中。這十七句的教誨，歸結成一句話來說，就是「一切法皆清淨」：

1. （男女交合）絕妙恍惚之際，也是清淨菩薩的境界。
2. （欲望）如飛矢般迅速激烈地作用，也是清淨菩薩的境界。
3. （男女的）相互撫觸，也是清淨菩薩的境界。
4. （對異性的）愛與熱烈的擁抱，也是清淨菩薩的境界。
5. （男女相擁而滿足，自世間的）一切解脫，成為自由的主體，也是清淨菩薩的境界。
6. （心存欲望）觀看（異性），也是清淨菩薩的境界。
7. （男女交合）吟詠玩味舒適的快感，也是清淨菩薩的境界。
8. （男女之）愛，也是清淨菩薩的境界。
9. （以身接受上述一切，因而生出）自傲之心，也是清淨菩薩的境界。
10. 裝飾也是清淨菩薩的境界。
11. （縱情思欲之）喜悅，也是清淨菩薩的境界。
12. （心滿意足而）閃耀光芒，也是清淨菩薩的境界。

蘭卡）人，亦稱不空金剛、諡不空三藏，與鳩羅摩什、真諦、玄奘同為四大譯經僧。但民間俗稱的「唐三藏」，指的是玄奘，這一點請讀者留意。

註9　金岡秀友訳，〈理趣経〉，中村元編《仏典II》，筑摩書房，1965，所收。

13. 身（體的快）樂，也是清淨菩薩的境界。

14. 此世之萬物，也是清淨菩薩的境界。

15. 此世之一切聲音，也是清淨菩薩的境界。

16. 此世之所有香氣，也是清淨菩薩的境界。

17. 此世之滋味，也是清淨菩薩的境界。

　　第一到第九句，對於男女的愛慾毫不保留地予以肯定，稱之為「清淨菩薩的境界」，令人驚訝。但是如果我們去掉括號（ ）中金岡秀友還原的那些文字，只閱讀不空的譯文，是否還能夠知道原來經文所談論的，是男女的性關係？筆者認為，或許不空法師當初在翻譯這些激進的經文時，為了緩和可能的衝擊，故意將語意變得含糊吧。根據金岡的看法，這部《理趣經》「直指真言密教的核心奧義，自古以來就是受到尊重與強調的經典」。但是，日本的真言密教在傳誦此經時，是否認知到金岡所指出的男女交合之事，還是在不空曖昧的譯本之中另作解釋，筆者無從得知。此外，明惠聽到的《理趣經》是什麼樣的內容，也耐人尋味。

　　不過，就如《行狀》與《傳記》的敘述，從虛空中傳來不可思議的聲音，傳授明惠《理趣經》，最開始的部分明惠無法確實聽見，回想不起來，禱告之後，那個聲音再度為他誦讀，才讓他聽得清楚明白。單單這個事件本身，就顯示了明惠如何接受此經最初的部分，也讓我們看到明惠的困惑。

　　透過《理趣經》，明惠對於「性」的肯定到達什麼樣的程度，難以定論，不過他因此而接觸到「肯定欲望」的思想，這一點應該沒有疑問。世人稱明惠為「清僧」，但是我們不可忘記，

明惠的「清淨」，是以《理趣經》「十七清淨句」所倡導的「清淨」為背景。明惠既沒有否定欲望，也沒有壓抑它。他在肯定欲望的同時，卻能夠堅守戒律，這是極為困難的課題，也是明惠偉大的地方。《傳記》裡記載了明惠的一段話：「欲心深者，必得佛之道。故我將興此大欲，生生世世以之為賴，親近覺知，弘明佛之本意，導引眾生是也。」暢談「大欲」，斷言「欲心深者，必得佛之道」，明惠栩栩如生的面貌，躍然紙上。捨身之後，繼而修行佛眼法，一方面嚴守戒律、清淨自持；一方面卻肯定欲望，明惠這種包容矛盾的態度，正體現了包容一切、寬赦一切之佛眼佛母的存在。

【第四章】上升與下降

　　山寺有法師之臭

　　不宜久居

　　心若清淨

　　擦屁股亦可得道

　　這首歌，是明惠決意離開高雄、前往紀州白上峰結草庵而居之時所作。「法師之臭」這句話，清楚地表明了明惠的心境。建久四年（1193），明惠二十一歲。為了華嚴宗的興盛，東大寺的弁曉捎來「公請出仕」（於朝廷講道）的邀約，對年輕的明惠來說，這是一項榮譽。但當時學閥、派閥之間紛爭不斷，為求朝廷之庇護而勾心鬥角。明惠對俗欲強烈的其他僧眾，沒有一絲好感，於是決意遂行自己長年的心願，以文殊菩薩為師，獨自一人黽力修行。透過這種斷然的手段，明惠得以從與佛眼佛母一體化的狀態脫出，成長為獨當一面的僧人。現在讓我們來探討他在紀州白上峰結庵獨居的時期。

一、割耳

　　建久六年，二十三歲的明惠離開神護寺，移居紀州的白上峰，到二十六歲回到高雄之前，他一直住在這個草庵。這三年間，他有很大的成長。在體驗過與佛眼的一體感──也就是母子

131

一體感——之後，為了在此世重生為成人，他必須完成相當的作為，那就是紀州白上峰的隱遁生活。

關於白上峰，《行狀》如此記載：

> 其峰之形，巨岩聳立，東西長二丁^{【譯註1】}許，南北狹，僅一段有餘。彼於此高巖之上建二草庵，面西海，遙對海上阿波之島，雲清浪息。若窮極目力，南隔山谷可見橫峰之面；東乃白上峰尾，降至深谷；北面亦為深谷，名為鼓谷，溪嵐響，每作巖洞之聲……

筆者曾親身造訪白上峰，雖說《行狀》這一段精彩的文字略有誇張，但的確忠實地傳達了當地的景觀。這裡記述的景色，與高雄的深山比起來，高雄予人「受到包容」的母性感受，白上峰則令人感到父性的嚴峻，使人印象深刻。這樣的環境，正適合明惠變為成人的試煉與重生。

自我去勢

明惠以象徵的方式達成捨身之後，經歷回歸母胎、與佛眼佛母成為一體的體驗。為了更進一步的成長，他需要從母胎脫出，也就是需要重生的過程。親手將自己耳朵割下的行為，可以說是這個過程的焦點。每一個人在變為成人的時候，都會經歷某種死與重生的體驗，只不過明惠的此種過程在極深的次元進行，遠遠超過常人的領域。也因此，做為足以與之相襯的「儀式」，他需

譯註1　日本的一種長度單位，1丁約為109.09米。

要捨身、割耳等異常激烈的行為。

　　我要稍稍補充一點：在以心理療法治療精神疾患的時候，伴隨著患者的人格變化，死亡與重生的體驗是必要的；也就是明惠經歷過的、回歸母胎的過程。就像先前所描述的，以明惠來說，這個過程是與佛眼佛母的一體化，以及包覆在母親懷中的強烈感覺。但是有許多例子顯示，這種感覺不一定是舒適喜悅的；對很多人來說，他們的經驗有如地獄般痛苦。換句話說，母性存在有兩個面向：溫暖的包覆，以及被吞噬的恐怖，這兩種經驗有極大的差異，無法簡單加以描述。雖然明惠進入、再重出母胎之際，所伴隨的捨身與割耳等激烈的苦行，是出於他自己的意志，但是精神病患者則常常是因為他們的症狀，而不自主地導致類似的結果，所以對他們來說，母胎體驗是可怕、痛苦的體驗。筆者甚至懷疑，有沒有人能夠完全以正面的意象，來經歷回歸母胎的過程。

　　以明惠的情況來說，為了從母性存在偉大的胎內脫出，割耳是一種必要的犧牲。是什麼樣的想法，促使他親自割下自己的耳朵？筆者將參考《行狀》等書，詳細描述這一點。

　　明惠經常為了無法直接從釋迦身上得到教誨，而感到遺憾。生活在末法【譯註2】的邊土，不但比釋迦在世的年代晚了好幾個世紀，與釋迦的出生地更是距離遙遠，這一直讓明惠非常懊惱。在這種情況下，雖然他一心努力修行，但是看到周圍的僧眾，盡皆沉溺在世俗生活的享樂之中。剃髮和著僧服，本來應該是為了遠離驕慢之心；但是刻意把光頭剃得乾淨漂亮，穿著華麗精美的僧

譯註2　佛法分三個時期，即正法時期、像法時期、末法時期。末法時期指佛法進入了微末的時期。

衣，還想要藉此脫離塵世，只能說是愚蠢不堪的行為。明惠的感嘆非常深沉。在《行狀》等書中，時常出現他對於其他僧眾憤怒不滿的言論。明惠不是那種扼殺感情而修行的佛僧，他自始至終忠於自己的情感，既不是扼殺感情，也不隨情緒漂流，他總是與之正面對決。

既然剃髮與著僧衣已經失去它的意義，明惠決意改變自己的樣貌，以明自己遠離俗世、一心向佛之志。但是，如果戳瞎自己的眼睛，就無法再讀經；削去鼻子，又怕鼻水會弄髒經書；砍斷手，則無法結手印。但是，如果是割掉耳朵，聽覺還是會留存，無礙他聞法聽經，於是他下定決心割耳。在立下這樣的決心之前，明惠曾如是想：割耳「有如五官之殘缺。然若不成為殘疾者，猶將受眾人崇敬之蠱惑。以我意志薄弱之身，必為世俗利祿所縛。對此若無所為，於道必有損」。（《傳記》）認為自己意志薄弱，如果受到眾人崇敬，一定會迷失自我，進而追求俗世的功名利祿。這樣的想法，充分顯示了明惠的個性。

如此思考之後，明惠「堅其志，臨佛眼如來御前，念誦之後，親取剃刀切除右耳。鮮血四散飛濺，及於本尊、佛具與經典；其血跡猶存」。這是何等激烈的行為啊。

明惠割耳的舉動，具有多重的意義。首先，他在幼年時企圖燒傷自己的臉，十三歲時試圖捨身，爾今，割耳可以說是這些行為的延伸。在某種意義上，他一直想要否定自己的身體；至今兩次的嘗試未果，這一次下定決心遂行，他必定也感覺到某種了結吧。對於一心追求精神性、體內流著武士血液的明惠來說，如果不能遂行這看來粗暴的行為，他是不會善罷干休的。當然，這不完全是血氣之勇；如同他自己所說，他選擇了最不會妨害日常生

活的器官予以切除，表示這個決定仍然經過健全的判斷。

　　直到這一天，明惠一直沉浸在母性存在的世界中；他逐漸需要從母性存在的世界走出來，開始接近父性存在的世界。很明顯地，明惠的性格極度內向，但是他不能一直閉鎖在自己的世界，而必須與社會接觸。為了眾生，有偉大工作等著他去進行，這是他的命運。為了這個使命，他必須在人格中揉合母性本質與父性本質。想要變得足夠堅強，白上峰的苦行是必要的。為了完成這個轉變，對於到目前為止合為一體的母性存在，他必須奉獻犧牲；同時他也必須經過試煉，證明自己擁有父性的強大力量。明惠的割耳，可以解釋成兼具這雙重意義的自我去勢行為。

　　如字面所示，「去勢」是將一個人做為男性的力量奪去。母性存在不願意兒子們自立，希望他們永遠是自己的小孩、承歡膝下，這時候就會將兒子們去勢。釋迦倡議的佛教，原本具有父性的嚴屬，但是在傳入日本的時候，日本母性存在強大的力量，將它「去勢」，導致僧人相繼破戒。如同明惠的感嘆，那個時代幾乎沒有任何能謹守淫戒的僧侶。違背淫戒的行為，雖然保持了肉體上的男性本質，卻因而捨去了精神上的男性本質。明惠為了徹底追求精神性，在肉體的次元上自我去勢，他對精神性的冀求，是如此極端而激烈。

　　明惠決定離開「包覆」著他的高雄，移居白上峰，在現代來說，可以喻為青年的離家出走，是公開地對母性存在宣告訣別。但是他沒有採取更明確的、象徵性的「弒母」，而選擇了自我去勢，顯示他在某種程度上，還是保持了與母性存在的關係。從這裡可以看出來，明惠雖然走上了與其他日本人迥異的途徑，卻也沒有直接轉向以西方的方式確立自我的道路。

文殊的顯現

就算我們了解自我去勢的意義，以常識來看，再怎麼說，割掉自己的耳朵仍然是瘋狂的行為。然而，那些真正具有創造力的人們，經常不由自主地作出踰越常軌或違反普遍社會規範的行為。在這種狀況下，我們要採取什麼樣的判準，來決定這些行為的是非對錯？這個問題，除了「以靈魂來判斷」，很難有其他的回答；但所謂「靈魂」本身，就已經是曖昧的東西。然而，對明惠來說，他找到了明確的方式，來把握自己的靈魂。夢就是他靈魂的聲音，也是他賴以判斷的依據。

割耳當天的夜裡，明惠作了令人印象深刻的夢。印度僧人再度出現，向明惠表示自己是一名記錄者，專門記錄為了佛法，不惜捨棄頭、眼、手足的行為；這一次他將記錄明惠仰慕如來，為了佛不惜捨棄身體性命、切掉自己的耳朵以供養如來的行為。印度僧人一邊說著，一邊將這件事記錄在一本大書之中。這個夢明白地表示，明惠的行為受到佛——或者是明惠的靈魂——認同，承認它具有深刻的意義，並加以記錄。割耳被看成是「對如來的供養」，同時也表示自我去勢，是對母性存在所奉獻的犧牲。

雖說有這個夢的支持，割掉耳朵還是很痛吧，說不定還有少許悔恨。翌日，明惠在誦讀他尊崇的《華嚴經》時，忍不住淚水滿溢而哽咽。然後，在朗誦世尊親自為眾多菩薩口說教誨時，彷彿親眼拜見世尊的慈顏，悲喜交加的淚水汩汩地流著，抬頭仰望世尊之像，「上方忽見光芒萬丈，舉目望去，虛空浮現文殊師利菩薩，身作金色，乘金獅子顯形。其長三尺許，大光明赫奕，良久不隱其形。」（《傳記》）。明惠的感動必定難以形容吧。

文殊顯現一事，《夢記》裡亦有記載。明惠十九歲時開始撰

寫的《夢記》，雖然最初的部分已經佚失，但現存最早的記載，
就是文殊顯現一事；這不但很難說是偶然，而且實際上是很重要
的體驗。雖然之前已經介紹過《夢記》的記述，這裡讓我們再次
引用：

　　一、同年月之廿五日，於釋迦大師御前修行無想觀。
　文殊大聖於空中現形，通體呈金色，坐於獅子王之上，其
　身約一肘之長。（「文殊現形之夢」）

　　這裡敘述的文殊顯現，無法確定是否與《傳記》的記述為同
一事件；說不定文殊不只一次顯現。總之，這對明惠來說是重大
的體驗，晚年他還曾對弟子如此描述：「虛空光明無限，光明之
中大聖現形於眼前，大歡喜勝無可計量。」「今日能於爾等面前
說道，皆緣之也。」（《卻廢忘記》）換句話說，明惠認為自己
能對弟子們講經說道，皆拜當日拜見文殊顯現之賜。他是多麼重
視這個經驗，可見一斑。

　　割耳之後，經歷了如此深刻的體驗，明惠「大歡喜勝無可計
量」，但是他對於文殊顯現的意義，卻沒有特別說明。原本他在
白上峰的隱遁生活，就是以文殊菩薩為本尊，這或許可以看作是
他的守護神之現身吧。在《華嚴經》裡，普賢與文殊是最重要的
兩位菩薩。《華嚴經》的「入法界品」【譯註3】描述善財童子步上
求道之旅，相繼參訪諸賢的故事；他最初所見到的，就是文殊菩

譯註3　《華嚴經》之正式名稱為《大方廣佛華嚴經》，乃大乘佛教經典之一。原為印度流傳之
　　　各種經典，西元三世紀前後，於中亞（西域）編纂而成。「入法界品」乃其中重要章
　　　節，描述名為「善財童子」的少年求教於五十三位徹悟人生者，並步上求道之旅的故
　　　事。

薩。明惠從高雄移居白上峰，某種程度成功地揉合了父性與母性兩種人格面向，通過了「死與重生」的象徵性試煉，步上求道的旅程——他最初會見的菩薩，也是文殊。

二羽大孔雀王

文殊顯現之後的《夢記》，相當程度地保存了下來；我們可以讀到明惠親筆寫下，應是文殊顯現兩天後作的夢：

> 一、同年月之廿七日夜，於釋迦如來御前誦讀花嚴經（編按：即華嚴經），陷於熟眠。夢中聽云，此乃菩薩三僧祇【譯註4】修行圖，見一物狀如獨鈷，【譯註5】瑕疵處處。聽云，此乃第一僧祇至第二僧祇間之瑕疵。吾自覺成弁之修行亦如是。然初學者有此些許瑕疵亦屬自然。此乃成弁誦讀經典時，憂心心神散亂之兆。又，東寺之塔底有繩成圈，繩圈之內，其地深如田，至為難行。數人行走其上，足深陷土中，舉步維艱。成弁亦踏足圈內，後決意行走於繩外之大路。大路之地堅實，宜於行也。

這裡所出現的「成弁」，是明惠最初的法名。「三僧祇」則是達到悟道的境界所需要的極長時間，區分為三段；「僧祇」

譯註4　「僧祇」為「阿僧祇」之簡稱，為漢字文化圈「數」的單位之一，介於「恆河沙」與「那由他」之間。以阿拉伯數字來表示，從 10 的 31 次方到 10 的 104 次方，並無定論，總之是極大的數，也因此用來形容無限大。佛教經典中，常出現「三阿僧祇劫」，乃指稱成佛之前所需的時間長度。

譯註5　獨鈷是金剛杵的一種，中間有握柄，兩端各有一刃，狀如長槍。金剛杵是密宗與藏傳佛教的法器。

指無限大的數。這個夢的意義並不是很明確，但修行期間會產生
「瑕疵」這一點，饒富趣味。自省心強烈的明惠，或許經常意識
到自己的「瑕疵」；「初學者有此些許瑕疵亦屬自然」，或許是
對自己的一種安慰吧。至於東寺的夢，且讓我們大膽一點推測。
塔的四周有如深田一般難以行走，其外的大路則地面堅實，容易
通行；明惠最後選擇走在大路上，暗示著他將與社會有較多的接
觸。從寺廟與大路、泥沼與堅地的對比，可以看出明惠有了較多
父性的性格，即將脫離隱遁生活，開始與外界的社會互動。

　　除了上述的夢之外，《夢記》還記載了明惠在這一年所作
的另外三個夢。其中建久七年八月、九月的夢，特別令人印象深
刻：

　　一、夢中有二羽金色大孔雀王。其身量較人身猶巨，
頭、尾俱飾以珠寶瓔珞。遍體薰香滿溢，充斥世界。此二
鳥各自於空中遊戲飛行，瓔珞間發出微妙巨響，充斥世
界。巨響中有說偈之聲：「八萬四千之法，消滅煩惱之
門，皆為世尊所說妙法。」有人告曰：「此鳥常住靈鷲
山，求深遠無上之大乘，遠離俗世汙濁之法。」鳥說偈既
了，成弁手持兩卷經書，其一卷外題佛眼如來，另一卷外
題釋迦如來，此二經書乃彼孔雀所賜。成弁聞此偈之時，
歡喜之心熾盛，隨即唱頌「南無釋迦如來，南無佛眼如
來」，喜極而泣。持此二卷之經，無限歡喜。夢醒之時，
淚滿枕下。（「大孔雀王之夢」）

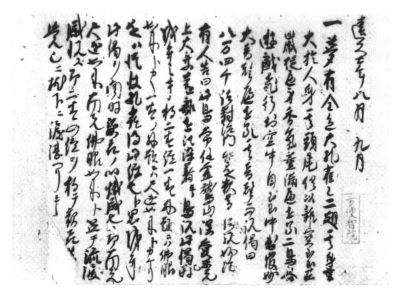

《夢記》大孔雀王之夢（高山寺藏）

上田三四二也深受這個夢感動，在介紹它的時候，也寫下自己的感想：【註1】

> 在超越時空、源源不絕注入明惠身體的許多夢之中，我所引用的這個夢是最為華麗的一個。在這個夢裡，他以全生命的現時、現地，領受天竺與釋迦；全身宛如透明的壺，滿溢著歡喜的淚水。

上田以詩的表現方式，捕捉到這個讓明惠一覺醒來、淚濕襟枕的夢之本質，但筆者仍然要試著以散文的方式來進行分析。首

先讓我們從最細微的地方開始。「遍體薰香滿溢」是很特別的一句話；嗅覺出現在夢裡，是很稀有的現象。夢原本就是視覺性的東西，偶爾在夢中我們可以聽到聲音，但味覺、嗅覺的現象異常罕見。

明惠的夢經常出現香氣，從這一點可以看出他擁有非比尋常的能力。恐怕他對夢的體驗，遠比一般人更具真實感。在這個夢的紀錄裡，孔雀發出巨大聲響飛翔於空中的樣子，傳達得栩栩如生。

原本所謂的大孔雀王──亦稱為孔雀明王──是乘坐著孔雀的明王，在明惠的夢裡則顯現為「二鳥」，似乎孔雀本身就是明王。不論在東方或西方，孔雀華麗的姿態，都被賦予各式各樣的象徵。羅馬時代的硬幣上，將公主與孔雀的形象鑄在一起，意味著某種神格化。孔雀羽毛各種色調的調和，在鍊金術中則象徵著全體性。

佛教中有關孔雀明王的故事，與明惠的夢之關聯，引人深思。根據《望月佛教大辭典》，《佛母大孔雀明王經》中記載著這樣一個故事：有一位年輕的僧侶遭大黑蛇咬傷右腳的大拇趾，毒性蔓延全身，即將氣絕。佛陀向佛母孔雀明王大陀羅尼說明原委，進而治癒該年輕僧侶，救回他的性命。從此孔雀明王被賦予除去人間一切災厄的象徵，並被具體描繪為乘駕金色孔雀的形象。明惠當然知道這個故事。這個故事裡孔雀與蛇的對比，與明惠「高雄出奔之夢」（見第111頁）中「蛇與蜂」的意象有關：兩者都以空中飛行者與地上爬行之物做為對比，並且強調空中飛行者的優位性。換句話說，它們都強調精神性。

出現在明惠夢裡的兩隻孔雀，姿態華貴、散發香氣，以巨大

的聲響在空中說偈語等等，在在顯示了明惠精神的高昂；同時也宣告，明惠企圖從高雄出走時，夢見與「蛇」的那場戰鬥，如今已得勝。明惠記錄這個夢境的筆跡（參照140頁），也反映了他的意氣風發。

話說回來，在這個夢裡一次出現了兩隻孔雀，應如何解釋？遍覽明惠的夢，不難發現「二」這個數字經常出現。之前也提到過，明惠出生的時候，他的姨母就夢見以「二」為主題的夢。我們甚至可以說，「二」象徵了明惠的人生。明惠姨母夢中的「兩個橘子」，根據他自己的解釋，代表了華嚴與真言二宗。但是筆者認為此處的「二」不只表示華嚴與真言，同時也象徵明惠人生中許多的二元性。

在「大孔雀王之夢」中，兩隻孔雀分別授予明惠一卷經書。明惠手持二經，一卷題為「佛眼如來」，另一卷則題為「釋迦如來」。我們曾說過，明惠尊佛眼為母；相對地，對他來說，釋迦則具有父親的形象。在這裡，明惠一手領受了父性與母性二元的態度。有一幅發源於伊斯蘭與波斯地區的圖像：兩隻孔雀各自據於生命之樹兩側，這幅圖像也傳入西洋，經常可見。一般認為它顯示人類心靈的二元性；生命力就從統一的原理中產生。如果我們把這個象徵性的表現套用在上述的夢裡，那麼可以說人類心靈的二元性，在明惠的身上得到統合。事實上對明惠的人生來說，不只是父性與母性，心與身、合理與不合理……等許多二元的對立，都具有重大的意義。明惠並沒有偏重這種種二元對立的任何一方，而且也沒有將二元分離。他以一己之身承受這些強烈的糾葛與衝突，試圖從中找出某種統一。透過置身於二元對立之中，透過對立帶來的緊張，明惠藉以鍛鍊自己的身心。

二、上升之夢

如果我們將下降到深層世界的意象，視為明惠與佛眼佛母一
體化的表現，那麼一體化消解、文殊顯現之後，開始出現充滿上
升意象的夢，也是理所當然。上升與下降，是「夢」極為重要的
一個主題。飛翔在空中的孔雀，授與明惠兩卷經書，他領受貴重
的教誨後，心志高揚，朝向上升之路。

五十二位之石

現存的《夢記》中，緊接在「大孔雀王之夢」之後的紀錄，
恐怕都已佚失，下一個可見的紀錄已經是大約四年後、建仁元年
（1201）的夢。幸好，這段空白期間的夢大部分都記載在《行
狀》裡，我們仍然能據以知悉明惠內在的發展。讓我們逐一介紹
這些夢，同時探討它們的意義：

> 某回於夢中見一塔，我欲登之，遂上一層樓。其上
> 又一層，再一層，如此重重上升，不計其數，越日月之住
> 處，終至於塔頂，見九輪。【譯註6】我又登此九輪，於流寶
> 流星之際，伸手可及之時，覺。（「登塔之夢1」）

這正可稱為「上升之夢」之一例。明惠登高塔，塔之高不
知有幾層，越過日月之住處，一直到流寶流星之際，非凡人所能
及。請注意，這裡所說的「流星」，並不是天上的流星，而是九

譯註6　「九輪」是日本佛塔頂端，從屋頂向上延伸的金屬製尖頂，形狀通常為九個鐵環環繞著
　　　一根鐵柱構成，每一個環皆有其名稱與象徵意義。又稱相輪、寶輪、空輪。

輪之中最頂層輪的名稱。不論在世俗或精神方面，上升對人來說，都是一件很重要的事，因此以上升為主題的夢，並不罕見。但是以筆者長年為病患分析夢的經驗來說，能夠上升到如此高度的人，則少之又少。《行狀》接下來的記載，更為驚人：

> 登塔未竟，至感悔恨。經廿餘日，夢中又見此塔，決遂前志，重重攀登，一如前夢，終至流寶流星。立於流星之上，舉目望去，十方世界盡列眼前，日月星宿皆陳足下，自覺已逾色究竟天。其後又降於地面。（「登塔之夢2」）

前一個夢的攀登，雖然已經到達相當的高度，卻沒能夠登頂，讓明惠覺得很遺憾。二十天之後，他再度夢見同一座高塔。或許有人會認為這個故事太過荒誕，但根據筆者從事夢分析的經驗來看，這樣的事雖然不常見，卻絕對存在。而且，這種夢【譯註7】通常對當事人具有深遠的意義。如果是較短的間隔，比方作夢的途中醒來上廁所，再回去睡覺的時候，會繼續之前沒有作完的夢，有這種經驗的人非常多。以明惠來說，夢的接續相隔二十幾天，可見在這段期間，他無論如何都想要繼續登上高頂的動機非常強烈。在夢中爬上此座高塔這件事，對明惠來說是直接的宗教體驗。他本身也感受到這個夢的重要，許多年後在他著述的《華嚴佛光三昧觀冥感傳》一書中，也提到這個夢。

明惠不斷升高，一直到十方世界盡列眼前，甚至感到自己已

譯註7　接續性的夢。

經上升到比「色究竟天」還要高的地方。這色究竟天是什麼樣的地方？根據《望月佛教大辭典》的解釋，色究竟天屬於色界，是色界最高的「天」。在佛教的思想裡，將世界分為欲界、色界、無色界，也就是所謂的三界。具有淫慾、食慾這兩種欲望的生物，居住在欲界。色界位於欲界的上方，此處的居民已遠離淫、食二慾，依傍著某種絕妙的物質而生存；色界又細分為十七個層次，稱為十七「天」，其中最高的一層就是色究竟天。至於無色界，則是最高的領域，是超越物質的世界，在這裡只有精神存在。明惠在夢中感覺自己或許已經超越色究竟天，這應該是一種超物質的體驗。就算是作夢，經歷過這種程度的上升體驗的人，恐怕絕無僅有吧。

榮格在七十歲左右的時候，也曾經作過這種上升到超越想像高度的夢。那時候他因為心肌梗塞而陷入危篤狀態，自身也意識到死亡之接近；他的體驗介於夢與幻象之間：【註2】

　　我感覺自己登上宇宙的高處。遠遠的下方，可以看到地球浮在一片耀眼的藍光之中，深藍色的海洋以及各大洲的陸地，清晰可見。腳下遙遠的彼方是錫蘭；遙遠的前方，則是印度半島。雖然我的視野容不下地球的全體，地球的球形仍然清楚地浮現，其輪廓受到美麗的藍光照射，輝映出銀色的光芒。地球大部分都染著豐富的色彩，處處灑著像銀鏽一樣的墨綠色斑點。左方遠處有一大片曠野——那是赤黃色的阿拉伯沙漠，銀色的大地上覆蓋著染上

淡紅的金色。

榮格繼續描述下去，不過簡單來說，就是他到了一個離開地球很遠的地方。明惠以佛教的世界觀為立足點，榮格則受到現代自然科學知識的影響，兩個人的描述非常不同，但都是上升到遠離「此世」之處的體驗。

接下去榮格說到，從那個高處張望，他看到宇宙空間中漂浮著一座禮拜堂，由一整塊巨大的岩石鑿空而成，於是他試著進入其中。他的這一段描述，可以說是佛教「色界」的現代版。榮格曾經造訪位於錫蘭康堤（Kandy）的「佛齒寺」，或許他喚起了當時的記憶吧。

> 當我靠近通往巨岩入口的階梯時，發生了奇妙的事情。我感覺所有的東西都正在脫落。所有過去的目標，所有我冀求過的、思考過的、地上存在的一切，都宛如走馬燈的畫面一般，從我身上剝除，離我遠去。這過程極度痛苦。然而有一些東西留了下來；那是我曾經做過、經驗過、發生在我周遭的所有事情，都還伴隨著我的存在。

一個具有西方現代性自我的人所經歷的體驗，當然和佛教世界的描寫不同；但也正因為如此，它以一種現代人容易理解的方式，傳達了近似於佛教「色界」的感受。

接著「登塔之夢」之後，明惠又有了精彩的夢體驗——他夢見自己登上全部五十二位階。佛教將求道者（菩薩）的修行分為五十二個階段，分別為十信、十住、十行、十迴向、十地，以及

等覺（得到與正覺同等了悟的位階）與妙覺（一切迷妄盡滅，智
慧完滿具足的位階）。這些位階出現在明惠的夢裡：

> 夢中見五十二位之石並列，其間隔各約丈許，向海中
> 延伸而去。思，此乃我當踏行之石，遂步於其上。其於信
> 位之石處，僧俗者尚眾。然越信之石，抵初住之石，則杳
> 無人踪，唯我一人。又躍向第二住之石，如是順序前行，
> 至於十住之石，又至於初行之石，一一踏行，乃至於第十
> 地、等覺、妙覺之石。立於妙覺之石之上，見大海無邊無
> 際，十方世界盡收眼底。思，此地距來處甚遠，無人知
> 悉，我當返回告知眾人，又逆次踏行至信位之石，語眾人
> 云云。（「五十二位之夢」）

明惠自述這個夢為「成佛得道路途之景象」。正如其言，
一開始在「信」的位階還有很多的人，到了「住」的位階，除了
他，一個人也沒有了。明惠從「住」的位階步步跳行，終於到了
妙覺之處，還體驗到「十方世界盡收眼底」的境界，但是他沒有
久留於此，心裡想著「我當返回告知眾人」，於是他就著來時的
路徑逆行，回到現世來。可以想像，如果他沒有回來，或許會就
這樣死去；上升之後再下降回到原點，是必要的。在這裡我們雖
然略過不談，不過榮格曾經描述自己為了從那個高處回到「此
世」，經歷了意想不到的苦楚。明惠大概因為一心一意禪定修
行，在「高處」與「此世」之間往返，相對比較容易吧。

與身體和解

先前轉述的兩個夢，顯示了明惠在白上峰的修行是多麼嚴峻，以及如何純化了他的精神。做為求道者，他對自己的態度非常嚴厲，飲食也極端匱乏，終於導致身體的疾病。嚴重的腹瀉使他甚至懷疑「內臟都隨之瀉出體外」。同行的人勸明惠就醫，但他完全不予理會，他激烈的個性在這裡也可見一斑。毋寧說，為了佛道的修行而死，正是他心之所願吧。對於此事，明惠的夢再度顯示了引人深思的反應：

> 數日之後，夢中一梵僧前來，於白碗中注滿溫熱黏稠之物，令我服之。思，此乃薊草之汁，一飲而盡。夢醒之後，其味仍殘存口中。立時心緒緩和，病癒是也。（「病癒之夢」）

這個夢裡，再次出現印度僧侶，而且服用了這位僧侶給予之物後，明惠的病就痊癒了。在夢裡服藥，現實中的疾病同時痊癒，這一點饒富趣味。《行狀》裡並沒有多加描述，不過可以想像經由這個夢，明惠學會了善待自己的身體。大多數強烈追求精神性的人，很容易蔑視身體的需求，簡單地將精神與身體二分，過於重視精神而輕視身體。的確有許多例子顯示，透過苦行所帶來的身體疼痛，可以讓人到達某種精神的高度；但是為了追求精神的高度，身體的疼痛既不是必要條件，也不是充分條件。這裡我們可以看到「心」與「身」不可思議的緊密關聯。明惠與色慾、食慾等欲望苦鬥，長期否定自己的身體，卻在這個時間點，學會了與自己的身體和解。

　　釋迦也在出家後的六年間，經歷了減食、斷食、屏息等種種苦行，結果是他「目眶深陷，肋骨支支可數，渾身皺紋，宛如老人，氣力盡失，手不能動、足不能行」。然而，釋迦反省了僅僅為了自我的開悟而一味苦行的自己之後，決意停止苦行，接受婆羅門的女兒難陀與婆羅兩人施予的食物。【譯註8】與釋迦一起修行的五位比丘見到此一情景，認為這是對修行的棄絕，釋迦已經墮落了，遂離他而去。但事實上，釋迦非但不是放棄，他修行的境界，在這裡更進一步深化了。

　　釋迦這一段修行的過程，與明惠修行的過程，在意義上有多少重合之處，筆者不敢斷言；但至少一度否定身體，進而到達肯定身體，這一點他們是共通的。恐怕棄絕身體的「上升」，並不能引人到達真正的領悟。明惠在夢中到達第五十二位階之石，更及於色究竟天，當然是偉大的事，但那畢竟是切斷身體性的經驗；在那之後，他必須經歷與身體的和解。

　　雖然外在情勢的變化也是原因之一，但明惠的確在體驗過與身體的和解之後，開始與外界互動，脫離隱遁生活，這一點值得注意。他的夢也隨之產生變化，不再只是一味地上升，而開始與下界產生聯繫。在這裡我們暫且略過不談，但現實上有一些理由，逼得明惠不得不離開白上峰的草庵。一時間他不知何去何從，於是回到高雄。在文覺上人努力說服之下，明惠暫時住在高雄，開始講解《探玄記》。明惠回到高雄暫住，是在建久九年（1198），此時他二十六歲。截至當時一向在草庵獨居的明惠，

<hr>

譯註8　關於釋迦成道的這一段經歷，本書日文與英文兩個版本的說法不同。雖然眾多不同經典的記載之間，原本就存在某種程度的差異，但本書英文版比較接近一般的共識。大多數的經典記載施予釋迦食物的是一位（而不是兩位）名為 Sujata 的婦女，漢譯為「善生」或「難陀婆羅」（Nandavara）。「難陀」是歡喜的意思，「婆羅」則指菩薩。

開始為他人講道，這對他來說是前所未有的重大變化。

對於這一點，明惠的夢裡出現「此宗之道得傳，春日大明神大悅，立舞於廊上」（《行狀》）的意象，對他的行為表示支持。春日大明神跳舞，這種身體的表現，可說是反映了明惠不再與身體對抗，將身體視為自己一部分的過程。

夢中提到「此宗之道得傳」，「此宗」指的是華嚴宗；明惠這時候一心一意專注在華嚴宗上。他所講述的《探玄記》，正是法藏所著、有關《華嚴經》的註釋。根據《行狀》的記載，這段期間明惠作了很重要的夢：「夢中見一大龜，忽而化身老翁、手持弓箭，告我曰：『將敬授汝華嚴法門。』隨之而行，至一洞穴之前，老翁曰：『請入此內。』隨即入洞。見此情景，思：此乃龍宮是也。」（「龍宮之夢」）明惠的夢裡曾出現許多動物，各富趣味。此處大龜現身，隨即化為老翁。老翁表示願授華嚴之教理，明惠故隨之而行，進入一個洞穴。這個夢令人想起日本民間故事，明惠自己也覺得那個洞穴就是「龍宮」。

明惠在這個夢裡，打算進入「龍宮」。古來有一個說法，認為《華嚴經》是龍樹菩薩【譯註9】從龍宮帶到人間的，或許可以解釋明惠作此夢之原因。但筆者聯想到的卻是《浦島太郎》的故事。明惠經常告誡弟子們，除了佛教經典之外，也應該廣泛閱讀其他書籍。浦島的故事家喻戶曉；假定明惠知道這個故事，一點都不奇怪。在明惠的時代，浦島的故事雖然有一些不同的版本，但內容幾乎都和《丹後國風土記》所記載的故事〈浦嶼子〉差不多。根據〈浦嶼子〉的記述，一隻「五彩龜」被浦島釣起之後，

譯註9　龍樹（Nāgārjuna，又譯龍猛）生於西元二世紀的南印度，是重要的佛教人物，著作極為豐富，如《中論》、《大智度論》、《十住毗婆沙論》等，然其中有許多真偽未明。

隨即變為絕世美女，向浦島求婚，於是他們兩人結為夫妻。但是明惠的夢裡，龜變身為老翁；我們該如何理解這個不同？

在日本民間故事中，經常可以看到美女的背後有老翁的存在——關於這一點，我曾經在其他文章中詳細討論，[註3] 這裡就不再贅述。我認為，與年輕女性有所關聯，對當時的明惠來說，仍然是難以接受的事，所以在明惠的夢裡，龜化身為老翁（介於龜與美女之間的媒介者）。夢中老翁要傳授明惠華嚴的教義，明惠也覺得自己抵達之處就是龍宮，可見明惠已經預感到，不管以何種方式，自己在學習華嚴的過程中，遲早必須面對女性的存在。事實上，這個夢和筆者認為十分重要的「善妙之夢」（請參照第六章）有難以切割的關聯。只不過，從夢見進入龍宮開始，到他的求道之路在「善妙之夢」結成果實，用去明惠大約二十年的歲月。這件事如實地告訴我們，人類個體化的過程，進行的速度是多麼緩慢。

在這個夢之後，《行狀》如此記載：

> 又，我正思離煩瑣學問之業，獨居戮力修行之時，於夢中禮拜普賢菩薩，其所乘之象，搖頭拒受，思，此乃因菩薩不認可我獨居一事。其後因微細之事煩擾身心，病相奇特，思，此乃菩薩不認可我獨居之徵兆，故捨獨居之念，其病立癒。

註3　河合隼雄，《昔話と日本人の心》，岩波書店，1982，參照。

　　明惠雖然為文覺上人所說服，暫居高雄，為信眾講經，但他心中真正渴望的，畢竟還是獨自一人、專心修行吧。與其鑽研學問，他更想致力於修行──正當他這樣想的時候，作了這個夢。

　　夢中明惠向普賢菩薩禮拜，沒想到普賢菩薩的座象搖頭，不願受禮。明惠認為這個夢表示普賢菩薩不能認同他想要獨居修行的事。其後，他染上怪病，明惠認為這又是另一個「徵兆」，故斷然捨棄獨居之念，病就痊癒了。明惠的身體，此時不但與他和解，更成為佛向他傳達訊息的媒介。

　　在接下來的夢裡，出現一艘巨大莊嚴的船；明惠覺得自己應尋得天下第一有德之人，於此船留下銘記，並且留在身邊做為寶物。這時候他想，自己或許就是那位有德之人，遂執筆在船首寫下「華嚴五教章卷上」，於船尾寫下「華嚴五教章卷下」。這個夢可以看作是一種預言，顯示了明惠將透過華嚴的教誨，拯救眾生。關於此一時期的夢，我們就此打住，不再多談；但這些夢的內容多半支持他抱持自信，繼續為信眾講述華嚴教義。原本在白上峰結草庵而居，孤高而遠離人世的明惠，逐漸開始與一般人接觸，並且將要廣布華嚴的教義。透過這些夢的內容，我們可以看到明惠在這準備階段中，心境所產生的變化。只不過，明惠始終希望專注於自己的修行，遠勝於教導別人，因此他遠離人群而隱遁的願望，也從未曾停息。

筏立

　　到底是要澤及一般大眾，還是要隱遁修行？明惠的內心也相當困惑掙扎吧。因此，他只在高雄暫居很短的一段時間，後來又

回到白上峰；但這也為時不久，他又從誕生地^{【譯註10】}沿著有田川逆流而上，來到山裡面一個叫筏立^{【譯註11】}的地方，住了下來。這時候明惠雖然只有二十六歲，卻已經有十餘位年輕僧人仰慕他的德行，跟隨著他。從這時起，一直到三十二歲他移居京都的槇尾為止，他輾轉在筏立、糸野、星尾等地遷移，不過一直都不離紀州，環繞在他出生地的附近。明惠就在這個地區專心學習華嚴教義，努力修行，但同時他的德行也逐漸影響到周遭的人。換句話說，他與外界的接觸變得比以前頻繁。

這段期間，明惠曾經寫信給一座「島」，也曾計畫乘船前往天竺，這些有名的小故事與奇特的軼事，都記載在《行狀》等書之中，筆者將在下一個章節為讀者引述。現在，先讓我們討論明惠這個時期的夢。由於佚失的情形嚴重，這段時期遺留下來的紀錄，僅剩下《夢記》的記載，分別是建仁元年（兩個夢）與建仁三年（兩個夢），讓我們從中分別引述其一：

一、建仁元年正月三日始，為眾生祝禱。同十日。同十一日夜，夢中上師與成弁同往播洲。^{【譯註12】}有船二艘，上師乘其一，隨行僧眾乘其二。成弁本乘上師之船，未幾移往眾僧之處，佛眼具足^{【譯註13】}置於經袋，遺上師船中。而後疾風至，船行甚急。此船先行，上師之船殿於其後。未攜經袋，成弁深悔。思將沒於此海，眾人亦作如是想。其船極狹且長也。然無事著陸。一人來，肩負成

譯註10　明惠的出生地，在紀州有田郡石垣庄吉原。

譯註11　筏立（ikadachi）是日本古地名，位於今和歌山縣有田郡有田川町。

譯註12　即現在的兵庫縣。

譯註13　指禮拜佛眼的法器。

弁，抵播洲御宿所。夢中不覺如先前為修繕東寺而來，唯
已抵播洲。至御宿所，上師等已然安身。成弁問經袋去
處，上師御房嘆曰：「因何未託付於我也！」我亦唏噓。
值此同行者一，持此經袋而來，成弁悅而取之。其後同行
一人曰：「上師云：『明惠房來此，乃二因緣故。一為療
其疾患（此如前苛責之言，故略之），二為如此如此這般
這般。』」未能詳聞。其後，上師檢視具足，取一手箱。
佛前布施之手箱也。夢中思，此乃賜予成弁之物，而上師
取之。又，其為待解之兆，見眾多死者。因待解之相雜然
也。

在這個夢裡，「二」這個數字再度成為重要的主題。夢中
的「上師」，指的應是上覺。透過與「二」的關聯，我們可以從
這個夢察覺上覺與明惠之間的一種緊張關係。可是對明惠來說，
這裡的「上師」到底意味著什麼？雖然我們不能直接聽取明惠本
人的聯想，無法斷言，但這個夢倒不一定要解讀為上覺與明惠的
糾葛；說不定上覺代表當時一般的僧侶，也說不定象徵著華嚴。
總而言之，這個夢暗示著：明惠雖然以上覺為「師」，卻不必然
要一昧地跟從，而應該親手開拓自己的道路。翌年（建仁元年，
1202），明惠接受上覺傳法灌頂。對於上覺，明惠一直敬他為
「師」，順從於他；但是在內心深處，他卻脫離上覺，走上獨立
的道路。在這個夢裡，一開始明惠與上覺同乘，但不久就移往另
一艘船。那時候他把經袋遺留在上覺的船上，雖然因此被上覺斥
責：「為什麼不寄放在我這裡呢？」結果為他保管，把經袋帶過
來的，卻是其他的僧侶。

　　仔細閱讀《夢記》的手稿，可以發現在「同行者一，持此經袋而來」這句話之前，大約有三個字被塗掉了。是因為他想起來那是同行的一位僧侶，而把原來的字塗掉重寫嗎？我們不知道。總之，它反映了在這個環節上，明惠的記憶並不明確，這一點饒富趣味。為明惠保管他所珍視的經袋的，不是上師，而是未知的同行者。對自己最重要的，竟是「未知的某人」——這是經常出現在我們夢裡的表現方式。明惠對於這位未知的同行者之想像，最終化為對釋迦本人直接的思慕。

　　上覺表示，帶著明惠一起前來有兩個因緣，其中第二點聽不清楚，這也是夢裡面經常出現的情節。兩個因緣之一，而且可能是比較重要的一點，就這樣擱置在未知的狀態。一般人作這樣的夢時，類似夢裡面暗示的第二個因緣，通常會促使我們在醒來的時候思考許多事情，恐怕明惠也是一樣吧。我們曾經指出，明惠的心中有許多種二元性交錯作用，但這個夢到底表示什麼，並不是很清楚。明惠意圖透過密教的形式，苦心學習華嚴的教理，因而決意接受傳法灌頂的儀式；但是我們可以想見，華嚴與真言兩個教派的教理同時存在，對明惠來說一定有重大的意義吧。

　　接下來讓我們看看《夢記》中記載的，建仁三年十月的夢。從建仁二年開始，明惠計畫前往印度（這一點我們將在下一個章節詳細討論），建仁三年他得到春日大明神的神諭，決定中止渡天竺的計畫，留在日本為南都系佛教[譯註14]的興盛而努力。這是他在那個時期所作的夢。

譯註14　南都指的是平城京，也就是奈良，又稱南京，與北都（平安京＝京都＝北京）相對。南都系佛教通常指奈良時代公認代表國家佛教的六個學派，稱為南都六宗系（三論宗、法相宗、華嚴宗、律宗、成實宗、俱舍宗）。其成立之初，排他色彩淡薄，修行者可以兼學各種不同宗派之教理。

建仁三年十月，夢中見一大筏，以白布為帆。此布
乃円法房自舍攜來，懸於其上。眾多高尾【譯註15】人乘此
筏。駭人巨瀑向吾枕奔流。成弁未及深思，亦入坐此筏。
思，吾頸懸有舍利，若此筏翻覆，舍利亦將沒於水中。設
若不翻覆，舍利亦恐浸溼。我欲離水面，置舍利於陸地，
然筏行如箭，無可止也。其瀑深且浚，筏入巨瀑之時，眾
人落水，皆溫良馴順之高尾人也，並無其他人等。成弁為
護此舍利，勉立筏上。筏翻覆而未落水者，只我一人。終
行至淺灘，我云：「眾人皆墜而行於水中，我自亦難以立
足，幸未落水而抵岸邊，其後登陸。」云云。（「筏立之
夢」）

　　在這個夢裡，明惠乘著巨筏，經歷了極為危險的狀態，最
後終於平安抵達陸地。建仁元年的夢裡，他也曾經乘船。自從離
開白上峰，是要選擇獨自修行的孤高之道，還是要為眾生鞠躬盡
瘁？明惠在這之間徘徊迷惘，甚至考慮要遠赴印度，就這樣度過
了將近十年的過渡期。一直要到三十四歲，後鳥羽院賜給他高山
寺之後，他才以高山寺為根據地，讓個人修行與服務眾生得以兩
全。就因為是這樣的過渡期，才會作這種冒險渡水的夢吧。
　　明惠在夢裡立於筏上，抵達陸地。有趣的是，大約在作這
個夢兩年前，他曾經住在一個叫作「筏立」的地方。在夢中出現
這樣諧音的文字遊戲，讓人感覺到些許幽默。在這個夢裡，明惠
害怕舍利會浸溼；前一個夢，他則擔心經袋的去向。或許是因為

譯註15　位於京都西北。

在過渡期間，他害怕自己選擇的人生道路，將會危害到佛教的本質。其實，只要意志稍有動搖，「入世」對他來說並非難事，且恐怕他早就成為握有世俗權力的僧侶，或是成功的「學者」了。

原本與明惠一起乘坐在筏上，結果卻落入水中的眾人，都是「溫良馴順之高尾人」，這一點頗有暗示的意味。確實，明惠不是那種「溫良馴順」、就此佇留高雄【譯註16】的人。他費盡辛苦，特意到紀州山上結草庵而居，結果好不容易暫時回到高雄，馬上又出走。這當然是因為明惠求道之心太過強烈，要他除了乖順地研究學問之外，什麼都不要做，原本就不可能。根據《傳記》的記述，明惠經常感嘆：「國之慧學之輩摩肩擦踵，好定學者則絕於世。乏行解【譯註17】之知，則證道入門之憑藉盡失也。」在這裡被當成對比概念的慧學與定學，指的是佛教所重視之戒、定、慧三學中的慧與定。明惠感嘆當時的僧侶一味地追求學問，怠於禪定修行，以致連通往開悟的道路入門之處，都無法辨識。

明惠的夢，支持他的人生態度。那些「溫良馴順之高尾人」都掉到水裡，只有明惠安抵陸地；「筏立之夢」讓他明白，自己在「定學」方面的修行，絕對不會白費。雖然說有幾位年輕的僧侶跟隨著明惠，但他的道路畢竟是孤獨的；夢對他的支持，具有重大意義。

《夢記》中下一個夢的紀錄，只有短短一行；緊接著明惠寫下他的感想：「當敬畏（畏る）夢。」可以想見，明惠刻意用

譯註16　「高尾」和「高雄」在日語裡的讀音，都是takao。
譯註17　「行解」與「理解」是一組相對的概念。

157

「畏る」這個字，【譯註18】是希望傳達我們應該以面對神的態度，來面對夢的意思。其實，即使到了現代，從事夢分析工作的人，對於夢也應該抱持這種虔敬的態度。隨著作夢者的態度不同，夢的內容與意義也會跟著改變，我相信明惠很了解這一點。如果沒有虔敬的態度，作了類似「筏立之夢」這樣的夢，一般人大概就會自大起來吧。對於夢的關心，通常伴隨著一種危險，就是容易自我膨脹。不過，顯然明惠沒有這個問題。

譯註18　日文的「おそれる」（osoreru）在以漢字標記的時候，可以有許多種寫法：恐れる、畏れる、怖れる、懼れる等等，但通常只有指「敬畏神」的時候，才會用「畏れる」來標記。「畏る」（osoru）則是古日文的用法。

【第五章】「物」與「心」

　　在人類世界各式各樣的二元性之中，「物」與「心」具有特別重要的地位。超乎一般想像，這兩者之間存有極深的互補關係；但是西方現代文明成立的基礎，卻在於將它們稱之為「物質」與「精神」這一組相對的概念，明確地加以切斷、區隔。在西方現代意識中，不但「物質」與「精神」是分離的，而且以「精神」之確立與向上做為目標。最近的「新科學」[譯註1]思潮開始反省這一點，並且認知到對於人類的意識，除了西方現代意識的存在方式之外，還有其他的可能。在這種意識狀態中，物質與精神、自己與他者的區別，極為模糊。關於這一點，筆者曾經於他處詳細論述，[註1]因此並不打算在這裡重複，但是為了方便讀者理解，我將隨著本書的進行，做某種程度的說明。為了理解接下來我們要討論的明惠的人生態度，如此程度的認識是必要的。

　　筆者在文章中刻意使用平假名「ものとこころ」（物與心），是為了表現沒有完全分離的「物」與「心」之存在方式——有別於笛卡爾思想中的物質與精神。話雖如此，「物」與「心」的確存在某種程度的區別；同樣地，「自己」與「他者」

譯註1　新科學（New Science）是1970年代，發生在美國自然科學界的一種反現代主義運動，旨在反省以西歐科學為基礎的物質主義、還原論（reductionism，又稱化約論）。原本在美國稱為「New Age Science」，後來受到日本的影響，也開始使用「New Science」一詞。

註1　河合隼雄，《宗教と科学の接点》，岩波書店，1986，第四章〈意識いついて〉。

也是如此。如果這個區別過於曖昧不明，人將沒有辦法好好地活在這個世上。這是一個實際而困難的問題；在這一點上，明惠的意識究竟處於何種狀態，（對於我們的討論）極為重要。我們已經看到了明惠脫離塵世、具有超能力的一面，同時也看到他完全相反的另一面——極度理性、具有敏銳的現實感。重要的是（為了了解明惠），兩者不可有所偏廢。

一、對佛陀的思慕

明惠的信仰超越時空，直接指向釋迦本人。之前我們已經引述過，他曾經這樣說：「若吾生於天竺，則毋須有所作為。惟巡禮五聖地遺跡，禮讚如來，則我心足矣。學問修行，亦屬多餘。」（《却廢忘記》）。對明惠來說，佛教就意味著他對釋迦這個人至深的皈依情感。

釋迦跨越了時空的限制，存在於明惠的心中。明惠甚至曾經寫信給神護寺的釋迦如來，收信人寫著「大聖慈父釋迦牟尼如來」，自己則署名「遺法御愛子成弁」。他對釋迦的思念愈來愈強烈，甚至真的打算到印度去，這一點頗能反映明惠的性格。明惠曾經兩度計畫前往印度，然而最後事情的演變令他不得不放棄。這些事非常重要，我將在這個章節為讀者們詳述，但在那之前，我想先為各位介紹一件著名的插曲，也就是明惠寫信給一座島的故事。我認為這個故事充分反映了明惠對於「物」與「心」的態度。

寫給一座島的信

不管是誰，看到「明惠上人樹上坐禪像」（參見第16頁），都會對他與自然渾然一體的姿態，留下深刻的印象吧。端坐在樹上的明惠，四周還圍繞著小鳥與松鼠。在世上為數眾多的坐禪像之中，像這樣配置著小動物的構圖，恐怕絕無僅有。有許多小故事，頗能表現明惠與自然的關係。有一次，明惠在船上為同行的僧侶講解經典，由於風浪變大，船駛入港中躲避。等到風浪平靜下來，打算再度出航的時候，卻又因為正值退潮，無法動彈。明惠索性下船，在沙灘上用沙堆成書桌，繼續講經。【註2】想像當時的畫面，明惠的神采想必令人讚嘆。

明惠結草庵而居的白上峰，以及晚年的住處栂尾（とがのお）【譯註2】，雖然氣韻不同，卻都能夠讓人感受到大自然的神妙。對明惠來說，被自然包圍，本身就是一種宗教性的體驗。只要是日本人，大多對自然抱持著親近感。但是明惠與自然的關係之深，非比尋常，並且與他所信奉的華嚴教義緊密結合。根據《行狀》記載，明惠曾在月夜裡，與弟子一同乘船前往紀州一座名叫「苅磨之嶋」（かるまのしま）【譯註3】的島。這一段描述當時情景的文字非常優美，其後接著這樣一句話：「除此，聖教復往何處求？」意思是接近自然，領悟自然之「心」之後，就沒有必要再閱讀經典了。明惠對於自然的態度，可見一斑。

明惠寫了一封信，就是給這個「苅磨之嶋」。對他來說，島和人是同樣的。有趣的是，弟子拿到這封精彩的信，不知如何是

註2　田中久夫〈起信論本疏聽集記から〉《明惠讚仰》7号，明惠上人讚仰会，1976，所收。
譯註2　「栂」是古字，唸法和意思都和「梅」一樣。
譯註3　「苅」是古字，唸法和意思都和「刈」一樣。

好，於是詢問明惠該送到哪裡。明惠若無其事地回答：「你就拿到苅磨之嶋，高喊：『這是栂尾的明惠房寫來的信！』把它扔在島上再回來。」我們幾乎可以看到明惠那戲謔的微笑。他就算是玩，也玩得很認真。

這封信本身已經不在了，但是《傳記》和《行狀》都留有相當詳細的紀錄。兩者的內容有些許差異，篇幅也不同，不過大意是一樣的。信開頭類似前言的部分很長，闡述「寫信給一座島」這件事的理論根據。筆者認為明惠其實是想要透過這樣的「戲耍」，向弟子傳達華嚴教義的真髓。讓我們來看看記錄在《傳記》的這段前言：

> 別來無恙？其後諸多不便，致音訊全杳。島乎！汝繫於欲界，乃顯形二色之種類，眼根之所取，眼識之所緣，八事俱生之體也。色性即智故，無不悟之事，智性即理故，無不遍之所。理即真如，真如即法身無差別之理。理與眾生界更無差異。是故非情木石，與眾生亦無所別也。

接下去的文字延續著這樣的語調，相當晦澀難懂。收到這封信的「島」，大概也嚇了一跳吧。筆者也不敢說真的了解，不過在「別來無恙？」的問安（這部分《行狀》中未見）之後，明惠敘述他的主張：島屬於欲界的存在，因此它雖然和木石一樣不具感情，也不應該和其他生物有所區別。接在上引文字之後，明惠跟著表示，根據《華嚴經》的說法，土地乃佛十身[譯註4]中最重

譯註4　華嚴經所說的十身，即眾生身、國土身、業報身、一聞身、獨覺身、菩薩身、如來身、智身、法身、虛空身。

要的東西，是毘盧舍那佛【譯註5】身體的一部分；換句話說，島就是如來。事實上，這段文字與其說是寫給島看的，還不如說是經由島的媒介，對弟子講述華嚴的教義。然而，接下來文風一變，明惠開始娓娓地對「島」訴說他的情感，這部分也是引用《傳記》的記載：

　　值此行筆之時，盈眶淚眼浮現昔日情景，宛如昨日，不覺年月之相隔。遊於濱、戲於島之景，歷歷在目，不曾或忘。戀慕之心催促，然遲遲未能成行，非我本意也。

　　這一段文字並不難解，明惠對「島」的情感傳達得栩栩如生。緊接在這一段思慕之情的表現之後，明惠寫下一段有趣的文字：

　　又，屢思櫻之巨木，深戀之。每欲相詢，然致文不語之櫻，世人必曰我狂，順此非分之世，故隱於心。然曰我狂者，無以為友也。

　　思念那株巨大的櫻花樹，想要寫信給它，但是考慮到做這樣的事，難免被世人視為瘋狂，不得已順服於世間不合理的成見，將這樣的衝動隱藏在心裡。然而，對於這樣的人（會認為明惠瘋狂的人），終究沒有辦法和他做朋友。明惠雖然「順此非分之世」，最後畢竟斷言，和這樣的人「無以為友也」。他的決意

可見一斑。根據《行狀》的記載，關鍵的這棵樹，指的應該是高雄佛寺中門（迴廊正面南大門之後的門）旁邊的一株櫻花樹。不論如何，重要的是理解明惠想要強調的事。對他來說，不只人和動物，甚至人和非生物之間，並沒有區別；「物」與「心」的界線，是相互滲透的。

渡天竺

我們多次談到明惠對釋迦強烈的思慕之情，這一份想念到了極致，終於使他將前往印度的想法付諸計畫。建仁二年（1202），明惠開始和弟子喜海等人商討前往印度之事。然而建仁三年的重大事件——春日明神降下神諭，迫使明惠不得不中止他的計畫。這段期間發生了一連串不可思議的徵候與現象，包括「文殊的現身」，對明惠來說是具有重大意義的體驗。或許明惠想為這些重大事件留下紀錄，曾經寫下了《託宣正本之記》，可惜後來親手將它銷毀。可能明惠擔心一般人會被這些為數眾多的奇蹟吸引，甚至產生誤解，偏離信仰的道路吧。不愧是明惠！

雖然明惠銷毀了自己寫下的紀錄，但是弟子喜海捨不得這些故事就這樣湮沒，在明惠圓寂之後，寫下了《明惠上人神現傳記》一卷，所幸這份手稿至今仍然留存。透過這本書，我們得以知悉當時事件的詳細內容。但是書後的跋寫著：「此當不及於外聞，原記已破卻。憂其廢亡，故為此記，雖無禁絕之要，應慎之慎之，祕之祕之。」可見喜海多麼戒慎恐懼，害怕這些記事公開流傳。此外，元久二年（1205），明惠在紀州建立伽藍【譯註6】，

譯註6　譯自梵語 samgharama，乃是僧侶居住、修道的清淨之所；後引申泛指寺院的建築物。

將春日、住吉兩明神（兩者皆與上述的奇瑞之相有很深的關係）的寶殿合在一起建造；為了說明其由來，他親手寫下《祕密勸進帳》，同時在其中記錄了先前發生的奇瑞之相。這本書也流傳了下來。綜合《明惠上人神現傳記》、《祕密勸進帳》以及《行狀》的記載，我們得以知悉許多當時發生的事。筆者簡要地整理上述資料，將事件歸納如下：

建仁三年正月二十六日，湯淺宗光（明惠的伯父）之妻（當時二十九歲）取得一張新草蓆，將它懸掛於門梁，爬到（草蓆）上面，宣稱自己是春日大明神，為了阻止明惠的印度之行而降臨人間，說完這段話隨即離去。明惠想要知道這是不是真實的神諭，故率弟子一同祈禱，倘若真為春日明神附身顯靈，祈求祂再度賜予諭示。同月二十九日，春日明神再度降臨，這一次宗光的妻子形貌產生了變化，奇異的面孔，似乎不屬於這個人世，純白如水晶般透明，聲音哀傷而優雅，聽到的人無不落淚。而且她全身散發出不可思議的香氣：「發語之時，其息化為異香，遍及三、四十丈。」帶給在場的人絕大的震撼。春日明神透過這位女性，向明惠說了一段話，大意如下：「我憐愛御房（指明惠），有如自己的孩子一般。可是你最近疏於學問，令人遺憾。希望你多花點心思在釋尊的教誨（經典）上。你是個短命之人，能否活到四十歲，都屬未知。眾生對你有所期盼，因此我希望你不要隱居，應該住到王城的附近。解脫房貞慶【譯註7】也是位出眾的人，但是他卻隱居在笠置，【譯註8】非常可惜。你把我這些話轉告給他。御房受到諸神的守護，特別是我和住吉大神，須臾不曾離開

譯註7　貞慶（Jyokei, 1155-1213），生於京都，鎌倉時代前期的法相宗僧侶，號解脫房。

譯註8　笠置（Kasagi）是古地名，在今日本京都府相樂郡的笠置町。

你的身邊，我就像是你的父親。御房來生必定往生兜率天，然而於此世，我希望你能做為人類世界的導師。因此，倘若你真的前往天竺，我只有無限嘆息。」

說完這些話，春日明神以雙手攬抱明惠，流著眼淚，無限愛憐地注視著他說：「一定、一定，不要違背我的話。」明惠放聲悲泣，在場眾人亦嚎啕大哭。明惠彷彿失去意識一般，但明神繼續降下神諭，要明惠到春日神社參拜，而且一定要住在京都、奈良地區；說完這些話才離去。

根據明惠《祕密勸進帳》的記載，春日明神不但散發出不可思議的異香，而且從他的手、足、口中，發出香醇的甘蜜。眾人無法克制自己的狂喜，紛紛舔舐明神的手足。明神離去之後，接連數日之間，舔過甘蜜的人們，口中都還一直殘留著甜味，家中則瀰漫著奇妙的香氣，久久不散。這個故事顯示春日明神的顯靈，不只對明惠，對當時周圍所有的人都產生巨大的影響。

二月，明惠到春日神社參詣，接著到笠置拜訪解脫房貞慶。這段期間發生許多祥瑞的好夢與奇妙的神蹟，這些都一一詳細地記載在喜海的《明惠上人神現傳記》裡。比方明惠到春日神社參詣的時候，三十頭鹿在東大寺的中御門旁，一齊屈膝伏臥。之後明惠回到紀州，前述湯淺宗光的妻子再度被附身，告訴明惠那些鹿之所以屈膝迎接，是因為他自己（春日明神）當時正走到外面來迎接明惠。這段期間，像這一類的異事不勝枚舉，明惠更多次夢見春日明神，這裡就省略不再贅述。

上山家保存了十四、十五件明惠在這一年（建仁三年）十一、十二月記錄下來的夢，很可能是《夢記》散落佚失的一部分。我們選取其中幾個有趣的例子來討論，首先是建仁三年十一

解脫房貞慶與明惠（高山寺藏）

月七日的夢。

　　成弁之左肘墜落（註：自脅下切斷掉落）。思，此乃大明神不悅之故也。夢中覺醒，肘猶在。思，因大明神之不悅，乃發此惡夢，必招來中風等惡疾。臂雖猶在，心中至為不快。作如是想時，覺。（「肘墜落之夢」）

　　這是個夢中夢。左手臂不見了，「應該是因為春日明神生氣了」──心裡正這麼想著的時候，醒了過來，發現手臂還在，卻還是擔心自己說不定會中風──這時候才真的醒過來。關於這個夢，明惠並沒有下什麼註腳，但是他在夢裡，對夢中夢所做的「解釋」卻很有趣──左手臂不見了，說不定會中風。的確有一些夢會預言身體的疾病，明惠應該也聽過這樣的例子吧。當然，明惠的這個夢與其說和身體有關，不如說是顯示了內心的某些狀態。

接下來是同月的十九日，明惠寄宿於某個家庭，其主人作了一個夢，因為和明惠有很深的關係，所以記錄下來。「此家之主御前之夢云云」：

家主詣春山（春日山）。山林皆美，其趣無窮。大明神出寶殿之外，坐於磐石之上。鹿千匹許，環繞左右。鹿頭之上，皆有寶珠，光明映徹，大明神亦光輪赫奕。明神告家主云：「明惠喚我故，將前去高尾。」鹿群中有一鹿，約合三馬之巨，明神指之曰：「我將乘此鹿前去高尾。」此鹿頭左右各有一寶珠。明神昭告此行，道俗貴賤群聚而來。其後家主至高尾，語眾人此事，盡皆歡悅。又，一老僧挂錫杖，步出金堂，摩眾人之頭撫慰之。

這雖然是別人作的夢，卻清楚地顯示明惠與春日明神之間非比尋常的密切關係。春日明神表示，自己答應明惠的呼喚，將前往高雄，這似乎預示了明惠不久之後將移居京都。之前明神顯靈時曾經諭示，要明惠居住在京城附近，加上這個夢的暗示，或許更使得明惠逐漸放棄隱遁的想法，增強了住在京都的決心。

明惠因為春日明神的諭示，放棄渡天竺的計畫，恰好是1203年，歷史學家咸認為這是印度佛教滅亡的一年。那一年伊斯蘭教徒席捲印度，破壞了當時佛教的教育與學術中心「維克拉瑪席拉寺院」（Vikramasila/Vikramshila），被視為印度佛教滅絕的象徵。明惠當然不會知道這件事；假設他成功抵達天竺，看到已經伊斯蘭化的印度，不知道會有什麼感受，說不定就活不下去了。明惠渡天竺計畫的中止和印度佛教的滅亡發生在同一年，其「共

時性」不得不令人稱奇。

讓我們來看看渡天竺計畫中止的翌年，建仁四年正月記載在《夢記》裡的一個夢：

> 夢中見二条大路【譯註9】，大水漫於上。成弁欲渡此巨流。前山兵衛乘馬而來，亦欲渡之。成弁欲與彼共渡，前山曰：「應於下方一丁許處渡此大水。」遙指前方。成弁依其言渡之。水深及於馬膝，思，此水雖闊實淺。安抵彼岸。（「渡大水之夢」）

二条大路淹水，明惠正想要橫渡的時候，前山兵衛（明惠的姨丈，明惠雙親死後，成為他的養父）也來了，要明惠從下方一百公尺左右的地方渡水。明惠聽從他的話，果然該處的水出乎意料地淺，他安全抵達對岸。這個夢有兩個重要的地方：一個是「渡水」的主題，另外就是現實中，前山兵衛在同一年的十二月死去。這個夢顯示出一個弔詭處：明惠放棄渡天竺的企圖，反而使他「渡過大水」。換句話說，明惠不去印度的決定，引領他進入一個新的世界。同時它也似乎預示了前山兵衛之死。不過，明惠是否感覺到「渡水」的行為與死亡的關聯，無法確定。

無論如何，「決死的渡河」這個意象，很能夠表示明惠放棄獨自修行，選擇研究「學問」、為眾生講解經典的決心。大水比他想像的淺，出乎意料地容易渡過，也預示了接下來明惠在高山寺的生活。

譯註9　京都為仿照長安城所建，南北向與東西向交錯的街道，將京都劃分成棋盤式格局。其中東西向的主要道路，由北到南依序為一条大路、二条大路……九条大路。

　　一方面因為春日明神的諭示，使得明惠暫時回到高雄。但接著卻由於養父崎山良定（即前山兵衛）在紀州臥病，明惠為了探望他，在紀州與高雄之間來回奔波。然而，這一段時間，不論是紀州或高雄的生活，都無法安定，甚至連平靜地閱讀佛經的地方都沒有，因此元久二年（1205），明惠再度構思印度之行，並且親筆寫下《印度行程記》（現仍保存在高山寺）。這一次的計畫非常詳盡，包括有數人同行；以及經大唐長安城前往摩揭陀國的王舍城，【譯註10】如果每天步行八里、七里或五里，分別需要多少年月，計算得非常仔細。這種實際而合理的思考方式，非常符合明惠的行事風格。

　　可是，這時候發生了意想不到的事。一開始擬訂渡天竺的計畫，明惠就為不可解的疾病所困擾：他感覺自己的身旁有某個人存在，雖然肉眼看不到，心裡卻浮現他的身影。而且，每當明惠和弟子們商討印度行的時候，那個人就會擰住明惠的肚子，最後甚至爬到明惠身上，以兩隻手壓住明惠的胸口，讓他幾乎要窒息昏厥。明惠心想，這狀況非比尋常，說不定是春日明神的旨意，於是他決定透過抽籤來占卜。

　　明惠分別在釋迦本尊、善財五十五善知識【譯註11】，以及春日大明神座前，分別製作了「應該去」和「不應該去」兩隻籤，並且決定只要在其中任何一處抽到「應該去」，那麼就算捨棄性命，也要渡海一行。但，首先在釋迦座前，一支籤自己從佛壇掉落，怎麼也找不到，打開餘下來的一支，就是「不應該去」。在

譯註10　古印度的一個重要王國，為印度的重要佛教聖地之一。佛陀一生多半在摩揭陀。王舍城則是摩揭陀國的國都。

譯註11　《華嚴經》中，詳述善財童子參禮五十五位善知識。

接下來其他兩處，也都抽到「不應該去」的籤，明惠只好再度放棄渡天竺的想法。沒想到如此一來，他的怪病立時痊癒。

決定放棄的前一天晚上，明惠作了一個夢，《行狀》是這樣記載的：「上人之夢。二白鷺飛於空中，有白衣俗人一名，取弓箭射落其一。」（「射落白鷺之夢」）明惠曾表示，這個夢是遺失一支籤的前兆；不過，他事後才想到這一點。白鷺被俗人（非僧侶）射落，可以看作是世俗事物擊敗神聖事物的象徵。但對明惠來說，既然這是神的旨意，只能帶著遺憾接受。從此之後，明惠再也沒有興起印度行的念頭。

糸野夫人之夢

春日明神附身於湯淺宗光之妻（當時二十九歲的女性），降下了他最初的神諭。春日明神對明惠以「父」自居——如果這賦予他老人的姿態，那麼宗光之妻則顯現為他的女兒。之前我們曾經討論過，對日本人來說，老人與年輕女性是一組重要的形象。原本對明惠來說，做為「母親」的佛眼佛母，以及做為「父親」的釋迦（春日明神乃是釋迦的垂跡），【譯註12】是他最珍視的關係，但是從這時候開始，明惠與同齡年輕女性的關係，逐漸變得重要起來。

伴隨著內在的變化，明惠的夢裡也開始出現女性的身影。下一章我們將討論明惠有關女性的一系列夢之中，最具代表性的「善妙之夢」。在這裡我們先以「糸野夫人之夢」（元久元年，1204）為討論的中心。

譯註12　指佛菩薩之本體，由其本體示現種種之身濟度眾生。

　　先前介紹過通稱「上山本」【譯註13】裡所記載的夢，出現了女性。這很可能是現存明惠的夢紀錄中，最早出現女性（明惠的乳母除外）的文獻。建仁三年（1203）十一月二十四日的夢：「平地中有一塚，上有女人，乃成弁親近之人，故登之（塚）云云。」我們不知道這些女性的年齡，所以無法確定她們的形象，但其年齡應該是介於乳母與年輕女性之間吧。土丘之上有四、五位女性，這是什麼樣的狀況？很難有好的解釋。總之，明惠的夢裡首次出現女性，而且他覺得和她們熟悉親近，想要靠過去，這一點值得注意。

　　記錄在《夢記》裡翌年元久元年的夢，我們已經介紹過「護持僧落馬之夢」。只不過，它標示的日期是「二月十？日」，而建仁四年二月二十日，才改年號為元久，所以嚴格說起來，這個夢應該算是建仁四年的夢。

　　這個夢裡身影如曇花一現的糸野夫人，在下一個夢裡扮演了重要的角色。這位「糸野夫人」，就是被春日明神附身、要明惠放棄渡天竺意圖的湯浅宗光之妻；對明惠來說，當然是很重要的一位女性。

　　明惠把護持僧落馬視為不吉的預兆，後來預兆成真的時候，明惠寫下他的感想：「這是我還沒聽到此事之前所作的夢。」這件事我們已經介紹過了。

　　《夢記》裡緊接在後的紀錄，是極為重要的夢，且讓我們稱它為「糸野夫人之夢」。

一、同二月，聞此事之後，哀憫此郡諸人。夢中見
大磐石，狀如屏風，行於其緣，援岩壁而行也。義林房等
先我而去，成弁亦隨之。糸野夫人與成弁手足交疊，同援
一岩，同踏一石。成弁本甚懼，過此岩，則甚喜。安然渡
過，至海濱。成弁解衣衫而浴，善友夫人取成弁之衣衫，
掛於樹梢。浴畢，引桃樹二枝，折其實，非普通之桃，皆
珍稀而未曾有之者也。桃形如手，群生於枝。白毛長三寸
許，毛端齊平。桃與毛皆隱於葉者亦有之。取之而食。三
丁許外，有男子數人，前頭乃彌太郎是也，故折桃一枝餽
之。（「糸野夫人之夢」）

明惠要翻越危險的岩壁，由弟子義林房喜海（《行狀》的作
者）等人先行。接下來明惠與糸野夫人手足相疊，一起小心地行
走，總算平安越過，到達海邊。明惠脫去全身衣物入浴，這時出
現善友夫人（我們不清楚她是什麼人）。之後明惠取得兩枝桃樹
枝，上面結滿形狀奇異的桃子，他將其摘下來食用。三百公尺前
方有一群男子，彌太郎（明惠的堂兄弟）亦在內，故折取一枝桃
枝送給他。

這個夢最重要的一點，就是明惠與糸野夫人手足相疊，一起
渡過危險的岩壁。糸野夫人也就是湯淺宗光的妻子，與明惠年齡
相仿，她在春日明神降靈事件中，扮演了極為重要的角色，和明
惠關係深遠。建仁元年（1201），明惠曾經治癒糸野夫人的病，
這在《行狀》之中有詳細的記載，以下就為讀者簡述這個事件。

宗光的妻子在十二、十三歲的時候，遭「靈物」附身，之
後就經常覺得不舒服。雖然試過加持祈禱，卻沒有什麼效果。後

來由明惠來為她禱告。當天夜裡，該「靈物」現身，自稱為「毘舍遮鬼」，是一種肉食性的鬼。這個鬼告訴明惠，雖然當時宗光的妻子正懷有身孕，但是她的天壽已盡，除了死去，別無他法。問答之間，「毘舍遮鬼」表示就算牠願意救宗光之妻一命，肚子裡的小孩大概還是保不住。明惠努力說服牠，請牠同時救助這兩條性命。鬼回答明惠，如此一來牠就沒有東西吃了。明惠承諾，如果鬼願意救助宗光之妻與嬰兒的性命，他將舉行「施餓鬼供養」【譯註14】的儀式。宗光之妻因而終於得救，夫婦兩人立願抄寫華嚴經章疏，並且出資製作善財善知識的曼陀羅。臨盆的時候，宗光之妻難產，雖然新生兒平安出生，母親卻陷入身冷氣絕的彌留狀態。這時候明惠在佛眼座前凝神誠心祝禱，宗光之妻終於慢慢甦醒過來。

在這樣的淵源之後，又加上宗光之妻成為傳達春日明神之神諭的媒介，兩者關係之深遠自不待言。前面也曾提到，宗光之妻為明神所附身的時候，以兩手攬抱明惠，貼近他的臉孔，無限憐愛，以至於淚流滿面，明惠則放聲號泣。當然，這是明惠對明神感情的表示，但其中應該也混雜著明惠與糸野夫人之間的個人情感吧。明惠也記錄了在場眾人舔舐糸野夫人全身所散發不可思議的「香醇甘蜜」。綜合這些現象，我們可以判斷對於明惠來說，宗光之妻所具有的意義，介於母性存在以及同齡的異性伴侶之間。

在夢中，明惠與糸野夫人手足交疊，一起渡過危險的境地，這或許顯示在相當的程度上，明惠已經成功地將女性的一面統合

譯註14　「餓鬼」指的是六道輪迴世界中，墮入餓鬼道的眾生。「施餓鬼」就是以布施食物的方式，供養這些亡靈的儀禮。

在自己的人格中。之後明惠脫光衣服沐浴；在大多數的場合，穿著是一個人面對社會時，用以示人的姿態，也就是榮格所說的人格面具（persona）【譯註15】。在這裡，我們可以說明惠擺脫了社會的規範、獲得了自由，回復了他赤裸裸的本真。當時的僧侶們與女性的關係，多在「建前」（tatemae，用以示人的門面）與「本音」（真正的心聲）之間進行曖昧的欺瞞。處在這樣的時代風氣中，明惠嚴守戒律，始終如一，然而卻沒有變為無情的木石，反而在他的內在之中，深深探索自我與女性本質的關聯。這在當時的日本人之中，是極端稀少的例子（說不定在現代也一樣罕見）。

明惠行為的報償（或可稱為結果），是吃到不可思議的桃子。這裡登場的「善友夫人」到底是什麼樣的人，我們無法得知；但是在夢裡，明惠應該是和這位女性一起洗澡了吧。明惠特地提到「兩枝」桃樹的枝，一來延續了經常出現在他夢裡「二」的主題；二來，桃子可以視為明惠與女性關係的「果實」，顯示他與女性之間存在著某種程度的糾葛。桃樹雖然原產於中國，但是自遠古時代即已傳入日本。《古事記》裡記載，伊邪那岐在黃泉之國逃避伊邪那美的追趕時，為了避難，曾經向後投擲桃樹的

譯註15 「persona」原文為拉丁文，是「人」或「人格、位格」的意思。在古典戲劇中，則指稱演員所戴的面具。榮格借用這個字來表示人外在的面容或姿態。舉例來說，有的人為了適應周遭環境，採取偽裝的姿態；相反地，有些人的人際關係因為沒有「面具」的潤滑，導致自己或周遭的人受苦。這些都是persona。男性的persona通常表現為男性氣概，如果這時候他面對自己的、內在的心象是女性特質的，稱為阿妮瑪（anima）；相反地，女性內在具男性特質的心象，則稱為阿尼姆斯（animus）。

果實。【譯註16】換句話說（在這個故事裡），相對於太母【譯註17】否定性的一面，桃子具有辟邪、除災的力量。另外，桃子經常令人聯想到女性的陰部，可以視為女性原理的象徵。明惠摘取桃子食用的意象，應該同時具有這兩方面的意義吧。夢裡面的桃子形狀奇特，這一點有什麼意義，並不容易理解；或許是表示這個特定的桃子具有非凡的性質吧。夢的結尾暗示，明惠希望將他自己得來的「果實」，【譯註18】與他身邊的人們分享。

綜觀上述幾點，可以說繼最初的「乳母之死的夢」之後，對於我們思考、了解明惠與女性關係的演變，「糸野夫人之夢」具有極為關鍵的重要地位。

二、共時性

觀察明惠的生平，不難察覺，終其一生，他的身邊始終纏繞著「超現實」的事件與現象。在夢裡看見事物的預兆、春日明神的降靈現象等等接二連三地發生，看到這些描述，我們忍不住要懷疑它們的真實性。當然，我們也可以認為這些事都發生在迷信漫生充斥的古代，不值得採信，不妨置之不理。但是，之後我們將繼續發現，明惠所具有的高度「理性」，連現代人都望塵莫

譯註16 伊邪那岐是日本神話中登場的男神，是「神世七代」的最後世代，與伊邪那美一起出生，其後成為夫妻。伊邪那美在生產火神的時候，因陰部燒傷而死亡，葬於比婆山。伊邪那岐思念妻子，到黃泉國尋找伊邪那美。伊邪那美告訴他絕對不可以看她的樣子，但伊邪那岐沒有遵守承諾，看到伊邪那美腐爛生蛆的容貌。伊邪那岐心生恐懼而逃跑，為了阻擋伊邪那美、八雷神以及黃泉醜女的追趕，他向後投擲桃樹的果實。

譯註17 日文中「太母」原意是祖母、老婆婆的意思；廣義來說，則象徵萬物之母、具有權威的女性。

譯註18 領悟所得來的智慧。

及。而且，仔細思考就不難明白，這些環繞在明惠四周類似「超現實」的現象，即使是現代世界，也所在多有。因此筆者認為，對於這些記載在《夢記》或是《傳記》等文獻中的事件，我們不妨先把它們當作事實來探討，才是比較妥當的作法。

　　榮格所提倡的「共時性」，是說明這些超現實現象最適切的概念。榮格認為，許多無法以因果關係來說明的所謂「偶然性一致」的現象，其實是以非因果的、共時性的方式互相關聯，具有深遠的意義。他主張我們應該以「因果性」與「共時性」並重，來做為說明事件、現象的原理。關於這一點，筆者曾經在其他文章中詳細討論，在此就不再贅述。【註3】且讓我們以這個角度，來觀看明惠的諸多體驗。

明惠與心電感應

　　我們已經知道明惠經常作預言性質的夢；《行狀》與《傳記》裡，更記載了許多他發生「心電感應」（telepathy）的現象。有一次在進行設壇祈願儀式的途中，明惠表示「有蟲子掉在洗手的水桶裡，趕快去把牠撈起來，讓牠逃生」。弟子們趕過去一看，果然有一隻蜜蜂掉在水桶裡，就要溺死，於是他們把牠救起來。又有一次明惠正在坐禪，突然呼喚隨侍的襄禮，告訴他：「屋後的竹林中，不知道什麼東西正在攻擊一隻小鳥，你去看一看。」襄禮者跑過去一看，發現一隻小鷹正在攻擊一隻麻雀，趕緊把小鷹驅離。

註3　　關於共時性，請參閱下列書籍：
　　　　榮格、包立（C. G. Jung, & Wolfgang Pauli），《自然現像と心の構造—非因果性的関連の原理—》（河合隼雄、村上陽一郎訳），海鳴社，1976。
　　　　河合隼雄，《宗教と科学の接点》，岩波書店，1986，第二章〈共時性について〉。

還有一次深夜裡，明惠坐在火爐旁，似乎已經熟睡，突然他衝口而出：「啊！可憐！說不定已經被吃掉了。趕快點燈，過去幫忙！」明惠身旁的僧人問他是什麼事，明惠說：「大澡堂的屋簷下，有一條蛇鑽進麻雀的巢。」一片漆黑之中，明惠是怎麼知道的？僧人一面覺得不可思議，一面依言過去看看，果然一切正如明惠所述，於是救了那些麻雀。

據說由於這一類的事件實在太多了，弟子們相信明惠即使在漆黑之中，也可以看到遠方的事物；自己如果在背地裡做什麼壞事，明惠也會立刻知道，因此大家都謹言慎行，不敢行惡。

真正的心電感應現象極端罕見，不過確實偶爾會發生，這種事和當事者的意識狀態有很大的關係。有一個經常被引述的著名案例，就是史威登堡（Emanuel Swedenborg, 1688-1772）事件。他在哥特堡（Göteborg）「看見」相隔遙遠的斯德哥爾摩（Stockholm）所發生的火災。史威登堡是個近乎超人、難以歸類的人，不只在科學、哲學、宗教上，都有實際的重大貢獻，而且是世界最有名的「靈媒」之一。他不但記錄自己的夢，還經常讓自己進入「死亡」的狀態，造訪靈界，並將他的經驗寫成巨著《靈界記聞》，流傳後世。如果將史威登堡和明惠做比較對照，一定會很有趣，可惜這超過本書的範圍。眾所周知，哲學家康德（Emanuel Kant）對史威登堡評價極高。榮格曾經詳細介紹康德對史威登堡心電感應事件的紀錄，[註4] 筆者將其摘要如下：

1759年九月，[譯註19] 某個星期六的下午四點，史威登堡從英

註4　　榮格，〈論屬靈現象〉（On Spiritualistic Phenomena, in *The Collected Works of C. G. Jung*, Vol. 18, Princeton University Press, 1976）。

譯註19　一說是七月十九日，星期六。

國抵達哥特堡（瑞典西部的一個城市）。在六點鐘左右外出後，他面色鐵青地回到友人的家，表示斯德哥爾摩在六點鐘發生可怕的火災，而且災情正逐漸蔓延。接著他坐立難安，不斷進進出出；到了八點鐘，他終於露出喜悅的神情，叫喊著：「火災撲滅了！就在離我家三棟房子前停住了！」這個事件立刻變成傳言，在哥特堡迅速散播開來。第二天早上，當地的政府官員詢問史威登堡事件的始末，他則從火災的開始到結束，詳細地描述整個過程。第三天，也就是星期一的晚上，信差抵達哥特堡，向官廳報告火災的情形，與先前史威登堡所言完全吻合一致。接著這個事件的報導之後，康德又追記了附註：康德為了驗證這件事的記述是否正確，還曾經向當時在現場的人求證。

比起來，史威登堡離我們的時代較近，他的事蹟也留下了客觀的報告。至於明惠，則只有弟子們撰寫的紀錄；這些紀錄的「客觀性」如何，是個值得思考的問題。不過，透過對明惠人生態度整體的理解，並且參考個人從事夢分析與心理治療的經驗，筆者認為這些有關明惠心電感應的眾多記述，應該都是可以相信的。

還有一件事實可以支持筆者的判斷，那就是明惠本身對於自己心電感應的體驗，並沒有給予正面的評價。如果明惠有意利用這一類的「奇蹟」來做為信仰的根據，或是當作自身偉大的證明，那麼他一定會誇大其詞，再小的事情也拿來渲染吹噓。但是，明惠不但沒有這麼做，他的態度根本是相反的。

因為明惠的身旁發生太多超乎日常、不可思議的事件（包括上述的心電感應現象），人們盛傳明惠或許是一位「權者」（佛、菩薩降臨在此世的化身）。弟子們告訴明惠這樣的傳言

時，明惠無限感嘆地說了這樣一段話（引自《傳記》的記載）：

> 此乃愚者之言。好定如高弁，行佛之教誨者，其力必
> 至於其身。今汝等以其為有，我則以為無，惟奉行佛法，
> 積年月之修，自然具足而不覺。此亦無他，惟欲水者汲
> 水，求火者近火之若也。

　　明惠認為這樣的事情，不過就像口渴的人汲水而飲，不值得
大驚小怪。不需要說誰是「權者」這種蠢話，這是人「自然」就
會的事。不過，他沒有忘記在這裡加上「好定、行佛之教誨」的
條件。雖然說那是人自然就會的事，但並不是什麼都不做，就能
得到這種能力；為了獲得這種能力，一個人必須喜歡禪定，並致
力修行。這裡所謂的禪定，和下一個章節將要談到的「意識的次
元」有關。透過親身的體驗，明惠應該很清楚其間的關聯。當明
惠到達某種意識的狀態，他的「心」的狀態，以及外界「物」的
世界之狀態，產生了不可思議的對應，也因此他可以「看見」遠
處或黑暗中的事物。

意識的次元

　　為了理解明惠的夢，以及其他共時性現象，我們必須對人類
意識的存在方式有些許的了解。

　　關於史威登堡的心電感應體驗，榮格在談論共時性的文章
中，做了以下的表示：「我們可以想像，意識界線之降低，使
他得以接近『絕對知識』。某種意義下，發生在斯德哥爾摩的火
災，同時也在他的內心中燃燒。對無意識的精神來說，空間與時

間是相對的。換句話說，在空間不再是空間、時間不再是時間的『時／空連續體』中，知識將發現它自己。如果我們一方面保存無意識的潛能，一方面引導它向意識的方向發展，就有可能知覺到平行發生的事象。」【註5】榮格所說的「絕對知識」，以此處的例子來說，斯德哥爾摩發生火災這個「知識」，是一件絕對的事；所有的人都有可能超越時空的限制而「知道」它。但是人類處在平常的意識狀態下時，只能知道自己在身處的位置所看到的事物。榮格認為，當「意識界線之降低」這種特別的情形產生時，我們即使不在某個事件發生的現場，也可以「知道」它。或者以榮格的話來說，「火災」同時在斯德哥爾摩與史威登堡的心中燃燒。

　　這個火災的故事，令人想起佛陀對弟子講述人類意識存在方式一段知名的軼事。【註6】佛陀與弟子們一起登山，望見對面發生了山林火災。這時佛陀說：「你們只知道山在燃燒，卻不知道燃燒的不只是山；你們那正在看著山燃燒的眼睛，也在燃燒。一切都在燃燒。看與被看者，聽與被聽者……」武內義範如此解釋佛陀的話語：「當『一切都在燃燒』，做為一切的一切，首次成為課題。世界與我以燃燒的方式存在，以主觀與客觀對立之前的、根源性的方式存在……主／客對立之分別，原本即由此無常相之主客一體感而生——我們在一體感的世界之上，進行倒錯的區分。換言之，無常感在理性的水面上照見自身；透過這顛倒的自覺方式，主客對立的世界於是誕生——我們應該了解這件事。」

註5　　榮格、包立，同本章註3。
註6　　武內義範，〈佛陀之悟〉，收於上山春平、梶山雄一編《佛教的思想》，中央公論社，1974。

　　佛陀在這裡所談論的意識，是主／客分離以前的東西；在這樣的意識裡，山在燃燒的同時，包括看著山燃燒的觀者，一切都在燃燒。這是「物」與「心」分離之前的意識。史威登堡在接近這種意識的意識狀態下，「看見」斯德哥爾摩的火災，榮格稱之為「意識界線的降低」。這究竟是怎麼一回事？

　　如果我們想像人類的意識有多種次元，或者說分為許多層面，那麼就不難理解。在我們現代人意識的表層中，主客是分離的，物質與精神被切割開來。以佛陀的角度來看，就是「在一體感的世界之上，進行倒錯的區分」。將這個區分推演到極致，將「自立」的意識從「他者」、「他物」切割分離出來，並且把「他者」、「他物」做為觀察的對象，帶來了西洋近代的科學。因此，西洋近代所確立的意識，其發展的方向與佛陀著眼之處，完全相反。這樣的意識經過不斷地淬鍊磨礪，銳不可擋，將種種的現象與物質切割、分類，構築了自然科學的體系。自然科學的成果是如此地強大，以至於現代人以為這樣的意識是唯一正確的意識，並認為以這樣的意識所掌握的現實，才是真正的現實，也是唯一的現實。

　　一旦這樣的近代意識成為人們唯一信賴的意識，前述明惠心電感應的經驗，或是夢的預言功能，若不是被視為「偶然」，就是被當作古時候的神怪「故事」，甚至被貼上迷信的標籤。然而，佛洛伊德在治療精神官能症的過程中，發現了無意識，進而主張無意識的重要性，開啟了世人對近代意識的反省。所謂「無意識」，照理說只是不同層次之「意識」的一種，但由於西方近代對「唯一的意識」之想法如此根深蒂固，因此被以這種方式命名。而且，雖然有關「無意識」的研究非常盛行，但大多數的研

究立場仍然偏重意識，並且將無意識視為「病理」或「異常」，給予負面的價值判斷。

榮格在他的研究中，注意到還有一種更為深層的無意識。相對於佛洛伊德的「個人無意識」，榮格稱自己的發現為「集體無意識」，有時候又稱它為「類靈（psychoid）領域」——超越「心」之次元的領域。東方人對於這種深層無意識（換句話說，深層意識），遠比西方人熟悉，比方在佛教的經典中，就有許多記述。東方文化也透過這樣的「意識」（深層無意識）來理解現實，因此較常注意到事件現象的共時性配置。西洋的自然科學對事件現象的因果關係持有強烈的關心；相對地，東方則較常注意非因果的共時性關聯，後者有時候被稱為魔術的因果律。榮格指出，在這樣的意識下，自然科學很難發展。

雖然西洋的自然科學發達，並不表示所有的西方人天生都是科學家，那是他們透過邏輯、理性的思考訓練，不斷淬鍊意識的結果。在東方也是一樣，之所以能夠進入像佛陀所說的深層意識，乃是透過禪定與冥想等等修行之訓練。東、西方的不同不是天生的，只是兩者的訓練方向正好相反。

我們不妨這樣比喻：西方近代意識不斷向高處構築，等到回過神來，已經遠遠離開地面，因此產生疏離與孤獨的問題，也導致自然環境的破壞。相反地，東方的意識不斷向深處沉潛，也有它的危險性，有時候潛得太深，回不到地面，忘記了地上的光亮，成為極度曖昧的東西。這個傾向一直延續到現代，日本有許多受過大學教育的人，其迷信的程度令人咋舌，就是一個例子。

不過，雖然筆者認為即使到了現代，日本人意識的存在方式仍然和西方人不同，但前面所說的，只是一個非常粗略的歸納。

在日常生活中，人類的意識對於自與他、物與心等，一定有某種程度的區別。西洋意識之確立，只不過是將這種區別鮮明化，以理性、邏輯做高度的整合。以這個觀點來看，我們可以說透過「意識界線之降低」，將使得無意識的活動增強。東方的思考模式經由訓練，可以達到更深層的意識；在這種狀態下，自與他、物與心的界線變得模糊，也容易認知到共時性的現象。

讓我們再回頭思考第一章所引述的，明惠的「禪觀之夢2」。明惠自己對這個夢的解釋，認為「馬乃意識也」，這一點很有趣。換作佛洛伊德，大概會說馬是無意識，而乘著馬的明惠是意識吧。但是，如果我們考慮到意識有多種不同的層次，那麼也可以說馬所代表的是某種層次的意識，而明惠乘於其上。讓我們回想明惠如何對弟子們說明心電感應的現象：「惟奉行佛法，積年月之修，自然具足而不覺」。他並不認為心電感應是什麼特別的事情。這裡或許也一樣，明惠只是「自然而不覺」地乘著馬，而馬則自然地向著熊野前行。二分法意識與非二分法意識的一致，意識與無意識之相符，正是東方精神文化的基本存在方式之一。

明惠的意識

以上述的考察為基礎，讓我們來看看明惠意識的存在方式。明惠很可能已經到達極為深層的意識，這一點應該沒有疑問。當他處於禪定的狀態時，甚至可以「看見」蜜蜂溺水，或是麻雀受到蛇的攻擊。如同榮格表示「斯德哥爾摩的火災，同時也在他（史威登堡）的內心中燃燒」，我們可以想見蜜蜂或麻雀等小動物所遭遇的死亡威脅，同時也在明惠心中發生。明惠的心在禪定狀態中是如何起作用，可以看出端倪。

　　明惠一方面有這種極為深層的意識體驗，但另一方面也具有強烈的日常意識；他的高度理性，在當時是非常罕有的，這是明惠了不起的地方。一般日常意識薄弱的人，就算沒有從事禪定之類的修行，在某些特定條件下（比方極度地身體疲勞），也可能發生深層意識體驗，在這種狀況下，當事人很容易執迷於非現實的體驗，呈現狂熱、甚至病態的傾向。其實禪修也是一樣，一不小心就會陷於執迷，即使在現代，這樣的例子也不在少數。

　　關於這一點，從《邪正問答鈔》一書的記載可以清楚看出，明惠有很透徹的了解。對於「修行佛法之人，入魔道者眾，是何故也？」這一類的問題，明惠的回答思路清晰，顯示他對現實的掌握非常確實。處在那個時代的日本，竟然能夠擁有如此高度的理性，令人印象深刻。

　　讓我們舉出《邪正問答鈔》中的一個例子。有人問：「坐禪之人亦生癲狂，乃坐禪之惡乎？」明惠答曰：「非坐禪之罪。執於世事而生癲狂者眾，何不遠世事？坐禪而生癲狂，乃執我見，起慢心，魔入其隙之故。或前世之業，鬼魅之惱；或急於悟道，酷其身心，致血脈狂亂者亦有之。此狂亂乃一時之物，時至必還於道心。然畏狂亂而遠坐禪之僧，必永墜地獄也。」

　　這段實事求是的話，即使原封不動地套用於現代，仍然具有說服力。精神醫學學者小田晉曾經表示：「這些話雖然出自他自身的體驗，以宗教心理學的觀點來看，卻幾乎是模範解答。十三世紀初能夠有這種睿智洞見的，除了明惠以外，沒有別人。」【註7】小田晉給予明惠很高的評價。這件事顯示，明惠一方

註7　　小田晉，同前註（第一章註1）。

面抵達超越常人的深層意識，同時在表層意識上，也具有遠遠凌駕於一般人的理性思考能力與態度。

有一個小插曲，可以看出明惠這種實事求是態度的根源。明惠曾在晚年的講課中，引用外祖父湯淺宗重的話：「切勿親近法師，要和他們保持距離。太重視他們，會讓他們變成傲慢的怪物，那就悲哀了。」（《光明真言句義釋聽集記》）明惠自己也是出家人，這樣的話從他口裡說出來，特別有趣。能夠這樣冷靜地觀察僧侶，他的外祖父顯然也是個了不起的人物。其實不只是對僧侶，為了能夠以客觀的態度觀察現實，保持適當的距離是非常重要的事。這段話不但讓我們看到明惠性格的來源，也顯示了明惠與外祖父之間緊密的情感聯繫。

對於明惠來說，常人視為「奇蹟」的那些事情，不過都是些自然現象，不應該大驚小怪。周圍的人議論紛紛，謠傳他是神佛再世，明惠卻嚴厲地斥責他們，這件事我們已經引述過。明惠不但認為種種共時性的現象只不過是修行的副產物而已，並且極力避免讓這些事件現象成為信仰的根據或催化劑。他特意毀棄有關春日明神降靈的紀錄，也是因為這個理由。明惠努力抑制周遭對超現實現象的騷動，《行狀》與《傳記》清楚地描繪出他這樣的態度。面對所謂宗教奇蹟而能夠保持如此清醒意識的人，不論在東方或西方，都極度罕見。

從明惠的言行隨處可見，他以統合、無所偏袒的態度來看待內在與外在、理性與非理性、父性與母性……等等人類眾多的二元性。晚年他甚至在遺誡中告訴弟子：「倘若在自家宗派（華嚴）中有不明難解之理，不妨向禪宗僧侶請益。」充分表現明惠不偏執的態度。唯獨在面對法然的時候，他的態度有劇烈的轉

變，這一點我們將在下個章節討論。

　　明惠雖然無意廣收門徒，想要追隨他的僧侶卻不斷增加，終於超過五十人。大弟子喜海對於這麼多人的互動感到不耐，決心獨自隱居修行，並且向明惠表明他的意志。這時明惠對喜海提出精彩的訓誡與忠告，不但具體表現出明惠冷靜凝視事物的兩面性，那種無所偏執的姿勢，更反映了明惠對弟子深厚的慈愛，令人感動。《傳記》對這個事件有詳細的記載，筆者摘要如下：

　　首先明惠表示，修行的方法至為根本，要如何嘗試尋找，他尊重喜海本人的自主性。接下來他說，修行有兩種方式：其一是追隨高德的賢者，遵守嚴格的紀律，不斷地努力；其二是於人跡罕至之處獨居，專心於修行。的確，當時明惠的身邊弟子眾多，許多紛紛擾擾成為修行的障礙，難免會使人認為獨居將不會受到干擾，有利於修行。但事實上，獨居讓人有「時間充裕」的錯覺，不知不覺中會變得怠惰。明惠自己隱居修行的志向強烈，也曾經身體力行，透過親身經驗說出這些話來，對喜海特別具有說服力。

　　接著，明惠引述釋迦牟尼講過的一個比喻：假設我們必須在一日之間抵達某個目的地，有一個人忍耐著辛苦，就算拄著枴杖，也是一步一步持續前進；另外一個人覺得實在太累，便躺在大石頭上稍作歇息。此時，天空中風吹著雲疾走，讓他產生錯覺，彷彿自己躺著的石頭也在飛行，使他欣喜異常，陷入了各式各樣的空想，以為說不定已經到達終點了。起身一看，才知道自己還在原處，一寸也沒有移動。這時候，那個步行者已經抵達目的地，自己卻還距離遙遠；就算有無限悔恨，想要重新開始也來不及了。明惠想說的是，誤把悠哉悠哉地躺在石頭上當作修行，這樣的錯覺後果非常嚴重。這個例子告訴我們，集中精神進入意象的世界

做為修行的核心，和只是任憑空想奔馳以滿足自己的願望，是截然不同的兩件事，兩者所需要的精神能量，也完全不能相比。

同時觀看事物的兩面，不偏袒任何一方，若不是心有餘裕，是做不到的，而幽默感就從心的餘裕中產生。明惠絕妙的幽默感，留下了許多有趣的故事，比方〈寫給一座島的信〉，就是個很好的例子。田中久夫對明惠使用的譬喻，進行了詳盡的研究。【註8】這些由弟子聽寫記下的講義，詳實地傳達了當場的氣氛，我們來看看其中的一個例子。

明惠為弟子講述「力用」（佛陀智慧之神妙作用）時，引用了一個故事：一位名叫法龍法印的僧侶逮到一隻小狐狸，抓著牠的頭回家。不料在途中他受到小狐狸的蠱惑，以至於完全迷了路。接著明惠告訴弟子，吾人之所以能夠開啟根本的智慧，乃是因為佛陀的顯靈附身，就如同狐狸的蠱惑一般。這段紀錄在明惠的話語「此亦佛之蠱惑也」之後，還有兩行小小的字：「開示此義之後，和尚微笑。」明惠的微笑，想必使精神緊繃的聽眾，鬆了一口氣吧；我們也彷彿能夠感受到現場溫暖的氣氛。

明惠皈依佛道的姿態，說是嚴苛激烈也不為過。然而他並不是那種冥頑固執的信徒，他的內心有充裕的空間，以柔軟的態度面對佛教。從這一點來說，他擁有真正強韌的意識。

三、「如其應然」

明惠與弟子們一同住在高山寺的時候，在一片木板上寫下了

註8　田中久夫，〈明惠上人講義中的譬喻〉，收錄於明惠上人與高山寺編輯委員會所編《明惠上人與高山寺》，1981，同朋舍。

生活上必須遵守的規律（清規）。這塊櫸木做的掛板，現今仍保存在高山寺，開頭寫著「阿留邊幾夜宇和」^{【譯註20】}幾個字，這句話可以說是對明惠的人生態度最簡潔、根本的寫照。他雖然屬於華嚴宗，卻不固執於宗派之見，隨時保持柔軟的姿態；明惠選擇這樣一句話來做為律己的座右銘，再恰當也不過。然而，這句話真正的意思是什麼？讓我們透過明惠的言行，來理解它的意義。

這個掛板至今仍然掛在高山寺。建永元年（1206），明惠三十四歲的時候，後鳥羽院賜給他一片土地，就是後來高山寺所在之地，明惠的下半生幾乎都住在這裡。原本四處漂泊的明惠，在接受後鳥羽院的賞賜之後，也意識到自己的生存方式必然會產生改變吧。

高山寺

明惠遷居到高山寺，想必經過相當的決心。對於不喜歡收門徒、迴避世間交際、一意專心求道的明惠來說，居住在後鳥羽院賞賜的土地上，意味著他認可自己與權貴間有某種程度的交往，這需要劇烈的態度轉變。讓我們記著這一點，來看看《夢記》裡所記載建永元年的夢。明惠接受高山寺的土地，就在這一年的十一月；或許因為反映他內在、外在的變化，這一年留下了許多夢的紀錄。首先我們來看看五月的兩個夢：

一、同廿九日之夜，夢中見一童子。遍身實

譯註20　「阿留邊幾夜宇和」這幾個字並不具有原來漢字的意義，而是以漢字來表示「あるべきやうわ」的語音。這句話以英文來說，是「as it should be」的意思。

鬘【譯註21】瓔珞，滿面歡喜，與我親近。又見童子十餘
人，盡皆可愛，與我親近云云。

　　一、同卅日之夢。一女子以鉢盛白粥，和以白芥子，
以箸取之，餵食成弁。前此參詣幽野，在田之諸人，靜待
成弁云云。

　在這些夢裡，明惠受到兒童與女性的喜愛與親近。明惠經
常夢見兒童，其中大多寓意深遠。在三十日，明惠夢見一名女子
餵他吃白粥，讓人想起印度僧餵他服食薊草汁的另一個夢；餵食
者從印度僧變為女子，這一點特別值得注意。雖然夢中的女子很
接近母性的形象，但這個夢仍然暗示明惠將從世俗的世界得到某
些收穫。這兩個夢顯示，過去明惠一昧地努力追求與印度——也
就是釋迦——的直接連結，從今而後，他將從與日本民眾的交往
中，找到生存的意義。
　讓我們繼續觀察《夢記》裡建永元年的夢。以下是幾個六月
的夢：

　　一、同六日之夢。石崎入道家前有大海，海中有大
魚。或曰：「是鰐也。」生一角，長丈許。貫其頭而繫
之。思，此魚死期將近云云。

　這個夢的旨趣頗為特別。據推測，石崎入道應該是湯淺家族

譯註21　鬘為一種以線貫穿成的花環，用來裝飾頭部或身體。

的一員，夢中的海應該是紀州的海吧。明惠看到稱為「鰐」的大魚，心想牠「死期將近」。大魚的死，預示著明惠的內在將發生相當巨大的變化。透過這個夢，明惠應該預感到自己的某種轉換期即將到來吧。以下是緊接著的四個夢：

　　一、同月八日之夢。緣智房來告曰：「吾等當輪番守護。今汝之番也。莫使僧都【譯註22】知曉。」云云。

　　一、又，訪真惠僧都。設宴同饗成弁與義林房云云。

　　一、又，上人御房授成弁以奇異靈藥，曰：「為餽御房故，拒求者而祕藏之。」其為仙藥之類也，即食之。思，或為長壽之藥。咀嚼中，覺。

　　（於此期間常祈禱佛法之興隆）

　　一、同十日之夢。貌似法性寺住持之子者，賜我十六舍利。

　　四個夢裡面，有三個具有共同的動機，也就是明惠獲得他人的餽贈：接受款宴、得到靈藥、獲賜舍利子等。從事夢的分析，遇到這種情況的時候，首先要將共通之處指認出來，再以之進行聯想與思考。明惠應該先是預感到某種轉換期的到來，然後感覺

譯註22　「僧都」乃是統領僧尼、統轄法務之僧官（又稱僧綱）的一種，其階級次於僧正，高於法頭、律師、佐官等職。

自己將得到某些貴重的東西吧。緊接著這幾個夢之後，還有三個夢，我們稍後再討論。先來看看六月十六日的夢：

> 一、同十六日之夢。成弁持飴二桶。語人曰：「前有自性之飴一桶，失之。今有相應等起之飴二桶，猶在。」云云。
>
> 此間我心因俗世不如己意而散亂，未成之事有之，然必有相應等起妙果之相也云云。（「飴二桶之夢」）

在這個夢裡，明惠拿著兩桶糖，不知道對什麼人說：「過去我有一桶自性（本來所有）的糖，已經不見了；但如今我得到兩桶相應等起（對應事物而出現）的糖。」接下來的那一段話，是明惠自己的解釋。因為世間的事物與自己的心性不合，導致內心煩憂散亂，許多事不能如預期進行；但是相應於世事，必將產生變化，自己的志向也必得成就吧。這樣的一個夢。為了有所得，必先捨棄某些東西；有所喪失，其實是得到其他事物的前提——這是經常出現在夢裡的重要主題之一，明惠一定也是這樣認知的。

失去本來所有的一桶，卻因為相應等起而得到兩桶，這件事意味深長。「兩桶」在這裡有多重意義：第一是得到的比失去的多；第二，要不要接受新的收穫，心裡猶疑不決，有許多糾葛。也可能兩者都有吧。伴隨著獲得而來的喪失，經常隱匿在無意識裡，這種情況超乎想像地多。有時候我們得到新的事物，明明應該高興，卻反而在內心不起眼的幽暗角落，感到一股莫名的鬱悶，就是這個原因。不少人在職位升遷或新居落成時得到憂鬱

症，甚至自殺，就是因為心的這種機制所造成的。當我們有所收穫，應該同時並確實地體驗它帶來的喜悅，也體驗它背後的喪失所帶來的悲傷，這樣或許才能夠保持內心的平衡。

明惠的情況可以說是相反的。首先，他失去了某些本有之物，卻得到足以替代（甚至更好）的東西。「喪失」只是「獲得」之前的一種布局。從明惠自己寫下的解釋看來，他對「夢」的認識非常深入。從「鱷之死的夢」之後短短數日之間，明惠作了一連串的夢，這些夢可以看作是為了接受後鳥羽院所賜與的土地，所做的一種心理準備。同年的十一月，明惠就正式移居到高山寺了。或許作這些夢的時候，他和皇室之間正進行著一些如今我們無從得知的協商與交涉。對於一心只想獨居求道的明惠來說，後鳥羽院捎來的旨意，以及周遭眾人的建議，說不定造成他的困擾與壓力，才會說出「此間我心因俗世不如己意而散亂」這樣的話來。當然，這充其量只是我們的推測而已。

對明惠來說，接受皇室的賜予，將徹底改變他的生存方式，這需要重大的覺悟。二十三歲的時候，他表示厭惡「法師之臭」而從神護寺出走；經過大約十年，他卻接受皇室的賜與，搬到神護寺的別院居住。對於這一切的事象，他一定感到所謂的「相應等起」吧。即使住到高山寺，也不會與自己求道的態勢相矛盾——明惠應該是有著如此的自信，才接受了皇室的提議。這一連串的夢，可以說反映了他內心的波動。

「賜我生！」

讓我們來看看在「飴二桶之夢」的前三天，明惠所作的夢。這也是一個對明惠來說極為重要的夢。從主題的關聯，可以看作

是「糸野夫人之夢」的延續。

> 一、同十三日起始，唱頌寶樓閣小呪【譯註23】十萬
> 次。同十四日，日中行法之時，如入幻夢，見一殊勝屋
> 宇。掀其簾，見十五、六歲許之美女，身著白衣，凝視成
> 弁云云。（「十五、六歲美女之夢」）

　　嚴格說來，這一段文字敘述的並不是夢，而是在修行佛法時所看到的幻象。明惠掀開一棟漂亮房子的門簾，發現一位年約十五、十六歲的美女，身穿白色衣服，正望著他。明惠還特地以「美女」二字形容該女性，頗耐人尋味。這個夢和之前所引述的「文殊現形之夢」，同樣令人印象深刻。從「乳母之死的夢」以來，明惠夢裡的女性形象一點一點地產生變化，逐漸脫離母性。這個夢裡的「美女」，顯然已經不再具有母性的形象，而是以男女兩性之一的姿態出現。自從決意進入高山寺的那一刻起，明惠應該已經領悟到，與一般社會的往來以及教化弟子，將耗去他大量的精力。透過明惠自己對夢的解釋，他應該已經有了相當的自覺。然而在這裡，夢又預告了另一個課題：今後明惠將如何處理與「美女」的關係？

　　明惠在《夢記》中親筆寫下這樣一段話：「建永元年十一月，院賜神護寺內栂尾之別院，名之曰十無盡院。」雖然明惠偶爾會在《夢記》裡記載現實中發生的事，但為數甚少，這是其中之一，顯然這件事對明惠非常重要。或許因為這段期間對明惠來

譯註23　「寶樓閣」原意是裝飾著寶物的高殿，是極樂淨土的建築物。這裡則是「廣大寶樓閣善住祕密陀羅尼經」的簡稱。小呪是唱頌用的較為簡短的版本。

說，不管內在、外在，都是多事的時期，所以從十一月到十二月夢的紀錄特別多。接下來，我們來看看十二月四日的夢。之前我們看到的「美女」主題，很快就有了延續。

> 一、同四日之夢。成弁參見法性寺殿下。殿下語成弁曰：「阿闍梨[譯註24]御房，請坐於此。」甚為恭敬。成弁應之，坐於蒲團。又，入道殿、女院、法印之御房俱在。眾人曰：「請申法門之義。」故申之。法印御房命成弁簡行供佛之法，成弁佇立於側。又，殿下之女與成弁甚親密，橫臥成弁懷中，共乘車而去。乘車者唯成弁與公主二人也。又有五節之櫥，食物雜然陳列，亦有油炸之物。成弁取而給之，公主曰：「當注水於上，以呈御房。」云云。（「公主之夢」）

奧田勳與久保田淳都認為，出現在這個夢裡的「入道殿」，應該是九条兼實。對於「女院」、「法印之御房」的身分，他們則有不同的意見。至於「殿下之女」，奧田認為兼實的女兒之中，沒有符合描述的人；久保田則推測，這應該是後京極良經的女兒「立子」。如果久保田的看法正確，立子當時正好是十五歲，或許和出現在前一個夢的「十五、六歲許之美女」是同一個人。不過，這位公主究竟是誰，並不重要；我們應該注意的是她和明惠非常親密，「橫臥其懷中，共乘車而去」，而且最後坐在車子裡的只有他們兩人。明神降靈的時候，宗光之妻也曾抱著明

譯註24　阿闍梨是天台、真言宗的一種僧職，引申為有德高僧的尊稱。

惠，但當時兩人的心境，應該近似於母子的關係。這一次則是明惠懷抱女性，可以想見發生作用的，是男女關係的心性（雖然他們的年齡差距頗為懸殊）。兩人乘著車子，將到達何處？面前擺放著各式各樣的美食，公主說：「當注水於上，以呈御房。」夢的這一部分難以理解，但或許可以看作兩人的關係，「有水注於其間」。【譯註25】想要在夢裡順利體驗男性與女性的結合，極為困難，需要經過漫長的過程。

出現在男性夢裡的女性像，有各種象徵意義，關於這一點，我們會在下一章稍作討論。因為男性與女性的「結合」能夠產生新的生命，所以女性像經常代表某種結合的機能。明惠進入高山寺之後，不得不開始和上流社會的人們「交往」；【譯註26】夢裡面的「公主」或許就是提醒明惠今後必須具備的技能。

緊接著，十二月還有兩個短小的夢：

一、十二月七日之夢。六、七人，往某處同行。既抵，道分兩段，通往某屋宇，其上糞穢滿布。同行者以箸浸於其中。

一、同十二月中旬之夢。蜈蚣入懷中。又，纏繞一卷書，入於檐下。其處有細枝蔓生，塗以糟滓、如□□滿布云云。（以下略）

譯註25　在日語中，做為隱喻，「注水」、「澆水」有阻撓、破壞的意思；特別經常用來描述人際關係難以發展，或是產生嫌隙。

譯註26　原文作「交わる」。日文的「交わる」有兩個意思，一是交際、交往，另外也指男女的性交。這是雙關語的遊戲。

　　第一個夢「糞穢滿布」，第二個夢則有「蜈蚣入懷中」。或許因為進入高山寺，使得明惠經驗到相當程度的「汙穢」，而且這些經驗是必要的。和「美女」的往來變得頻繁而深入，也使他不得不面對過去沒有的考驗。人如果追求真正宗教性的生命，就不能只接受乾淨美好的事物；生命醜惡的一面，也必須勇敢面對。除了一般見解中具有宗教性的「文殊現形之夢」，明惠同樣詳實地記錄這些瑣碎汙穢的夢，讓人切實地感覺到他深刻的宗教性。

　　移居高山寺的翌年，明惠作了一個很有趣的夢。這個夢出自京都國立博物館所收藏的《夢記》原稿：

　　　　建永二年五月廿九日，入京，宿於樋口，其夜之夢。成弁於大堂修行佛法，禮拜十二佛之三尊，【譯註27】天帝釋居其中，座於白象。思，三座皆備，故入道場行法。帝釋作女形，離御絹衣，逃行於堂中，不受供法，隱身屏風，凝視成弁。未幾又於堂中奔行，出堂外。呼聲，僧眾七、八人應聲現身。帝釋語僧七、八人，承仕【譯註28】亦在內，曰：「當攜此僧（指明惠）同行，踐其身，棄於山谷。」眾人將成弁於堂前高台推下，其中一僧人曰：「（此僧）本命短，毆打後棄於谷中即可，毋需殺害。」承仕法師受命，執成弁之手出，餘二、三人隨行。成弁思，必為此使所殺，故曰：「唯今回，請賜我生。日後必

譯註27　佛像的座位安排。本尊坐於中央，左右有二菩薩（稱為脅士，或脅侍）隨侍，稱為三尊，又稱三尊佛。
譯註28　寺廟中負責清掃等日常雜役之人。

197

堂堂受死。」眾人聞言，盡皆歡喜。一老僧淚流滿面。成
弁又云：「我心甚悅！」（餘僧抑從抑或不從乎，未能
見）。眾人如斯唱和。成弁又云：「成弁至此……」（其
後佚失）（「祈賜我生之夢」）

這個夢最令人印象深刻之處，在於明惠清楚明白地乞求生
命，眾人聽到之後，都感到欣喜。曾經那麼渴求死亡的明惠，作
了「被狼吞食之夢」之後，還曾說「此夢乃覺醒之時，我心所願
之試行是也」，如今他竟然毫無掩飾地說出「唯今回，請賜我
生」這樣的話來。在夢中，帝釋天化身為女人，不願接受明惠行
法禮拜，這一點雖然有趣，但難以理解。明惠進入高山寺之後，
不得不重視與他人的關係；說不定這個夢和其他出現女性的夢，
有一貫的旨趣。

無論如何，明惠拒絕死亡，眾人因而歡喜，象徵著他已經下
定決心，要在高山寺生活下去。「成弁至此……」應該是他開陳
自己想法，可惜以下已經欠缺佚失了，想必其有重要的意義。總
之，這一年皇室任命明惠擔任東大寺尊勝院的學頭，賦予他興盛
華嚴宗的任務，前來聽明惠講道的聽眾也逐漸增加。對於這樣的
變化，塚本善隆描述得非常貼切：【註9】

　　喜歡在閑靜的地方獨居修行的明惠，如今自覺到復興
華嚴宗的使命，開始了教化他人的工作。一方面，他得以
與人分享長年修學的成果，以及親自確立的信念；另一方

註9　塚本善隆，〈鎌倉新佛教的創始者與其批判者〉，收錄於塚本善隆編《日本的名著5，
法然‧明惠》，1971。

面，成為服務社會、服務人類的宗教人，對於孤獨性格強烈的明惠來說，未嘗不是一種試煉。

我欲語者，唯有一言

我們已經說過，掛在高山寺那銘記了清規的木板上，一開頭就寫著「阿留邊幾夜宇和」幾個字。關於這句話，明惠親自作了如下的說明，記載在《傳記》裡：

> 我欲語者，唯有一言。我不談來生之救贖，只論今世應有之樣貌。聖教經典所云，無非行所當行，是所當是。聖教中無不論此生，只談來世之經典。佛亦云：破戒者，見我又有何益？是故，汝等應護持此「阿留邊幾夜宇和」七字。持此七字，即為善。人之行惡，皆出於惡意，非出於過失也。行惡事者無行善之意，故違事所當然。若將此七字謹記在心，必不生邪惡之事。

明惠在這裡明白地表示，重要的「並非救助來生，而是還此世應有之樣貌」。筆者認為，這段話是對當時急速取得影響力的法然之思想，所提出的反論。接著明惠斷言，沒有任何經典主張「現世怎麼樣都沒關係，只要來生得救就好了」。

明惠倡言的「如其應然」，乍看之下容易明白，事實上卻不是那麼簡單。為了理解，讓我們引述《傳記》裡的一個小故事，看看明惠自己如何運用這句話。有一次，有人送給明惠一桶糖。我們已經介紹過有關糖桶的夢，明惠似乎很喜歡吃糖。隔天，明

惠叫人把糖桶拿過來。送糖的人為了讓糖桶的外觀好看，把原本捲在桶子上、當作桶子封蓋的藤蔓樹皮剝掉，才送過來。明惠看到以後說：「糖桶捲著藤蔓的皮，才是糖桶應有的樣貌；如今你違反了它所當然。」說完後竟留下淚來。對明惠來說，不管何種事物，都有適合其存在的方式，而他尊重所有事物應有的樣貌。

　　遇到這樣的事例，大多數的日本人會立刻聯想到「あるがまま」（事物既有的樣貌），明惠卻刻意在「ある」之後接上「べき」、「べし」，將「既有」、「既然」變成「應有」、「應然」，這一點有重大的意義。高山寺清規「阿留邊幾夜宇和」之後，還詳細地寫著各種注意事項：「不可將念珠、手套等物置放在聖教經典之上」、「不可用口舔舐毛筆」等等。《卻廢忘記》也記載著：「持燈籠的手會沾染油汗，不可直接觸摸經文」、「小便的時候尿液容易飛濺，最好把衣服脫掉」等等，全部都與實際日常生活細節有關。事實上，這種每天與「物」的應對，直接關聯到「心」的存在樣態。「如其應然」的生存方式，就在於毫不馬虎、踏實地面對這些細節。

　　雖然對明惠來說，謹守戒律是極度重要的事，但他並不是墨守成規的教條主義者。明惠在《卻廢忘記》裡明言：「只要忠實地依內心之實法舉動，自然會合乎戒律。」換句話說，他認為只要誠實面對自己的心，我們的行為自然就是戒法的實現。他主張，我們應該因事、因時，親自思考自己應該採取的生存態度，並且追隨自己的決定。雖然說二百五十戒是我們賴以生存的行為準則，但它應該是提供我們思考的大綱，而不是僵化的規定。

　　明惠所說的，並不是「あるべきやうに」（符合應有的樣貌），而是「あるべきやうは」（應有的樣貌是什麼？），這一

點文字的差異很重要。他並不是要我們「符合應有的樣貌」（遵守既有的規定）生存，而是要我們因時、因事，不斷地問自己：「此時此地，事物應有的樣貌是什麼？」再實踐自己的解答。筆者認為如此以人為主體、承認人的自由選擇，是非常務實的生命態度。如果我們過度拘泥於形式上的戒律，即使有守戒的意願，也會忘記戒律的本質。然而，如果我們只重視本質，把戒律當作次要的東西，就很容易在不知不覺中墮落。徹底認識這樣的弔詭矛盾，隨時嚴格地質問自己：「事物應有的樣貌是什麼？」才是明惠贊同的生命態度吧。

如果我們以這個方式解讀「あるべきやうは」，就不難明白明惠為什麼常說「我之將死，正如明天接著今日，何須贅言」（《行狀》）這樣激烈的言論，也可以理解「我不談來生之救贖，只論今世應有之樣貌」的意義。與其空想來生之事，明惠更重視的是此時此地的務實生命態度。話雖如此，我們卻不能因此就斷言明惠不相信來世的存在。對於身為人類的我們來說，探問當下「應有的樣貌」，不但會帶領我們思索過去與未來，更將引導我們的思考發展到前世與來生。

摧邪輪

明惠曾經說道：「顯密不應有所差別」（《卻廢忘記》），顯示他對其他宗派抱持著極為寬容柔軟的態度，唯有一個例外：他曾經猛烈地攻擊法然的著作《選擇集》。明惠在建曆二年（1212）寫下了《摧邪輪》一書，尚覺意猶未盡，於翌年又寫下了《摧邪輪莊嚴記》，對《選擇集》進行嚴厲的批判。關於這件事，明惠自己說道：「我之天性，難耐乖言僻事。制作摧邪輪，

亦此心之申也。」（《卻廢忘記》）明惠單純只是因為厭惡扭曲的言論，就寫下這樣的兩本書；對照起來不難發現，明惠所說的「顯密不應有所差別」，絕非隨隨便便地妥協。

不過，對於其他宗派極度包容的明惠，唯獨對《選擇集》的反對如此激烈，可見法然—親鸞所創立的宗派，【譯註29】具有何等的劃時代影響。上山春平認為親鸞在日本佛教史上的地位，足以與印度的世親（Vasubandhu）及【譯註30】中國的臨濟【譯註31】相提並論。上山這樣說：「經由中國傳到日本的佛教，披覆了當地的相貌，並且隨著時間逐漸深化，終於到了親鸞。親鸞以日本佛教貼近新時代、新風土的外型為基礎，再現了佛教本來的面貌。」【註10】相對地，明惠自始至終，以還原釋尊所傳的佛教為理想；兩者之間激烈的對立，也是當然的。

明惠對法然的批判，以下述兩點過失為中心：

一、捨棄菩提心；【譯註32】
二、以群賊來比喻聖道門。【譯註33】

《摧邪輪莊嚴記》裡，包含上述兩點，一共指陳了法然的

譯註29　親鸞為法然的弟子。一般尊法然為淨土宗的祖師，親鸞則為淨土真宗的開創者。
譯註30　Vasubandhu是古代印度的佛僧，中譯為「世親」，又譯「天親」，亦有音譯為「婆藪般豆」、「婆藪般頭」。據推測，他在西元300至400年間出生於今日的巴基斯坦。先入「說一切有部」，爾後轉入「瑜伽行唯識學派」，修行唯識思想，並將之體系化。淨土真宗信徒尊他為七高僧之第二祖。
譯註31　臨濟是唐朝的禪僧，西元九世紀出生於曹州南華縣（今山東省）。為臨濟宗的開山祖師。
註10　上山春平、梶山雄一編《佛教的思想》，中央公論社，1974。
譯註32　菩提心是指強烈求悟與智慧（菩提）的心。
譯註33　主張透過自立修行，在現世修得證果的教義，稱為聖道門。相對的概念為淨土門，主張往生阿彌陀佛淨土，以修得佛果。

十六項過失。不過，對明惠來說，最不可原諒的應該是上述兩點吧。關於明惠與念佛宗思想上的對立，筆者將在下一章的末尾，於對照比較明惠與親鸞時進行討論。現在讓我們先來看看與明惠寫作《摧邪輪》有關的夢。

根據《行狀》記載，明惠在執筆《摧邪輪》的時期，看見了各式各樣的靈夢靈相，但是他表示自己「僅為尋正道、定正理，無暇論及此類經驗」，因而沒有在《摧邪輪》中提及這些靈夢靈相。雖然明惠自身有各種超自然的體驗，但是卻堅持以邏輯、理性的態度來面對論爭，不願意把這些經驗當作手段，拿來為自己正當化。對於這一點，明惠的態度非常明確。宗教家以圍繞著自己所發生的奇蹟，來支持自己的論點，是很自然的事；但當時的明惠卻沒有這樣做，我們不得不說，他的態度非常了不起。做為自己主觀體驗的旁證，明惠非常重視這些超自然經驗；但是與人論爭的時候，他理性的態度從來沒有瓦解。

《行狀》裡記載了這個時期的一個夢。明惠正在撰寫《摧邪輪》的時候，出現了一個人，在他臉上寫下「觀音」二字；之後又來了另一個人，寫下「善導」。同時，金色的光芒從西方照射過來。《行狀》只是把這個夢當作支持明惠寫作《摧邪輪》的靈夢之一，而將其記錄下來，沒有做任何解釋，但仔細想想，其實這是一個不可思議的夢。「善導」是中國的和尚，是發揚中國淨土宗的一代宗師，法然的淨土宗受到他很大的影響。光線從西方照射過來，象徵西方淨土，這也是以淨土宗的思想為基礎。果真如此，那麼這個夢該怎麼解釋才好？為了思考這一點，接下來我們來看看明惠有關法然的夢：

一、有屋一幢，覆以檜皮。有僧一人，身形甚高，著白衣斗笠。思，乃法然房，我等佛事之導師也，其為聽聞而來。入我等房中，饗宴二、三日。有關翌日之佛事，遣使者曰：「日來行佛事之時，皆勾勾行之。今夜我來見汝。佛事應行於明日將盡之時，之前諸事應急急而行。」云云。（「法然之夢」）

一、南都修學者筑前房等，來此侍從房。我示之以破邪真章，上師亦御覽之。思，前夜申必覽之由，故依我言而御覽之。上師御前之人，見此書隨喜而泣。上師曰：「此乃無可言喻，貴重之書也。」云云。

《夢記》中，這兩個夢記錄在建永元年（1206）一連串的夢之後，日期標示為十一月。但是在這兩個夢之前的紀錄，已經進行到十二月二十八日了。正如奧田表示，《夢記》的「記事順序多有錯亂，難以斷言」。確實如此，則我們很難斷定這兩個夢發生的時間。不過，如果真的像久保田推斷，第二個夢裡出現的〈破邪真章〉就是《摧邪輪》，那麼這兩個夢就必定是明惠撰寫《摧邪輪》以後，也就是建曆二年（1212）之後的夢。

為什麼我們要這麼執著於年代的問題？因為這些夢究竟發生在執筆《摧邪輪》之前或之後，將會影響我們看待它們的觀點。明惠在《摧邪輪》的開頭寫道，自己長年以來對法然抱持深深的敬仰與信任，至今未曾有一句誹謗的話語。但如今讀了《選擇集》之後，知道這本書玷汙了念佛真正的宗旨，心中甚至產生了怨恨。如果這些夢作於建永元年，那時明惠還未讀過《選擇

集》，仍然對法然心懷尊敬，那麼，在夢中奉法然為佛事之導師，也就沒有什麼值得驚訝的。

筆者個人認為，第二個夢裡的〈破邪真章〉，應該就是《摧邪輪》；第一個夢應該也是《摧邪輪》動筆之後的事。如此一來，就變成明惠雖然在意識的層面嚴厲抨擊法然，無意識裡卻仍對法然有正面的評價，那麼在《行狀》記述的夢裡，明惠的臉被寫上「觀音」與「善導」、光線從西方照射過來等等，也就可以看作明惠對淨土宗的高度評價，引人深思。或許有人會說，明惠所反對的是法然在《選擇集》裡的言論，並不是淨土宗與念佛本身，所以這個夢並沒有什麼難以想像的地方。但是如果我們回想到，明惠信仰的根基來自華嚴宗，那麼這個夢呈現的意象，就特別值得注意。

明惠在夢中對法然的肯定，顯示了他內在的動態。可惜的是，我們無法確定這兩個夢的年代，所以不能驟下斷論。

另外，這個夢裡的一個句子，一般讀作「我等佛事之導師也」，表示法然是明惠行佛事時的導師。但是如果看原文的手稿就知道，這一句也可以讀作「我，佛事之導師也」，那意思就不同了；句意變成明惠擔任佛事導師的時候，法然為聽聞其說道而來。我認為這樣的解讀也很合理。不過，對於內容的這兩種解釋，都可以看出明惠與法然之間友好的關係，其實並不會造成重大的差異。總之還是讓讀者知道，有這些不同的看法。

【第六章】明惠與女性

　　一個人生下來不是男性，就是女性；除了極少數的特殊例子之外，終其一生，人的性別是不會改變的。性別的影響，深植於人類存在的最根本之處，對於人類社會與文化的形成，具有難以衡量的巨大作用。在某些社會中，男性的地位優於女性；在另外一些社會則相反。某些社會文化對於「男」「女」的形象有固定的看法，並且會將這些形象強加在其成員身上。

　　最近在先進國家之間，有一波新的女性主義風潮興起。論及兩性，再多書都難以窮盡。但是在進入明惠與女性的主題之前，筆者必須以概略的方式稍微討論性別的問題。不可否認，不論在基督教或佛教的傳統中，女性的地位都比男性低。雖然這兩個宗教傳統對於這一點，都有某種補償的機制，但至少在表面上，確實是以男性為優先。在男性傾向強烈的歐洲文化中，榮格很早就指出女性的重要性，重視女性的價值，因此榮格學派有關女性的研究非常盛行。本章將參考這些學者的思考進行論述。

　　先前也提過，在日本，違犯女戒的佛僧佔大多數，因此，終其一生堅守戒律的明惠，算是極為稀有的例子。但這並不表示明惠討厭女性，或是對女性沒有興趣。閱讀《傳記》等書就知道，明惠的一生多彩多姿，充滿各式各樣的女性。我們難免要問，明惠究竟如何看待女性？對女性有什麼想法？想要從本質上了解一個男人的人生態度，就要去觀察他如何處理與女性的關係。本章將從這個觀點，以明惠的夢為中心，探究他與女性的關係。首

先，讓我們來看看佛教與女性。

一、佛教與女性

根據《傳記》記載，明惠的母親在知道自己懷孕以後，向上蒼禱告：「女人無智，必失人身。願大慈大悲，賜我一子，以助我後世。」因為自己是女人，來世不會再生而為人，所以想要一個可以救助自己後世的兒子，當時信奉佛教的女性，如何看待自己「身為女人」一事，可見一斑。

原本佛教就有女性難以得救的想法。描述女性成佛有多麼困難的言論，在佛經中隨處可見。佛教創立初期，出家人一律是男性。不過有趣的是，佛教剛傳到日本的時候，最早出家的卻是女性。根據《日本書紀》記載，司馬達等的女兒司馬嶋，出家後法名善信尼，兩個女兒在她的教導之下繼承她的衣鉢，也出家為尼。從這一點來看，日本佛教中的女性問題，一開始就向著不同的方向發展（和佛教的根源地印度比起來）。

在思考佛教與女性的問題之前，我將參考榮格學派的想法，約略地談論女性的重要性。

女性的重要性

我們在第三章討論「九相詩繪」時曾經談過，隨著我們把畫中的女性看作母親的形象，或者看作是與男性相對的女性形象，它的意義將會有所不同。當然，女性的原型不是只有這樣粗略的分類。如果能夠考慮女性原型的多樣性，將有助於我們探討現代

女性的生存方式。【註1】但是在這裡我們將割捨其他觀點，僅就上述的兩個主軸，來思考佛教與女性以及明惠與女性的意義。

　　榮格認為，不論男女，男性原型以及女性原型，同時平等地存在於我們的無意識裡。這些原型在意識層面如何存在，將改變我們的人格類型。比方說，一般男性以男性原型為基礎來塑造自我，女性原型則停留在他的無意識裡。另外，某一個時期、某一個團體中，由哪一種原型取得優勢，其文化也將隨之產生差異。歐洲的男性原型相當強勢，不管男性或女性，現代的自我都受到男性原型強烈的作用；相反地，日本的女性原型比較有力，日本人不論男女，在形成自我的過程中，主要受到女性原型的影響。埃利希·諾伊曼（Erich Neumann）發揮這樣的觀點，在《大母神》（*The Great Mother*）一書中有精闢的論述與見解。【註2】我們將介紹這本鉅作的一小部分，並以之思考女性的原型。

　　諾伊曼將女性原型以圖表來表示，雖然難免有牽強的成分，卻能夠清楚地表達其要領（請看第210頁圖表）。圖中 M 與 A 兩軸互相交叉，M 代表母親（mother），A 則是榮格提出的概念「阿妮瑪」的縮寫。阿妮瑪在拉丁語中是靈魂的意思。榮格以他分析夢的經驗為基礎，發現出現在男性夢裡的女性，經常具有某些共同的性質特徵，因而假定這樣的原型存在。他認為對男性來說，女性形象代表靈魂的形象，所以命名為阿妮瑪。依據他分析的過程，榮格認為阿妮瑪有四個發展的階段：生物的階段、浪漫的階段、性靈的（spiritual）階段、睿智的階段（sophia）。確

註1　舉例來說，榮格派分析家阿道夫·古根比歐-克雷格（Adolf Guggenbuhl-Craig）在他的《婚姻：死或生》（*Marriage: Dead or Alive*）一書中，就舉出多種女性的原型來討論。

註2　諾伊曼（Erich Neumann），《大母神》（*Die große Mutter*, 1956）。

實，阿妮瑪有各種樣貌，有時候看起來像是以階段的方式發展，但筆者對於這種階段說毋寧是抱著懷疑的態度。筆者認為阿妮瑪的這些樣貌同時存在於無意識裡，在不同的時間出現，對意識產生影響。不過這是個漫長的話題，在這裡暫且打住。

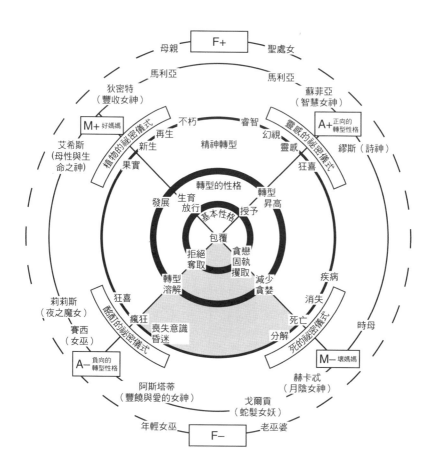

女性原型模式圖（埃利希・諾伊曼 繪製）

　　諾伊曼把各種女性原型製成圖表，其中包括了母性存在的原型以及阿妮瑪。他將女性的特質分為「基本性格」和「變形性格」，前者主要與M軸相對應，後者則主要對應於A軸。圖表的中心顯示女性的基本性格是「包容」，像一個巨大的容器，將一切收納於其中。這個基本性格的正面是 M+，（好媽媽〔Good Mother〕），負面的極端是 M-（壞媽媽〔Terrible Mother〕）。包容性格的正面表現為生育，其發展的極致朝向植物神祕的「死與重生」。負面表現為偏執、佔有，最終走向死亡與解體。相對地，阿妮瑪軸向著正面走去，產生崇高、昇華的作用，它的頂點是幻視、通靈的神祕世界。A 軸的負面是溶解，最後到達瘋狂、失神昏迷的世界。

　　這張圖表上方的F+表示女性原型正面的一面（Feminine+），下方的 F- 則表示女性原型的負面。諾伊曼本人對這個圖表的說明非常有趣。他表示，在紙上顯示為圓形的這個圖表，其實是一個球體；M+、M-、A+、A-沿著球體向著各自的方向延伸，最後交會在同一個極點。換句話說，他主張正向與負向走到極限，會到達同樣的地點；在那個點上會發生出人意料的反轉現象。確實，身為臨床心理學家，我們切身地體會到死與生、通靈與瘋狂之間，只隔著薄薄的一張紙。藝術家與宗教家，也經常體會到這一點吧。

　　諾伊曼在這四個極點寫下了符合這些特質的女神之名。M+點有埃及的女神艾希斯（Isis）、希臘神話中的大地女神狄密特（Demeter）。馬利亞既是聖母，也是聖處女，她的位置橫跨 M+到 A+。A+ 點有希臘掌管知識的女神蘇菲亞（Sophia）以及詩神繆斯（Muse）。M-點有印度的迦梨（Kali，或譯為「時母」）、希

臘神話中的赫卡忒（Hecate）與戈爾貢（Gorgon，蛇髮女妖）。另外 A- 點有巴比倫的女神阿斯塔蒂（Astarte）、妖精莉莉斯（Lilith），以及女巫賽西（Circe）。這些女神的位置都稍微偏離主軸，這和她們各自的性格有關（偏向另外一軸）。

　　雖然女性原型的概念本身具有相當的普遍性，但是它的形態會隨著人的意識之存在方式改變。諾伊曼畢竟是西方的學者，他的思想難免受到其人種與文化背景的影響，我們沒有必要全盤接受。但是，諾伊曼的想法對於我們還是有某種程度的適用性。特別是在日本人當中，明惠理性的性格是極為罕有的，其性格的某些面向，相當接近西洋現代的自我。諾伊曼的學說仍然有助於我們理解明惠。

　　不過，由於母性在日本的文化中，佔有優先的地位，我們總是傾向於期待女性扮演母親的角色。對我們來說，A 軸的作用遠比 M 軸來得微弱。在遠古的神話時代，還可以看到存在於 A 軸的女性形象，但是自從佛教傳入，日本以中國為典範形成國家的時候，A軸對於女性的影響力急速地減弱。當然，這是很粗略的說法。以這個雙軸的架構來思考日本的女性問題，到底具有何種程度的有效性，仍然是一個有待探究的問題。

日本佛教與女性

　　大隅和雄在〈女人與佛教〉一文的結尾表示：「在亞洲各地的佛教中，日本佛教具有特殊的性格。女人與佛教的問題，是了解這種特殊性格的重要關鍵之一。」[註3] 筆者亦深有同感。然

註3　大隅和雄，〈女人と仏教〉，《図説日本仏教史3　国民仏教への道》，法藏館，1981，所收。

而，談論佛教（日本佛教）與女性的著作出乎意料地少，因此筆者將參考大隅的觀點，概略地探討這個問題。

佛陀最初創立佛教的時候，可以說女性並不在他的考慮範圍之內。追隨他教誨的人清一色是男性，出家者終其一生保持獨身。他們謹守嚴格的戒律，其中的第一條就是不與女人接觸。對佛教來說，最重要的莫過於捨棄執著。從女性關係而生的執著，非常難以割捨。或許佛陀考慮到這一點，才設下如此的戒律吧。但原本單純只是要求出家人不要與女性接觸的戒律，卻逐漸演變成歧視女性的思想，認為女性是誘惑者，使出家人墮落，是可怕的存在。事實上明明是男性本身的欲求、墮落與誘惑，卻將自己的欲望投射在女性身上，進而鄙視女性。

也因為這種心理作用，佛教徒普遍認為女性無法得救、難以成佛，這樣的思想甚至記載在佛經裡。舉例來說，《涅槃經》就寫著：「一個女人的業障，等於三千世界所有男人煩惱的總合。」

然而大乘佛教的出現，使得俗世的信眾也成為救贖的對象，認為他們與出家人同樣能夠成佛。這樣一來，如何看待女性，就成為極度困難的問題。在原理上，大乘佛教的救贖尊崇母性原理，因此他們雖然一方面否定女性，另一方面卻不得不給予母性高度的評價，這使得他們陷入了兩難。

或許因為想要解決這樣的矛盾，佛經中開始出現有關女性救贖之記載。《法華經》的〈提婆達多品第十二〉記載了龍女的故事，就是個有名的例子。

智積菩薩在釋迦如來跟前，詢問文殊菩薩：如果修行《法華經》可以成佛，是否可以舉出實例？文殊回答：娑竭羅龍王女兒

雖年僅八歲，因自己的教化，已然開悟。智積正感懷疑，龍王之女忽然現身。舍利弗【譯註1】向龍女說道：「女人身體汙穢，無法承受佛之教誨；悟道一事，難以置信。」舍利弗又詰問：女人有五障，不能轉世為梵天王、帝釋天、轉輪聖王、魔王、佛陀，為何妳得以快速成佛？龍女聞此言，獻寶珠於釋迦，釋迦受之；龍女面向智積與舍利弗，曰：今我成佛之速，更先於釋迦受此寶珠。言畢化身男子，立地成佛。智積、舍利弗與在場眾人，皆目睹龍女成佛說法之姿。這篇文章以這樣一段話結尾：「智積菩薩及舍利弗，一切眾會默然信受。」所有的人明白接受女性成佛的事實。

以「女人成佛」這一點來看，這或許是個劃時代的故事，但我認為這個故事的重點，還是在於鼓吹《法華經》的偉大。〈提婆達多品〉並非《法華經》的核心，而比較是屬於附加性質的章節。我覺得它想要強調：藉著《法華經》的力量，即使是八歲的幼童——而且是女性，也可以成佛。而且，故事中龍女先變為男性再成佛，也避開了本質上的女性是否能夠成佛的問題。

同樣的現象，也見於《大無量壽經》中的「女人成佛之願」，我們將它譯成現代用語：

> 尊師啊！我若悟道，前往無量、不可思議之諸佛世界，女性聽聞我的名字，即生清淨之心，起求悟之願，繼而厭惡其女性之身。倘若這樣的女性來世再度生為女兒之身，則我亦不願悟此無上正法。【註4】

譯註1　舍利弗是釋迦十大弟子之一，年紀比釋迦佛大。號稱智慧第一。
註4　早島鏡正訳，〈大無量寿経〉，中村元編《仏典II》，筑摩書房，1965，所收。

法藏菩薩曾許願（所謂的法藏菩薩四十八願），若眾生不能得救，自己也不願開悟；這是其中的第三十五願，一般稱為「女人成佛之願」，亦被當成女人成佛的經典根據。但是細讀此願，就不難明白，它並不是直接祈求女人的成佛，而是當女人「厭惡其女性之身」，祈求來世不要再讓她生為女人。這樣的祈願，其實是否定女性本質成佛的可能。

法然為了在佛教的教義中，找到女性往生的基礎，費了一番苦心。最後，他試圖以「變成男子」【譯註2】之說解決這個問題，但是這個想法顯然來自先前所述的《大無量壽經》與《法華經》。雖然努力要找出女人成佛之道，但本質上並未成功。關於女性成佛，日蓮也曾發表議論，但是他的根據仍然是前述《法華經》中龍女的故事。從上述的事實可以看出，在龐大的佛教經典之中，幾乎沒有任何真正關於女性成佛的論述。

然而，如此極端排斥女性的佛教傳到日本的時候，最初的出家人竟然是女性，這一點值得注目。大隅和雄指出，這或許和日本土著信仰中，擔任靈媒者為女性有關。這同時也反映了一個事實：日本最初對佛教的接受，偏重在它超自然、巫術的一面。在那之前的日本，以諾伊曼的圖表來說，女性的通靈機能在 A+ 軸上，以原始的狀態產生作用。但是做為靈媒的日本女性，並不像諾伊曼圖表所顯示的那樣明確地分化；她們的樣貌，相當程度地融合了 A 軸與 M 軸，並以此樣貌發揮通靈的機能。或許因為在土著信仰中，地母神【譯註3】佔優勢地位，所以才會呈現如此的樣貌吧。

譯註2　「變成男子」是自古以來，認為女性必須先變身為男人才能成佛的思想，又稱為「轉女成佛」或「女人變成」。在初期的佛教經典中，這種男尊女卑的思想並不明顯，釋尊圓寂之後才逐漸擴散開來。

譯註3　地母神是以母親形象顯現的大地女神，象徵多產與豐饒。

　　大乘佛教強調母性原理，這是普遍承認的事實，但由於日本原有對地母神的母性崇拜，助長了大乘佛教的流傳，更使得日本佛教中，對母性的尊重占有優先、重要的地位。對於此事的來龍去脈，勝浦令子有詳細的論述。【註5】她在其論文的一開頭，就引用十三世紀左右成書的《長谷寺靈驗記》，舉出觀音「和光同塵」，【譯註4】以女性姿態入世的例子：

> 　　法皇御夢，見觀音向十方放射光芒，率八大龍王、八大童子等無量眷屬，告法皇云：
> 　　和濟濁世眾生者，唯女人也。我將和隱光芒，現身婦女，長久護此家國，至於末代，利及眾生。

　　觀音出現在聖武天皇的夢裡，告訴他唯有女性能夠使眾生和睦，故自己將隱匿光芒，化身為女人，以救濟眾生。這段記述令人聯想起親鸞的「六角堂之夢」（見255頁）。和前述女性為了成佛、必須先變成男性的思想比較起來，相當具有劃時代的意義。換句話說，佛教傳來日本之後，呈現尊重母性的樣貌。

　　一般而言，對崇拜地母神的宗教來說，性不但不是禁忌，而且是一種神聖的敬神禮儀。眾所周知，聖娼的習俗廣泛分布在小亞細亞到東地中海一帶的古代社會中。堀一郎認為，古代日本或許也有聖娼存在。【註6】雖然聖娼的存在與否不易證實，但可以確

註5　　勝浦令子，〈古代における母性と仏教〉，刊登於《季刊日本思想史》22号，ぺりかん社，1984。

譯註4　出自老子「和其光，同其塵」，原意是有智慧的人隱其學德才能，居於俗世。引申為佛、菩薩隱其智德之光，同沾煩惱之塵以救濟眾生。

註6　　堀一郎，《わが国民間信仰史の研究》第二卷，東京創元社，1961。

定的是：在古時候的日本，性並不是禁忌，而是與農耕結合的各種儀式之一，相對開放，而且具有高度的宗教價值。以這樣的風土為背景，再加上傳入的是強調母性原理的佛教（大乘佛教），也難怪在日本要遵守佛教的戒律如此困難。

母性原理以包容一切為特徵。觀音的母性形象，象徵著一切圓融的立場。對於嚴格規範行為的戒律，也就沒有賦予太大的價值。以這個態度來觀看，性並不是削弱男性力量的東西，也不是透過欲望、威脅人類意識的東西，而是與母性存在的融合，一種一體感的體驗，具有很高的價值。有了這樣的心理背景，在日本，不但佛僧很難遵守淫戒，社會也傾向於容許默認破戒的行為。

性做為相反性質（男性與女性）的結合，可以帶來正面、積極的意義。但是在日本，幾乎完全沒有這樣的意涵；性被看作是與母性存在的合一與融合。對於日本社會來說，只有在做為母親的時候，女性的價值才會被認可；與男性對等的女性，或者做為對等兩性相結合的性，幾乎都是不存在的。

之後我們還會提到親鸞在六角堂所作的夢。在這個夢的啟示下，親鸞接受了與女性的交往這件事。這多少令人難以理解：既然如此，為什麼他寫作的和讚【譯註5】中，仍然沿襲著「變成男子」的想法？但是，其實親鸞能夠接受的，是女性做為母性的一面；做為「女人」的那一面對他來說，依舊難以接受。

譯註5　以平易近人的日語解釋佛教的教義，或是讚頌佛、菩薩德行的一種歌謠，流行於平安時代到江戶時代。

二、女性的夢

我們對於女性在日本佛教中的位置，做了非常簡要的一般性敘述，不過已經足以看出，明惠與女性的關係，和一般日本式的關係不一樣。從這裡可以看出明惠的人生及其宗教性的特徵。

明惠的身邊有眾多女性。等一下我們還會提到，承久之亂的時候，明惠曾經收容藏匿政爭失敗一方之公卿與武士的未亡人。尊崇明惠並進而圍繞在他身邊的女性，事實上很多。另外，明惠寫給女性的信，至今仍有少數留存；從這些信件可以看出，他始終以溫暖的態度與適切的禮儀來對待女性。我們曾在第二章引述明惠寫給井上尼的信：信紙的右端以附筆的形式寫了這樣一段話：「此處無石竹，【譯註6】拜受。速插於瓶中。」明惠居住的地方沒有石竹花，收到井上尼送來的花朵，趕緊將它插於瓶中，妝點起來。這封信、這樣的附筆，充分傳達了明惠溫暖的心意，也讓我們看到明惠與女性來往的態度。

另外，有一位名為上光房的女性，為了供養某人，送來衣物與袈裟。明惠把衣物和袈裟退回去，並且寫信【註7】給她，表示不需要如此的贈予；如果真的想要供養，請上光房靜思觀想圓覺法門即已足夠。明惠表示他擔心「若收受此饒贈，人人將群起效之，故返還」。在這段文字之前，明惠寫著：「我看待汝與禪妙房，並無二致，決無疏遠汝之意。」還需要特地舉出禪妙房的名字，慎重地解釋，顯然有不得已的苦衷。恐怕是受到許多女性仰

譯註6　石竹（Dianthus）又稱洛陽花，是一種多年生草本植物，日文名稱為「撫子」；而「大和撫子」是象徵日本女性的虛構名字。

註7　田中久夫，〈上光房あての上人自筆消息〉，刊登於《明惠讚仰》第11號，明惠上人讚仰會，1989。

218

慕的明惠，捲入她們忌妒的紛爭之中，不得不謹慎處理吧。

明惠與女性們的關係之深，可見一斑。史料中記載，[註8]特別是有一位名為督三位局的女性，不但皈依明惠，更為了高山寺的建造盡心盡力。關於明惠與女性的關係，雖然還有許多其他的紀錄，我們暫且介紹到這裡，接下來讓我們專注在明惠夢中女性形象的變遷。

女性形象的變遷

明惠四十歲時撰寫《摧邪輪》，那個時期記錄的《夢記》，現在收藏在京都國立博物館；前章引述的「祈賜我生之夢」，就是其中之一。這一連串的夢，經常有女性登場，形成重要的特徵。建永元年（明惠三十四歲）的「十五、六歲美女之夢」，似乎預示了一股洶湧的暗流，在此時一口氣噴瀉而出。

在為讀者們介紹這一連串的夢之前，先讓我們討論另一個女性登場的夢。這個夢收錄於高山寺所藏的《夢記》，年代難以確定，據推算大約是明惠三十六歲到三十八歲之間：

> 一、同十一日之夜。夢中將渡一大河。貌若中嶋之尼者乘馬，我乘於其後，欲渡此河。該馬身形甚小。中嶋之尼下馬，欲助我乘馬。成弁憂其小，未乘於其上，僅步行過河。水漫及腰。我應乘之馬，使小兒乘之。小兒立於我之後渡河。（「渡河之夢」）

註8　奧田勳，〈明惠上人と督三位局〉，刊登於《明惠讚仰》第 9 號，明惠上人讚仰會，1978。

　　出現在這個夢裡的中嶋之尼是什麼樣的人物，如今我們無法確定。「渡河」這件行為，經常是決意進行某種改變的表徵（請參照第五章「渡大水之夢」）。這時候幫助他（要讓明惠乘坐自己的坐騎）的人登場了，她是一位女性。但是因為馬的體型太小，使明惠感到疑慮，拒絕了這樣的援助。正要一起乘馬，卻因為馬的體型太小而放棄，這樣的意象可以有不同的解釋：或者是動物性的衝動太弱，不足以促成與女性的結合；也可以說成明惠認為動物性衝動是「卑小」的東西。成功地與女性結合，其實是相當困難的事。河水漫到明惠的腰際那麼高，他仍然成功地步行過河，表示他放棄與女性一起共乘，下定決心往改變的方向走去。代替明惠騎馬的小孩子，或許代表明惠將來的可能性吧。

　　接下來是京都國立博物館的館藏，建曆元年（1211）十二月的夢：

　　　　建曆元年十二月六日之夜，夢中有端正貴女，侍女二人相從。其質，年少而面貌端正。高弁面謁之。其八日，赴京。九日，謁民部卿【譯註7】入道殿。其時，得故女院之念珠。同十日，得其習字紙等，即入寺。是夜，於行法之後，即持此（故女院之）具足入道場。我與眾徒對坐，為其（故女院）菩提智慧祈願。是夜，得四夢相。【譯註8】

　　　　一、故女院常坐之處，見其座壇，御衣猶在，甚感哀傷。

譯註7　日本古代朝廷的一種官位。
譯註8　這裡說有四個夢，但後文之記載，只有三個夢。

一、年十七，八之女房，坐於參稈之上。於其面前一尺許處設下座席，請之移座，然未見其容顏。覺。

一、前夢中之女房，有疲態。其面貌瘦削，膚色白皙。面謁之。

同十六日，赴京，謁慈心房。返樋口之宿所，臥眠。破曉之夢曰：

一、與紀州之親族等，共赴海濱嬉遊。是日之夜，宿於一所。破曉時分向西行。其路泥濘，若鋤田。踏此泥地前行，至山野之處。眺望遠方，見眾多高大禿樹。越泥地，至一民舍，遇二人。滌我足，又行。至山頂，見貴女一人。相貌端正奇異。在……之處，此人在山之巔。我思，為撰願文故，候高弁以為證。誠然。倫信房、円宗房二人，與高弁同行。我思，居此者必夥，然未見其餘。貴女執円珠（宗？）房之手。高弁思，如此之人竟如斯乎。又思，此亦無它，円珠房乃緣者之故也。其後，成書一紙。誦讀終，唯聞「謹遵御房之志」云云，餘不得其詳。我思，來生願與此人重逢。又或，其為女所云。誦讀既畢，女曰：「如是我云。」其時高弁洋洋自得，回視同行者容。思，我何其幸，得謁此貴女。忽而回神，心散亂有所未聞，故問：「所云者何？」貴女答曰：「如是我云。必書之，如我述之。其乃正月之為。」高弁思，今十二月，正月何事有之？若為吉月故，且形於文字。未明其

心，未置一語。歸途，踏於高屋之上。回首二三段許，貴
女猶目送高弁。覺。（「山巔貴女之夢」）

　　十二月六日的夢，出現了女性。在過去的夢裡，雖然有年
約十五、十六歲的美女望著明惠，但也僅止於此。這一次他與
夢中的女性有更直接的互動。明惠清楚地承認這位女性「面貌端
正」、「高弁面謁之」。附帶一提，作這個夢的前一年，明惠改
名為高弁。

　　接下來，為已故的女院祈禱菩提智慧的那個晚上，明惠作
了三個夢。這裡所說的「女院」指的是什麼人，我們無法得知，
不過想必對明惠來說，是很重要的人；他不但接受了她的遺物：
念珠與習字帖，還一面思念著故人，一面睡去。該晚，明惠在故
人已逝的場所作夢，又在夢中為故人之死傷痛。然而在下一個夢
裡，立刻就出現了十七、十八歲的女性。最初明惠沒有看到她的
容貌，不知道她是誰；但接下去他就清楚地表示這位女性「面貌
瘦削、膚色白皙」，只不過不知道為什麼，她看起來似乎很疲
倦。

　　由於我們不知道已故女院的身分，無法驟下定論，但總之可
以看出明惠心中的女性形象，正一點一點地產生變化。女性看起
來很疲倦，或許表示這個激烈的變化對明惠來說，充滿阻力。可
以想見，這時候因為掌管高山寺，明惠與朝中女性之交際，正急
速地增加。

　　十六日的夢十分漫長；在山頂上與一位貴族女性相會的
情景，令人印象深刻。這位女性「相貌端正奇異」，「在山之
巔」，這些形容暗示她地位很高。然而這位女性，卻牽起了同行

的円珠（宗）房之手，明惠想必大吃一驚，但隨即轉念：「如此
之人竟如斯乎」。在「如此」、「如斯」這些字眼背後，明惠究
竟怎麼想，我們不得而知。根據筆者的大膽推測，或許明惠覺
得：「如此高貴的女性，竟能夠這樣直率地以行動表達自己的想
法。」對於她這樣的舉動抱持肯定的態度吧。而且，因為円珠房
是自己的朋友，所以才對他表示親近；換句話說，明惠認為，這
位女性的舉動，是對自己親密的一種表現。

　接下來這位女性朗讀了某篇文字，但是這裡的記述，混雜
著明惠內心各種紛亂的想法，意義難以理解。不過，明惠因為能
夠和這位女性會面，「洋洋自得」地回頭巡視同一行人的臉，回
過神來被自己嚇了一跳，突然表現出慌張。這些地方讓我們看到
他人性的一面，非常有趣。可見明惠並不是從頭至尾冷冰冰的聖
者，也有他隨著感情自然波動的凡人一面。

　在歸途中，明惠「踏於高屋之上」，可以看他因為和這位
女性會面，興奮地飛上了天；還有另一種可能，暗示目送著他離
去的這位女性，乃是超自然的存在。這位女性的確具有相當獨特
的性格，一方面高貴（山之巔）而端莊，另一方面卻大膽地率起
初次見面男性的手，同時兼具女性「高」（高貴）與「低」（平
易近人）的兩面。讓這位女性握著手的和尚是明惠的朋友，預示
了明惠即將與這樣的女性產生接觸。

　接在這個夢的紀錄之後，明惠寫著：「翌，十七日，見慈心
房，語以此事。」或許對明惠來說，這個夢也帶來很大的衝擊，
使他必須一吐為快。他們兩個到底是怎麼談論這個夢的？這令人
十分好奇，可惜我們無緣得知。之後還有十八日的夢之紀錄（這
裡略過不提），接著記載著「同廿日，降雨中，謁鳥羽之墓。與

223

十六日之夢相符合，云云」。這裡敘述現實中發生的某些事件，符合十六日的夢境，可惜的是我們不知道具體的內容。毫無疑問，夢與現實不同；如果分不清夢與現實，將使我們犯下愚蠢的錯誤。但另一方面，夢不是獨立於現實之外的現象；作夢者心智發展所產生的變化，會顯示在夢的發展過程中，不可能和外界無關。在上述這幾個夢的數年之間，明惠與女性的交往，不知有多少次引領他到危險邊緣；有時候將他推向無邊的崇高境界，有時又拉著他，向地獄墜落。

性夢

明惠在夢中與女性的關係，愈來愈深。

我們來看看十二月二十四日的夢：

> 一、同廿四日之夜，夢中見一大堂。大堂之中有貴女一人，面如滿月，體態肥滿，著層層青衫。我與此女於後門處相會。此女樣態、相貌，一一與香象大師之經釋相符。盡皆法門。又，此相會亦為法門。我與此女共眠、交合。眾人皆曰，此交合之儀，必成菩提之因云云。即相抱相親。哀憐之情甚深。（此行儀亦與大師之經釋相符）（「性夢」）

這個夢對明惠來說，是個重要的界碑；他在夢中體驗了與女性的性結合。明惠認為這個體驗符合華嚴的教義，因而接受，這一點很重要。但非常可惜，我們無緣得知其具體的內容。出現在這個夢裡的女性，體態肥滿，和以前長相端正的女性都不同，或

許是強調女性肉體的一面。性交的行為發生在宗教性的場所（大堂）。香象大師指的是法藏，華嚴教義之集大成者。明惠曾親筆抄寫法藏的著作《華嚴五教章》與《探玄記》，並且以這兩部作品做為講課的題材，可見他受到法藏相當大的影響。關於這個夢，明惠表示該位女性的樣貌、兩人性交的情況等等，都與法藏說法的內容相符。

接下來要介紹的這幾個夢，記載在京都國立博物館所收藏的《夢記》手稿裡。雖然無法確定它們的日期，但是從內容看來，應該和上述一連串的夢屬於同一個時期。女性在這些夢裡，相繼登場。

又同夜之夢中，二条公主乘垂簾輿車，獨往奈良參詣。自輿車內凝視高弁。

一、同二月六日，晝寢之夢。見妙齡女尼一人，衣緇衣，【譯註9】自京來。語高弁曰：「兩親愛慕法師至極。既來，必謁法師。」言畢即返。

一、同二月十五日之夜，念佛之際入眠之夢。高弁右方有一人，著白衣，虔敬頌佛云云。又，入眠。佛之左方有年卅許女尼一人，狀甚喜……亦著白衣云云。

一、同月廿六日，酉時，參謁鳥羽御墓所，其夜之

譯註9　僧侶穿的衣服。

夢。年十八、九女房，難耐愛慕而來。我曰：「且倚於高
弁之右。」憐之無果，甚哀。

在這些的夢裡，明惠與女性的距離一口氣拉近，令人印象深
刻。最後一個夢，對著「難耐愛慕而來」的女性，明惠甚至要她
「倚於高弁之右」。

對於這一連串的夢，或許有人會這樣說：明惠因為是僧侶，
壓抑自己的性慾，所以常常作有關性的夢。但是這種過於單純
的看法，將使我們無法真正理解這些夢的意義，因此筆者要在此
稍微討論一下有關夢境中的性。眾所周知，佛洛伊德非常重視人
類性慾的作用，並且在他的學說中，描述現代人受到壓抑的性衝
動，如何顯現在他們的夢裡。為了說明這一點，佛洛伊德發展出
性象徵的理論，將筆、刀等等物品，視為男性性器的象徵。佛洛
伊德之所以對性如此重視，我們可以舉出兩點背景因素：第一，
當時的文化，對於性採取極度壓抑的態度；第二，性對於人類，
具有重大的意義。關於後者，榮格表示從地獄到天國，都可以看
到性的存在；性形成我們精神與肉體的連結。一方面，性的確是
非常生理性的現象，但另一方面，它同時也是極度心理性的現
象。性行為讓男與女結合，並且從這樣的結合中，誕生新生命。
我們可以從生物學、也可以從心理學的角度來觀看它的意義。性
象徵對立事物的合一，具有高度的象徵價值，也因此榮格花費
一生的時間，研究「神祕合體」（mysterium conjunctionis）。
考慮到以上幾點，佛洛伊德重視性的作用，也是理所當然。
我們不知道佛洛伊德自己是否意識到這一點，但是當他將一切

化約成性的語言，生命所有的現象都將帶有神祕的、靈啟的（numinous）【註9】的性質。不過，雖然佛洛伊德把許多事物解讀為性的象徵，但是當「性」本身出現在夢境中，它又是什麼的象徵呢？難道佛洛伊德那個時代的人，都不作性夢嗎？

　　雖然大部分人都會夢見性行為，但其實它發生的頻率並不高。而且也不能說我們愈是努力壓抑性慾，就會愈常作性行為的夢；這麼簡單的公式，沒辦法成立。舉例來說，我們所介紹過的多聞院英俊，他的夢紀錄裡，就沒有性夢的記載。但這可能是因為他即使做了性夢，也沒有記錄下來；或者他有沒有守戒？我們也無法確定。總之，這件事無法驟下斷語。

　　當我們夢見性行為，有時候的確是因為性慾高漲，但是絕大部分有關性行為的夢，其實是與心理因素有關。如前所述，性行為的夢經常伴隨著靈啟的情感，直接表現「結合」與「關係」。生理性強烈的夢，夢境本身也給予人較多感官性的感覺。如果性夢的主題是「關係」，那麼對象經常會是我們意想不到的人——換句話說，是那個在我們的意識裡，不會當作性對象的人。這時候如果我們從「關係」的面向去思考，通常可以理解。另外，女性的性夢，有時候象徵極度異質事物的「侵入」；男性的性夢，則象徵遭到吞噬與「溶解」。因此我們不能片面地觀看性夢本身，還要反覆思索、檢討夢的背景與作夢者的狀況。單純只是強調身體的結合嗎？還是其中流露出什麼樣的情感？這些都必須一一檢視。

註9　靈啟是宗教學家魯道夫·奧圖（Rudolf Otto）在其著作《神聖理念》（*The Idea of the Holy*）中，用來表示宗教體驗本質的用語。榮格也經常使用這個詞，指稱難以形容的、神祕的、可怕的、只能直接體驗的神性事物。

　　明惠並沒有壓抑他的性慾。其實不論對於女性，或是對於性行為，他都抱持相當開放的態度。正因為如此，儘管有許多次發生性關係的機會——如同他自己所說（參照第261頁）——他才能夠跨越考驗。明惠並不認為性是卑賤或是汙穢的東西；他一方面認同性的存在，另一方面卻嚴守戒律，同時忍受這兩者之間的矛盾與衝突。所以他才會毫無隱瞞地記載有關女性以及性的夢，並且試圖在其中找尋宗教的意義。

　　這裡所引述一連串的夢，其中出現年輕女性的次數之多，令人咋舌。母性原理對日本人的精神生活，具有強大的支配力量，因此，即使是現代的日本男性，像這樣在夢裡頻繁地出現阿妮瑪原型，也是非常稀有的現象。可以想像在這個時期，具有強烈性格的阿妮瑪，有如星座的誕生一般，湧現在明惠的體內。經過了激烈的修行與隱遁的生活之後，來自自己與他人的認同，使得明惠做為一代高僧，確立了在京都高山寺的地位；這時候，他必須重新確認自己與內在更深一層的關係，強大的阿妮瑪在他內心隨之而生。榮格一再地強調，這樣的現象通常發生在四十歲前後，成為一個人後半生的主要課題；對明惠來說，正是如此，在他的夢中，女性形象開始密集地出現。

　　接下來我們來看看陽明文庫本所記載的一個夢，其年代無法確定，不過據推測大約是在建保二、三年（1214-1215）之間：

　　　　一、同十九日之夜，夢中得一石，長約一寸，寬七、八分，厚二、三分許。石中生一眼，長約五分，寬二、三分許。其石色白，然非純白，略作鈍色。因此眼之功，其石有甚大靈驗，躍動如生物。高弁以右手舉之，呈於

上師。離手置於地面，躍動如陸上之魚。上師見此，隨喜有加。高弁曰：「名石眼。」（註：此石之名是也。）其時，簷下懸一物，其形如魚，腸腑腐朽而盡失，隻眼枯朽突出。然其眼，微動。語上師此之由。其傍有皮物，皮亦無它，尋常之皮也。我欲將此魚取下，呈於上師。見一女房，將之取下。其生生若小鹿，具四足。其背孔穴滿布。女房曰：「我非常物，故能取此物於手。此地何事有之？」思，其為公主也。哀憐此生物，欲置於地。其曰：「唯，懸我如本然。」思，長懸於斯，故發此語。氣色苦痛。又，折一臂。懸之如其言。（註：此生物之眼乃鰈之眼也。）

上師乃釋迦。女房為文殊。公主為覺母殿。石眼之眼，勝於此生物之眼云云。（「石眼之夢」）

這是一個奇妙而難以理解的夢。原本文章的意思就不容易明白。可能對明惠來說，這是個很重要的夢，因此他隨後附註：「上師乃釋迦……」如此直接的解釋，十分罕見。吉哈也曾經分析這個夢，【註10】他認為這塊石頭，令人聯想起明惠從紀州帶回、置於座右的那塊長年把玩的蘇婆石。先前我們引述過明惠寫給一座島的信；當年他前往那座「苅磨之嶋」，想起腳下的大海，可以通往釋迦的出生地天竺，於是撿拾了一塊石頭，比擬天竺的蘇婆卒堵河，將它取名為蘇婆石，終其一生愛不釋手。明惠不但對

註10　吉哈，〈明惠上人の《夢の記》について（二）〉，《明惠讚仰》13号，明惠上人讚仰会，1982，所收。

石頭有特別的感情，在夢中賦予它生命，甚至還給它眼睛。這顯示了明惠內心深處原本不具生命力的意識層，開始活化了起來。

明惠認定夢中的上師就是釋迦，或許因為他覺得，釋迦正在見證他內心深層戲劇性的變化。文殊以女性的形象顯現，值得注意。形狀像魚又像獸的生物，被殘忍地吊掛著；明惠認為那是公主，充滿愛憐地想要解除其痛苦。醒來以後，明惠將公主解釋為覺母殿。覺母是現圖胎藏界曼陀羅之持明院的中尊，是智慧的象徵，也是一切佛陀之母。不過，覺母同時也用來指稱文殊菩薩本身，因為諸佛由智慧而生，文殊是智慧的菩薩，故稱之為覺母。在這裡，不容易看出明惠採用什麼樣的解釋，但筆者認為覺母＝文殊，這個夢裡的女房和公主，是文殊的兩個面貌。也就是說，文殊女性的一面正受到殘忍的對待，而明惠試圖解除其痛苦卻無法成功。文殊本身也說「唯，懸我如本然」，明惠只好照著她的話做。之前一連串的夢，顯示了阿妮瑪像的發展，如今明惠與自己非常深層的內心有了接觸，發現仍然有待救贖的女性存在。

接著上述的夢體驗，明惠的夢繼續有爆炸性的發展，於承久二年（1220）到達高峰。在這一年前他作了一個簡短卻十分重要的夢。出自《夢記》，據推測記載於建保七年（1219）七月十三日的三個夢，其中之一：

一、夢中，謁母堂。尼之形也。常円房在其前云云。

常円房是明惠的姊妹。在明惠為數龐大的夢紀錄之中，這是唯一一個出現他的母親與姊妹的夢（有關父親的夢則一個也沒有），這是非常稀有的事。明惠從十九歲就開始從事夢的紀錄，

就算雙親已經亡故，偶爾也會出現在夢裡吧。當然，既然九歲時他曾經夢見乳母，或許在十九歲之前，他也曾夢見過親人，這一點我們已經無法查證。不過我們可以說，至少十六歲出家之後，他以釋迦為父，以佛眼佛母為母，親生的父母在他的內在逐漸失去意義。然而這時候，明惠的母親與姊妹，卻突然一起出現在他的夢裡。

對於體驗過與女性的「結合」，從此要往更深層的內心世界探索的明惠來說，或許至少必須和他的至親見一次面吧。這樣的夢其實經常發生，好比就要遠行的旅人，先回家一趟向雙親請安一樣。但是這樣的夢，有時候會形成阻礙；我們的至親（特別是母親）會在夢裡以各種各樣的方式，阻止我們走向更深層的旅程，或者妨礙我們與未知女性的接觸。不過明惠的夢，卻沒有任何這樣的意味。他與母親的會面，只是單純地請安，甚至是一種心靈的慰藉。母親已經皈依佛門，落髮為尼，明惠於是可以安心地走向深層的探索之旅吧。

承久之亂

承久三年（1221）所發生的承久之亂，以及隨後發生的一連串變動，對於日本歷史來說，堪稱是劃時代、甚至是「革命性」的事件。首先是三位上皇遭到流放，接著朝廷領地被沒收，強化守護、地頭制度。【譯註10】亂後第十一年，幕府制定「貞永式目」，取代了長久以來支配日本的律令制度。「貞永式目」的制定，不但將權力的中樞從朝廷轉移到幕府，這一套法令本身的內

譯註10　地頭制是鎌倉幕府、室町幕府時代的行政制度，由幕府任命將軍在地的家臣擔任地頭，握有莊園與公領地的軍事、警察、賦稅、行政等權力，直接管理土地與人民。

容，以及其背後的思想，都開創了一個嶄新的時代，稱之為「革命性」的事件，毫不誇張。我們把關於這方面的研究，讓給其他專門的書籍去討論。筆者想要做的，是以夢為中心，來看看在這個變革的時期，明惠的內在發生了什麼樣的轉變，又與外在的世界產生什麼樣的關聯？

個人內在的巨大改變，經常與外界的變動產生「共時性」關係，兩者同時發生。明惠的情形也是如此。承久二年《夢記》的內容，反映了明惠內在明顯的變化，可以看出他的轉變，在承久二年已經達到某種程度的完成，因此他才能以平靜的態度，面對承久三年的動亂。當然，我們會這樣說，是因為把焦點放在承久三年的動亂；劇烈變革的伏因應該早在之前就出現了。當時的人們，一面懷抱著不安，一面努力存活；對於承久二年、三年這種差別，應該不甚在意吧。事實上，明惠有一些夢預示了外界的變化。

《夢記》裡所收錄的承久二年的夢，包括那些年代不詳、但據推斷為承久二年的紀錄（從內容上來看，這個推斷應該是正確的），數量相當多，而且內容極為重要。其中有兩個夢，可以看作是這些夢的頂點，筆者分別為它們取名為「善妙之夢」與「身心凝然之夢」。前者顯示了女性對明惠的意義，後者則與身體的本質有關；兩者皆可以看出明惠的宗教體驗之深。稍候我們將以較多的篇幅仔細討論它們。以下先為讀者們介紹承久二年另外幾個讓人印象鮮明的夢：

　　一、同二月之夜，於夢中乘船，將渡大海。海上有漂浮之物，呈圓形，徑五寸許，其色如金。欲取之際，飛入

手中。其下七、八枚相疊垂掛。遂取之置於懷中。

　　朝向內在的探索之旅，在夢中經常以乘船的旅行做為象徵。
明惠乘著船出海，意想不到獲得了金色圓形的物體。這個物體代
表什麼意思，我們無法明白；但是這個夢預言，如果明惠持續內
在的旅程，將會得到極為貴重的東西。

　　《夢記》裡有這樣的記載：「同七月始，一貫修習佛光
觀。」這段時期開始，明惠熱心於佛光觀的修行，也因而得到許
多好相。七月二十九日，他在佛前誦經念佛之際，進入假寐的狀
態，夢見一扇「大門，年來無人通過。童子一人開啟之，使人得
以通行」。明惠覺得這表示他得到本尊的許可，非常高興。如此
這般，明惠連續得到好相，最後引導他走向「身心凝然之夢」，
我們將在最終章討論。

　　話說回來，隨著幕府軍的勝利，承久三年的動亂在一瞬間
就結束了。當時明惠收留了朝廷的武士與公卿之遺孀與遺族，將
他們藏匿在高山寺，絲毫沒有猶豫。根據《傳記》記載，知道了
此事的鎌倉武士非常憤怒，將明惠逮補，並把他帶到六波羅探題
北条泰時面前。對於這樣的情況，明惠早就有了心理準備，泰然
處之地表示：幫助落難的人，是理所當為之事，沒有什麼敵友之
分。他斬釘截鐵地說：「我之所為若致政道之難義，取此愚僧首
級可也。」泰時原本就非常尊敬明惠，聽到這樣的話，甚感惶
恐，除了向明惠道歉，更尊奉他為導師。

　　承久之亂結束後，北条泰時制定「貞永式目」，這對日本法
制史而言，是劃時代的革新。一直到明治憲法的制定為止，數百
年來，「貞永式目」一直是支持日本存在的有效之「法」。我們

在第二章已經介紹過，山本七平曾經指出：【註11】泰時制定「貞
永式目」的背景原理，是明惠上人的思想；明惠的「如其應然」
——讓事物成為它們應有的樣子，透過「貞永式目」，進入世世
代代日本人生活之中。

親鸞與明惠誕生在同一年，身為佛教徒，他們的思想立場
截然不同，甚至可以說是相對立的。他們兩人過世之後，親鸞的
教義在日本各地散播開來，直到今天都有很大的影響。相反地，
現代佛教的流傳中，幾乎看不到明惠教義的痕跡，也沒有形成宗
派。一開始我們就說過，明惠在「佛教史」中並沒有太重要的地
位；但是他的思想，從根源深深地影響日本人的思考方式，進而
規範他們的生命觀，和他們的生活緊緊結合在一起，這一點才是
我們應該注意的。

三、善妙

我們已經看到，明惠夢中女性形象如何逐步地發展。承久二
年（1220）的「善妙之夢」，可以說是這個發展的頂點。出現
在明惠夢裡的善妙，就是在他所編纂的《華嚴宗祖師繪傳（華嚴
緣起）》【註12】中登場的女性。雖然有部分欠缺與錯簡，幸運的
是，這部書至今仍保存在高山寺。透過這本書，我們得以了解善
妙是位什麼樣的女性，也可以清楚地看到明惠寄託在善妙身上的
女性形象。這部繪卷的內容，主要出自《宋高僧傳》一書，有關

註11　山本七平，同前註（第二章註4）。
註12　《華嚴宗祖師絵伝（華嚴緣起）》，日本絵卷大成17，中央公論社，1978。

善妙像（高山寺藏）

新羅^{【譯註11】}的兩位華嚴宗祖師元曉與義湘的故事；文字的部分據推測出自明惠之手。有一件事可以看出明惠對善妙用情之深：貞應二年（1223），明惠為了收容承久之亂的戰爭未亡人，建立了一座尼庵，就取名為善妙寺。

善妙之夢

　　承久二年五月二十日，明惠在《夢記》裡記載了這樣一個夢：

> 　　一、同廿日之夜，夢中見十藏房，持一香爐（註：茶碗也）。思，此乃崎山三郎貞重自唐攜來，呈於十藏房。中有間隔，內有唐物^{【譯註12】}廿餘種。兩龜作交合狀等。思，此乃世間之祝物也。中有一物五寸許，形如唐女，亦茶碗也。或曰：「此女形，哀其自唐渡來之事也。」予即問之曰：「汝為來此而悲乎，如何。」其女領首。又曰：「必憐惜汝。勿悲。」搖其首。而後取之，其淚潸潸，濕其肩。哀其來日本之事也。曰：「曲問之人八尾為之。無益之事。」予答之曰：「若，尋常僧人，則無益。勿做此想。此國之人皆尊我為大聖人。如是，予必憐惜。」云云。女形聞言甚喜，領首曰：「然乎，憐我惜我。」予，取於掌中。忽化為生身女子。即思，明日有佛事，須往他處。為結緣之故，欲往彼處，應相偕前往。女子甚悅，欲同行。予語之曰：「彼處有汝之緣者。」（註：思，崎山

尼於斯。其為三郎之母故，為聞其言而往。此女形隨三郎
渡海而來，故做本說。）十藏房曰：「此女與蛇密通。」
予，聞此言，知其非也。此女雖有蛇之身，並無與蛇交合
之事。做如是想之際，十藏房又曰：「此女兼為蛇也。」
云云。覺。

　　細想之後，此善妙也。善妙乃龍人，又有蛇身。又，
茶碗乃石身也。（「善妙之夢」）

　　明惠本身應該也覺得這個夢很重要，所以最後還加上自己
的解釋：「細想之後，此善妙也……」等等。觀看明惠的手稿，
寫到陶偶哭泣的地方，「其淚潸潸，濕其肩。哀其來日本之事
也。」手稿上方的留白之處，也寫滿了字，可見他在記錄的時
候，如何反覆思考這個重要的夢，努力不要有任何遺漏。

　　在這個夢裡，十藏房送給明惠一個從唐朝帶過來的香爐。
香爐裡有分格，放置了一些來自唐朝的物品，比如狀如烏龜交合
的偶。其中有一個五寸長左右的女性陶偶，明惠問她，是否為了
從唐朝渡來日本而哀嘆？陶偶點點頭。明惠請她不要哀傷：「必
憐惜汝，勿悲。」陶偶搖搖頭，表示明惠的憐愛是徒勞的（這裡
「曲問之人八尾為之」一句，意義不明）。對於這一點，明惠
表示自己不只是普通的僧侶，在這個國家，人人都尊稱他為大聖
人。陶偶聽到，很高興地說：「那麼，請憐愛我。」一旦明惠稱
許，陶偶瞬時化為真人。在這個夢裡，陶偶突然地變身是關鍵
點。明惠想到隔天要到別的地方主持佛事，想要帶這位女性一同
前去。十藏房又出現，表示這位女性私下與蛇有性關係。明惠心
想，這不是真的，只是這位女性具有蛇的身體。正當他這樣想，

十藏房又說，這位女性同時也是條蛇。

看了這個夢，有些人可能會想：即使是明惠這樣的聖人，也會作性方面的夢，果然性慾是無法完全抑制的東西。但是，人有性慾，是理所當然的事；問題在於一個人對性慾有什麼感覺，以及在生命中如何面對性慾。我們曾經說過，性的意義極為多樣而深遠。先前介紹過的「性夢」相當直接，相較起來，這個夢遠富有故事性，而且充滿感情。在意識與無意識互不相讓的對決之中，故事相應而生。

夢裡面有一段，明惠提到「此國之人皆尊我為大聖人」。如果只看這一段話，難免會覺得明惠這個人過於自負。關於這一點，筆者想要引用《傳記》裡的一個故事做為說明。有一次，明惠要為建礼門院【譯註13】授戒。當時，建禮門院坐在寢殿中央的簾幕之內，只有雙手從簾幕後伸出合十，要明惠坐在下首為她授戒。對此，明惠表示雖然自己地位比較低，但既然進入佛門，就不可能行臣下之禮，不論對方是國王也好，是大臣也好。經典明載，授戒、說法時，僧必須居於上座。明惠自己背負著釋尊的教誨，沒辦法屈從建禮門院的意思，請她另尋高僧為她授戒；說完拂袖而去。建禮門院頓悟自己的不是，向明惠賠罪，請明惠居上座為她授戒。在這個故事裡，明惠的態度清楚而明確：他堅持的不是自己，而是身為佛教徒的驕傲。對於前面引述的夢，奧田勳也提出他的看法：「如果我們單獨注視夢記中的自負，的確會感覺到一個人傲慢到這樣的程度，實在是異常；但是如果我們在明惠的思考體系中尋找其位置，那他的自負就一點也不奇怪。」

譯註13　建禮門院（1155？-1214？）原名平德子，平清盛之女，高倉天皇之后，安德天皇之母；建禮門院是她的院號，世人多稱其為建禮門院德子。

　　關於這一點，我覺得和陶偶來自唐朝一事，有所關聯。佛教經由中國傳到日本，其間披上了中國化、日本化的潮流；但是明惠心中的佛教，卻只有釋尊的教誨，也因此他的生命態度，與當時其他的日本佛僧截然不同。以現代的話來說，明惠或許會這樣感嘆：佛教的靈魂在傳到日本的過程中，失去了它的生命力而石化了。我認為陶偶哀嘆自己「來到日本」，和這一點有關。當明惠說他自己在日本被當成聖人、受到崇敬等等，其實是表明他的自覺：對於日本佛教的存在方式，他必須負起責任；對於「靈魂石化」的問題，他必須正面地面對。至於女性形象做為靈魂的形象這種想法，正是榮格論點所在。

　　活著的身體化為石頭，或是石化的身體恢復本來活生生的樣貌，是自古以來許多神話、傳說的主題。要將已經化為石頭的東西活性化，雖然困難，卻很重要。我們已經在「石眼之夢」看過這個主題；在這裡，我們更看到這個主題的延續。「善妙之夢」之後五個月左右，明惠作了如下的夢：

　　一、同十月三日之夜，夢中見不空羂索觀音【譯註14】之木像，瞬時化為肉身，賜我小卷大般若。雙手過頂，拜受如法，淚流且歡喜云云。

　　一、同十月十七日之夜，夢中見肉身之釋迦，高一丈六尺許，參拜之。又，上師在房之側云云。

譯註14　六觀音之一，以慈悲之羂索接引眾生。

第一個夢裡，觀音的木刻雕像化為肉身，賜給明惠大般若經，明惠喜極而泣。第二個夢中，明惠參拜肉身的釋迦像。透過這些夢不難看出，明惠對佛教的理解是如何充滿了生命力。

華嚴緣起

在「善妙之夢」最後，明惠自己添筆解釋「此善妙也」，所以我們為它取了這樣的名字。但是我們如果想知道這個夢的意義，就必須對於善妙這個人物有所了解。之前我們說過，善妙是《華嚴宗祖師繪傳（華嚴緣起）》中登場的女性。《華嚴緣起》分為〈元曉繪〉二卷與〈義湘繪〉四卷，善妙只出現在〈義湘繪〉之中。不過由於元曉和義湘的故事，對於理解明惠有很大的幫助，因此我們兩者都將介紹。

先從〈義湘繪〉開始。義湘與元曉兩人為了學習佛法，一同前往唐。旅途中突然下起雨來，兩人只好在一個山洞中過夜。原本以為這是個普通的山洞，隔天醒過來，才發現它是個墓場，其中骸骨遍布，令人不寒而慄。但是，這一天仍然大雨不斷，無法繼續旅行，他們只好在山洞中再過一夜。這一夜兩個人都夢見惡鬼向他們攻擊。雖然兩個人同時作惡夢，但就在醒來的時候，元曉突然悟道：明明是同樣的場所，前一天在一無所知的狀況下，就可以安心睡覺；一旦知道那是個墓場，馬上有惡鬼來襲。換句話說，萬事萬物皆由心起，自己的心就是自己的老師，除此之外，再向外尋求也沒有意義。元曉因而心志一變，決意留在新羅；義湘的心意則沒有改變。旅途才剛開始，兩人就分道揚鑣，義湘獨自渡唐。知道元曉改變心意的時候，義湘既沒有贊成，也沒有反對，兩個人很乾脆地分手，選擇各自不同的道路。故事的

《華嚴緣起》義湘繪，義湘與善妙的相逢（高山寺藏）

這個部分，非常令人印象深刻。

　　義湘乘船抵唐，開始在街頭巷尾以乞討為生。某日他遇到美麗的女子善妙，善妙看到容貌俊美的義湘，一見鍾情，她以幽婉的聲調說道：「法師高妙，出欲境而利廣大法界。渴仰法師清淨功德，然色欲執著，難以抑制。見法師容貌，我心乍動。但願法師慈悲垂憐，遂我妄情。」義湘回答：「我心堅如石。」「謹守佛戒，身命次之。授淨法以利眾生。色欲不淨之境界，捨之久矣。汝，當信我之功德，勿長久怨我。」

　　善妙聽到這番話，道心突起，表示她敬重義湘的功德，並且將襄助義湘普渡眾生的大願，須臾不離，「如影之隨形」。之後義湘前往長安，在至相大師門下窮究佛法奧義，就要歸國。知道義湘即將歸國的善妙，備齊了禮物，奔往港口，無奈船已出港。善妙悲痛不已，將裝滿禮物的箱子丟入海中，並祈禱它能夠送達

義湘手中。結果，那口箱子奇蹟似地飄到了義湘的船上。善妙見此情景，勇氣倍增，她起大願，誓將終生守護義湘，縱身跳入波濤之中。此時善妙化身為龍，將義湘所乘之船載於背中，平安抵達新羅。

之後的義湘繪，在歷史的戰火中佚失，只有文字的部分因為錯簡而夾在〈元曉繪〉之中，保存下來，我們才得以知道故事的全貌。義湘回到新羅之後，為了廣布自己的教義，四處尋找合適的場所。有一座山寺十分適合，但是其中已住有五百名「小乘雜學」的僧人，義湘不知如何是好。這時候善妙又化身為「方一里之大磐石」，於山寺上空忽上忽下地漂浮，僧眾驚恐地四處竄逃。於是，義湘方得入此山寺做為據點，展開振興華嚴宗的大業，人稱「浮石大師」。這就是〈義湘繪〉的故事。

接下來為大家介紹〈元曉繪〉的故事。元曉的故事不若義湘那樣波濤起伏，相對比較平淡。最初的部分和〈義湘繪〉是一樣的：元曉與義湘分手，留在新羅。一方面元曉遍讀內外所有經典，一方面卻「間或佇留巷間放歌彈琴，全然忘卻佛僧律儀」。相對於始終嚴守戒律的義湘，元曉的生活態度極度狂放。以下這段話，繪卷裡沒有明言，不過根據故事來源的《宋高僧傳》，元曉「出入酒肆娼家，宛若居士」。但是在另外一面，元曉「為經論作疏，[譯註15] 於大會中講義，聽者無不流淚」，「間或坐禪於山邊水崖，禽鳥虎狼，自來屈伏」，顯示出他極高的德性。

譯註15　解釋經書的文字。

《華嚴緣起》元曉繪，元曉彈琴（高山寺藏）

　　有一天，國王打算召開「百座仁王會」，想要邀請元曉前來。但是當時有「愚昧之人」進讒言，表示「元曉法師，其行儀宛若狂人」，沒有必要邀請這樣的僧人赴會。國王聞言作罷。

　　當時，國王最寵愛的皇后生了重病，祈禱與醫術都沒有效果，國王遂派遣敕使前往大唐求救。然而當敕使一行人乘船渡海之時，在海上遇到一位奇妙的老人，並在老人的指引下進入龍宮。龍王授與敕使一卷經書，並且告訴他，回到新羅之後，請大安聖人整理這部經，由元曉加以註釋，皇后的病將會立時痊癒。敕使回國後向國王報告此事，國王立即召喚大安聖人入宮，將經書整理完畢。接下來，請元曉為此經註釋，並請他講義。元曉即刻開始工作，但是嫉妒他的人將註釋偷走。元曉請求三天的寬

限，終於完成。

元曉登上法座，就要開始講經時，表示「一介微僧因無德故，漏於百座之會。今日獨上講匠之台，惶恐甚，戒懼甚」；列席的僧眾聽到這番話，盡皆羞愧，低頭汗顏。元曉順利地完成講經，皇后的病也不藥而癒。元曉為那部經書所做的註釋，命名為《金剛三昧論》，在世間廣為流傳。以上是〈元曉繪〉故事的梗概。

在這些故事裡，義湘與元曉的性格形成極端的對比。經過本書反覆地論述，相信讀者們已經可以看出，這兩個人清楚地象徵明惠內在互相對立的要素。學術界的先進也指出，繪卷裡描繪的元曉的臉，和《樹上坐禪像》中明惠的臉很相像。〈寫給一座島的信〉中，明惠也表示對自己性格中癲狂的一面，有充分的自覺。對於「其行儀宛若狂人」的元曉之行為，明惠應該是抱著強烈的親近感吧。

〈義湘繪〉中部分附有理論性的說明文字，篇幅相當長。其中有一段，提出了這樣的問題：善妙化身為龍，追在義湘之後，難道不是一種「執著之過」嗎？確實，民間傳說中，有許多描述女性執著於男女的愛慾，因此化身為蛇或龍而追逐男性的故事。善妙和這些故事中的女性有什麼不同？這是這個問題的重點。讀完義湘與善妙的故事，感動之餘，明惠並沒有就這樣了事；他提出這樣的問題，並且以自問自答的方式，進一步地深入思考，這是明惠的特徵之一。

關於這一點，明惠這樣主張：最初善妙對義湘抱持的愛慾，的確是造成煩惱的「業」，但是善妙不只是化身為龍，她還變為大磐石，以護持佛法；由此可以得知，善妙並沒有身陷執著之中，而是昇華為高度的菩提心。明惠繼續陳述他的意見：「愛」

可分為親愛與法愛；雖然前者會造成人類的煩惱，但法愛是清亮純美的情操，這是我們必須分明的。不過，根據校註者小松茂美的看法，《華嚴緣起》的文字部分，有兩處誤筆。我們將忠實地引用原文，小松氏認為誤筆的部分，我們將它放在括號裡：

> 愛分親愛、法愛。法愛一向潔明，親愛則近染淨（「汗」？）。信位[譯註16]之凡夫以親愛為優、法愛為劣。三賢十地以法愛為優、親愛為劣。或謂，十地唯法愛有之。若愛心之事，依識地起染汗（「汗」？）之行相，名之曰乖道之愛是也。

華嚴宗認為菩薩有五十二位階，這裡所謂「三賢十地」的三賢，是其中十住、十行、十迴向之位階的總稱，十地則指最高的十個位階。換句話說，凡夫俗子多親愛而少法愛；成為菩薩之後，隨著位階的升高，最後將只剩下法愛存在。有趣的是，照文脈來說，應該是「親愛則近染汗」的地方，「汗」寫成了意思完全相反的「淨」字（染汗的「汗」，原文很可能是「汗」）。到底是明惠在撰寫原文時候的筆誤，還是抄寫者的錯誤？如今已無法確定，總之相當耐人尋味。

就算頭腦可以理解，我們真的有辦法將愛分成親愛與法愛嗎？只有法愛的世界真的存在嗎？我們真的可以那麼單純地將親愛貼上「染汗」的標籤嗎？這裡面有太多難以回答的問題。事實上，在這段文字之後，明惠接著說：「十住之菩薩，若愛如來微

譯註16　十信位之略稱。指菩薩五十二位階之前十信位。

妙之色身，而發菩提心，此即親愛之菩提心也。輕毛【譯註17】退位之凡夫，即令有德，若無愛心，亦難成法器。」明白表示他的想法。正因為親愛之存在，更從裡面誕生深刻的信仰。

　　愛的問題，包含著永恆的謎。明惠雖然用親愛與法愛這兩個詞語來切割愛，但是當他想用「汙」來描述親愛的時候，卻不自覺地寫錯了字。或許我們可以把這樣的錯誤，看作是他的無意識反對這樣的看法，因而發出如此明確的訊息吧。

女性形象的開花結果

　　《華嚴緣起》中，元曉與義湘的性格形成極端的對比，他們兩人面對女性的態度更是如此。筆者試著用圖表對照來表示這一點，這個圖表可以讓我們更為明白地看到他們行為的對比。

義湘	元曉
前往唐土（向外國求取教義）	途中歸國（向內尋求教誨）
對性的拒斥（拒絕善妙的求愛）	對性的接受（出入娼家）
接受女性（善妙）的幫助以傳播教義	透過教義的傳播而幫助女性（王妃）

義湘與元曉的對應關係

　　首先對於是否要前往唐土，兩個人的態度就有了分別。接下來是他們對於性的態度：義湘明白地拒斥性，回絕了善妙的求愛；相反地，根據《宋高僧傳》的記載——雖然《華嚴緣起》沒有這一段——元曉對性抱持接受的態度，甚至出入娼家。明惠終生守戒，不曾與女性發生性關係，但是卻能夠接受這樣的元曉，

譯註17　輕毛任隨風吹，忽東忽西，比喻心力進退不定。

不但視他為高僧，甚至為他製作繪卷。筆者認為這是極為重要的一點，從這裡可以窺見明惠的人生觀。

其次是與女性之間的關係。義湘在善妙的幫助下（化身龍、大磐石），得以廣布華嚴的教義；相反地，元曉透過傳授金剛經的教義，治癒了王妃的疾病。我們不知道作者是否有意如此，但是這兩個故事強烈的對比，令人印象深刻。

觀察元曉與女性的關係，從中可以看到兩種女性的存在——娼婦與王妃。前者強調女性的肉體，而且是與非特定眾多男性接觸的肉體。相對地，對一般男性來說，王妃是不可能接觸的存在。這種女性形象極端地乖離，在現代日本男性身上也經常可見。不愧是元曉，能夠分別以不同的方式，與這兩種女性接觸。雖然不可能與王妃產生身體的接觸，但是在精神上，我們可以視王妃為國民全體的母親。至於娼婦，不論是怎麼樣的男性，她都能夠接受包容。我們可以把王妃—娼婦，視為母性軸的兩個極端。雖然，這不必然與210頁顯示的諾伊曼之圖表吻合，但是我們可以從它得到某些問題的提示：與M軸相交的A軸，會是什麼樣的情形？

如果觀察義湘的故事，義湘與善妙的關係應該是發生在A軸，也就是阿妮瑪軸之上。王妃—娼婦的軸向，代表的是團體性質的關係；但阿妮瑪軸向則是非常個人的。善妙迷戀的，自始自終是義湘這個「個人」；在這裡，重要的是個人對個人的關係。善妙對義湘的情念雖然遭到強烈的拒絕，但她的愛卻因此而淨化，升高為宗教性的情操。從海底潛游的龍，轉變成漂浮在空中的石頭，也暗示了朝向高處的昇華。整個故事的重點在於它宗教性的價值。

　　但是，龍最後變成石頭，這件事有著什麼樣的意義？石化一方面象徵永恆，另一方面卻也意味著原本生成的情念失去了它的生命力。【註13】阿妮瑪軸上的情念石化了；義湘與善妙所成就的偉大志業，難道不是建立在這樣的犧牲上嗎？化成石頭的善妙，只能無止境地等待救濟，靜候生命力再度活性化的一天。《華嚴緣起》的手稿逃過戰火的摧殘，奇蹟似地流傳到今天，唯有善妙之龍石化那一部分，在戰爭中佚失了。筆者認為這不單單只是偶然，我甚至覺得那是閉鎖在石頭內的情念之火，有一天突然燃燒起來，將自己焚成灰燼。

　　從這個角度來看，明惠「善妙之夢」的成就，就顯得非常清楚。明惠在夢中，成功地讓石化的善妙再度得到生命。為了達成這樣的課題，明惠不得不在夢中明言，人人尊崇自己為大聖人。只有抱持著這樣自信的態度面對，才能夠將生命力賦予堅硬如石的陶器。

　　筆者將元曉、義湘以及明惠夢中的女性形象，都看作明惠內在的女性形象，做成下列的圖表。縱向的M軸是母性之軸，橫向的A軸是阿妮瑪軸。這個圖的結構並不必然與諾伊曼的圖表一致。

註13　河合隼雄曾在《昔話の深層》（福音館書店、1977）一書中，討論「石化」與格林童話〈忠臣約翰尼斯〉的關聯。

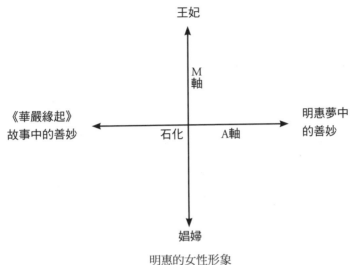

明惠的女性形象

　　元曉與女性關係中出現的王妃與娼婦，置於M軸的上端與下端，兩者都代表母性，沒有區別地「接受、包容」眾多的人；但是前者沒有身體的關係，後者則是具有身體關係的女性。相對地，A軸左端是《華嚴緣起》故事中的善妙，這位女性是年輕的處女，其個人尋求與男性的關係。但是和王妃一樣，處女沒有與男性身體的接觸。A軸右端的是明惠在夢裡看到的女性，他解釋為「此善妙也」的善妙，這位女性雖然存在於 A 軸之上，但是與男性有身體的接觸。

　　這裡的A軸、M軸也像諾伊曼所說的一樣，會在極點之處產生弔詭（paradox）；M軸的上下、A軸的左右兩端走到盡頭，會連接在一起。元曉毫不猶豫地讓自己往M軸的下方不斷掉落，最後得以與王妃接觸。當時許多其他的僧人，一方面與M軸下方的女性發生關係，但不敢貫徹到底，一方面卻又想要上升到王妃之

處；他們沒有任何一個人成功。換句話說，當時居於「高位」的僧人，以及「有德」的僧人，沒有人能夠像「其行儀宛若狂人」的元曉那樣，接近王妃。

同樣的弔詭，也發生在A軸上。對日本人來說，原本M軸的力量就過於強大，能夠持有 A 軸之女性形象的人少之又少。就算遇見A軸左端的女性，要不是產生石化的現象，就是輕易地向右方移動，在M軸落下，發生性關係——但那是一種與母性存在一體化的性關係。明惠毫不回頭地向左端的女性形象移動，換句話說，透過終生守戒，達成向右端的跳躍。透過拒斥與女性肉體的接觸，使得他得以產生與女性真實的接觸，這是何等了不起的弔詭。

我們可以說，透過賦予石化的善妙生命力，明惠在日本文化中達成一件偉大的工作：他讓在「九相詩繪」中死去的阿妮瑪重獲新生。可惜明惠成就的規模與尺度之巨大，遠遠不是後代日本人可以比擬，可以說在他之後，真正的後繼者，一個也沒有；而他本人，也沒有培養後繼者的意願。然而筆者認為，經過這麼多年與西洋文化的接觸之後，現在正是日本與西洋文化正面對決的時候。明惠完成的偉業，在今日更有重大的意義。

接著「善妙之夢」，我們要介紹的夢，據推斷同樣是在承久二年，作於七月頃：

> 一、夜，夢中見女房五、六人，親近尊重我。如此夢
> 想多有。後日之記故，不能分明。

多位女性靠過來，與明惠親近。或許因為明惠和其他僧人的

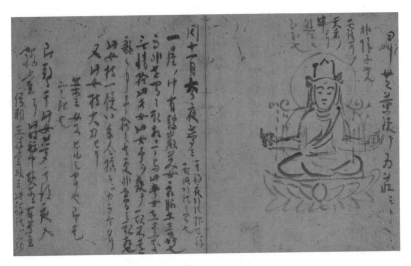

《夢記》毘盧舍那妃之夢（高山寺藏）

態度不同，他並不輕視女性，一方面與她們親近，卻又不至於墮
入性方面的關係。所以雖然明惠作了很多類似的夢，卻仍能夠保
持理所當然吧。接著是十一月七日的夢：

> 一、同十一月七日之夜，夢中見一大池塘，甚為廣
> 博。上師告樋口之女房曰：「當躍入此池。」（註：水連
> 狀若躍舞。）然，此女房縱身入池，宛若飛鳥。又來，其
> 衣物不濕。上師御覽之。

出現在這個夢裡的樋口，據說曾經在明惠造訪京都時提供他
住處，是明惠的庇護者。上師要樋口的妻子跳到池塘裡，她便真
的像飛鳥一樣跳進去；後來她再出現的時候，身上的衣物都沒有
弄濕。這是很有趣的一個夢，但很難解釋。不過，因為「濕」這

個字，原本就讓人聯想到男女的性關係，所以筆者認為這個夢表示果敢地進行某種事，卻沒有變成「濕」的關係。聽了上師的命令就跳到池塘裡這樣的行為，以及身體飛騰在空中的意象，令人感覺到強大的精神力與決斷力。

接下來的兩個夢，據奧田的推斷，出現在承久三年：

> 一、同十一月三日，申時，如案入眠。夢中見三昧觀時毘盧舍那像。其像之左右，覆耳天衣之半端，貫黃珠以飾之。非障子之光，乃掛覆耳天衣半端之瓔珞也。

> 一、同十一月六日之夜，夢中見（註：其為初夜之行法，欲坐禪修行之時）。屋中有端嚴美女，其裳甚奇妙也。然，非世間之欲相。予，此女共一處。無情捨此貴女。此女，欲近予，不欲遠離。予捨之而去。更，非世間之欲相也。此女，持一鏡，絡以金絲。又，此女，持大刀。

> 細思，女，毘盧舍那也。即，是為其妃無誤。（「毘盧舍那妃之夢」）

筆者想要討論的，其實是十一月六日的夢，不過因為在那之前的十一月三日，明惠夢見毘盧舍那像，還將它畫下來做成紀錄（請參照前頁圖片），因此我們將兩個夢合併介紹。十一月三日，明惠見到自己所信仰的華嚴宗本尊——毘盧舍那佛，應該是非常地高興吧。然而，六日他夢見貴女——根據他自己的解釋，是毘盧舍那妃，而且無情地捨她而去。

　　對筆者來說，這是個難解的夢，我考慮過各式各樣的可能，最後得出以下的結論。這個夢有兩點給人鮮明的印象：一、端嚴的美女對他抱著好感，靠了過來，明惠卻無情地捨她而去。二、解釋這個夢的時候，明惠直言：「女，毘盧舍那也。即，是為其妃無誤。」筆者認為這個夢和「善妙之夢」有互補的關係。在「善妙之夢」中，明惠許諾他與女性的關係；在這個夢中，對於「欲近予，不欲遠離」的女性，他卻「無情捨此貴女」。

　　我們在解釋「善妙之夢」的時候，曾經指出「女性」在佛教中一向受到忽視，但明惠卻能夠認識女性的價值，這種態度在佛僧之中，極為罕見。此外，夢見「毘盧舍那妃之夢」的時候，適逢承久之亂，明惠救助了許多戰爭中的未亡人，現實中有許多貴女對他抱持好感，希望能親近他。對於這樣的情形，明惠有必要「無情捨之」。

　　我們提過許多次了，在當時的僧侶之中，明惠是極少數能夠終身守戒的人。然而，一再割捨機會與女性發生性關係的同時，明惠的心也難免有所動搖吧。華嚴的教義中提到（我們將在下一章中詳述），「一粒一粒的塵埃之中，都有佛的國土安在」、「一粒一粒的塵埃之中，都有佛的自在力運行」。【譯註18】把一位女性視為毘盧舍那佛的顯現，或者看作佛之女性能量的顯現，可以說是理所當然吧。

　　從這樣的想法可以看出，當一位女性對佛僧抱持好感，並向他親近的時候，將會對這位僧人的內心造成重大的衝突與糾葛。做為僧侶，為了守戒，不得不拒斥女性；然而，對女性的拒斥，

譯註18　這兩句話是譯者從日文直譯的結果。中文有類似的說法：「一塵普周法界」、「一塵出生無盡」。兩者是否出自同一來源，譯者不諳佛學，不敢擅加斷言。

同時卻會成為對佛的女性面向之拒斥。面對這樣的糾葛,恐怕並沒有適用於所有人的「正確」選擇。身為一個「人」,我們所能做的,就是找到對自己來說「就是這個!」的選擇,為它賭上自己的全部存在,信守對自己的承諾,同時充分意識到,伴隨著我們的抉擇所必然會失去的東西——這是任何選擇都會具有的陰暗面。

所有的選擇,都會帶來某種哀傷或損失,但是我們可以說,無法果斷地面對抉擇的人,不算真的活過。「無情捨此貴女」之後,明惠表明「女,毘盧舍那也。即,是為其妃無誤」。從他的態度,我們可以看到他做為宗教家的決斷,以及他對於這個決斷之意義,所具有的充分自覺。

我們說,在這樣的時候,沒有所謂「正確」的選擇。重要的是如何決斷,如何了解它的意義。面對這個抉擇,明惠選擇守戒;與他同時代的親鸞,則選擇了相反的道路。接下來,就讓我們來看看親鸞與女性的關係。

四、親鸞與女性

與明惠同時代的佛僧,還有一個人正面迎向佛教中女性與性的問題,那就是親鸞。之前曾提到,明惠對法然進行了嚴厲的批判。法然／親鸞的佛教觀,與明惠顯著對立,這反映了他們的個性、成長過程,以及最初接觸佛教的經驗等等。不過,筆者主要想討論的,是他們與女性關係之差異。和異性的關係,可以讓我們看到一個人對人生的基本態度。

　　明惠歿後五十年成書的《沙石集》【譯註19】中，有一段文字，很能夠傳達當時佛僧們與女性間的關係：「末代之世，無妻之僧逐年稀少。後白河法皇亦云，隱者上人，不為者佛……如今之世，隱之上人少，不為之佛猶希。」一開始還會躲躲藏藏，避人耳目，到後來就人人明目張膽。不限於女性關係，當時佛僧墮落的情況似乎相當嚴重。明惠圓寂那年（1232），幕府頒布「貞永式目」的「追加法」，從「假號供用，煩擾遠近鄰舍，徒留恥辱」，到強奪、竊佔、偷盜等等，逐條詳列僧侶常犯的罪名，並且附以嚴厲的刑罰。三本七平在他的書中介紹了這些法條後，如此評論：「所有（有組織的）宗教都可能墮落，而且比世俗社會墮落得更徹底；但同時這也使得宗教改革與反宗教改革成為可能。」【註14】真是一針見血。身處在眾多墮落的僧侶之中，明惠與親鸞各自以不同的方式，同樣誠實地正視女性的問題。

親鸞的夢

　　親鸞曾經作了以下有名的夢，並且留下紀錄：

　　　　六角堂之救世大菩薩，現形顏容端政（正）之僧，著

　　白衲御袈裟，端座廣大白蓮，告命善信曰：

　　　　設若行者緣其宿報必行女犯

　　　　化身玉女，以遂其行

譯註19　《沙石集》是鎌倉時代中期成書的佛教故事集，由無住道曉和尚編纂，起筆於弘安二年（1279），成書於弘安六年（1283）。這本書對後世日本通俗文學有很大的影響，成書之後仍不斷增訂，版本甚多。

註14　山本七平，同前註（第二章註4）。

> 一生之間，莊嚴行事
> 臨終之際，引入極樂

> 救世菩薩，誦竟此文，曰：此文乃吾之誓願也。當為
> 一切群生聽聞，故告命之。我思，將緣此告命，令數千萬
> 有情聽聞，夢醒。

　　文中的「善信」，是親鸞當時的名字。親鸞親筆的紀錄，至今仍流傳下來。原文沒有記載日期，多數親鸞的傳記認為這是他在建仁三年的夢，但是松野純孝根據其考察推斷，^{【註15】}認為這是在建仁元年、親鸞二十九歲時作的夢。

　　親鸞為求了悟性的問題，在六角堂^{【譯註20】}進行百日參籠。^{【譯註21】}第九十五日，天色將明之際，他獲得上述夢告。救世觀音告訴親鸞，假使他因為前世因緣果報，必行那女犯^{【譯註22】}之事，觀音自身將化為女性，置身受犯之側，並於親鸞臨終之際，引導他進入極樂淨土。讓我們將觀音的這番話，和下列佛陀的言語做比較：「如同潛水折斷池中蓮花，棄斷愛欲之修行者，此世與彼世俱捨。宛若蛇脫去舊皮捨棄一般。」^{【註16】}其間的差異令人咋舌。救世觀音不但沒有要我們棄斷愛欲，甚至表示如果我們一定要行女犯之事，那他就變成受犯的女性。

註15　松野純孝，《親鸞——その行動と思想——》，評論社，1980。

譯註20　位於京都市中京區的頂法寺，因其本堂呈平面六角形，故通稱為六角堂。

譯註21　參籠是日語，意思是在神社、佛寺之中閉關，日夜祈願。

譯註22　女犯是日語，意思是男性（特別是僧侶）和女性發生性關係。但是文字上明顯有男性是主動者，女性是被動者的意涵，所以才會有觀音「置身受犯之側」這種講法（才能產生這種文法上的變化）。

註16　中村元訳，《ブッダのことば》，岩波書店，1958。

　　佛教這種強調母性原理的明顯變貌，並不是從親鸞的時候才突然發生的。如果我們觀察親鸞的時代之前編纂成書的佛教故事集，就可以看到在佛教中，母性要素逐漸受到強調的過程。舉例來說，《今昔物語》第十六卷〈本朝付佛法之卷〉中，記錄了許多觀音救濟世人的故事，其中〈女人事奉清水觀音而蒙受利益之故事第九〉中，記載了觀音現身為老嫗，幫助年輕女性的故事。還有一個值得注意的故事，出現在《日本靈異記》中卷〈情欲萌生愛戀吉祥天女之像、靈證奇緣第十三〉，在此記載了吉祥天女之像，接受修行者之愛戀的故事。《今昔物語》以及《古本說話集》中也有類似的故事。有一位在俗的佛教修行者，來到山寺借住。寺裡有一尊吉祥天女之像。修行者愛上了吉祥天，祈禱上天賜予他如天女般的美麗女性。某個夜裡，他在夢中與天女交合；隔日他仔細看吉祥天之像，其衣裙腰際之處，沾染了不淨之物。【譯註23】這個故事可以有許多種解釋，總之值得注意的是，吉祥天女接受人間的愛欲這件事。

　　這些佛教故事，只停留在「故事」的層次，但是親鸞的夢，則提升到啟示的領域，這和他真摯的態度有關。以吉祥天女的故事來說，她引用了《涅盤經》的一句話：「多淫之人，臨畫中之女亦生情欲。」這多少有譴責該位修道者多淫的意思。在《古本說話集》中，類似的故事甚至以笑話的形態出現。當然。這個故事裡，也有「天女親身賜予交合，何等感激」這樣的字句，強調天女悲憫之心的一面。但是親鸞的夢告之中，顯示了觀音菩薩無限的慈愛與果決的意志，更讓我們感受到高度的宗教情操。

譯註23　指精液。

真宗高田派專修寺代代相傳，收藏了據說出自親鸞的〈三夢記〉。雖然學術界一般認為那是偽作，但古田武彥認為那確實出自親鸞之手。【註17】無論如何，讓我們引用松野純孝的介紹：

（一）建久二年九月十四日之夜（聖德太子告敕善信。親鸞十九歲）

　　我等三尊教化塵沙之界

　　日本之域相應大乘之地

　　細聽、細聽，我之教令

　　汝之天命僅有十餘

　　命終之時速入淨土

　　善信、善信，真實菩薩

（二）正治二年十二月三十日四更（同十二月上旬，於比叡山南無動寺之大乘院。如意輪觀音之告命。親鸞二十八歲）

　　聽、聽，汝之願將獲滿足

　　聽、聽，我之願亦將滿足

（三）建仁元年四月五日寅時（六角堂之救世大菩薩告命善信。親鸞二十九歲）

　　設若行者緣其宿報必行女犯

　　化身玉女，以遂其行

註17　古田武彥，〈半生の霧〉，吉本隆明編《親鸞》，法藏館，1984，所收。

一生之間，莊嚴行事

臨終之際，引入極樂

　　據說建長二年（1250），親鸞七十八歲的時候，將〈三夢記〉寄給他的女兒覺信尼。第三段和之前介紹過的是同一個夢。這份手稿的真偽，屬於文獻學的問題，筆者不是這方面的專家，無法評斷，但是它的內容可信度很高。受到近代啟蒙主義的強力影響，或許有很多人會對這些夢抱持懷疑的態度，認為它們的涵義未免過於清楚、條理過於分明。但是本書一路論述下來，讀者們應該也可以了解，就是這樣的宗教天才，才會作完成度這麼高的夢，這是理所當然的。

　　只不過，親鸞的夢記採取了詩的形式，明惠的《夢記》則是忠實的敘事紀錄，這一點有所不同。親鸞的夢記或許會讓人感覺到斧鑿的痕跡吧。第一個夢的最後，重複地叮嚀「善信、善信」（好好地相信吧！好好地相信吧！）。也有人認為「善信」是親鸞作了這個夢大約十年之後，才取的名字；會出現在這個夢裡，恐怕是後來的偽作者人為的附會。但是筆者認為剛好相反，應該是這個夢的內容對親鸞造成很大的衝擊，所以後來他才會為自己取名「善信」。無論如何，不去了解夢的真實情形，只想要以淺薄的合理主義，來理解親鸞的夢與信仰，必定會生出這些疑問吧。

　　古田武彥將親鸞的第一個夢，和明惠十三歲時的捨身提出來比較，我認為這切中要點。親鸞接受「汝之天命僅有十餘」的夢告，明惠則企圖捨棄自己的生命。兩者都是在青年期的時候，以「賭上全部性命」的態度面對佛教，在這些故事裡看得很清楚。

另外，親鸞得到第一個夢中的夢告時，他剛好十九歲，和明惠開始記錄《夢記》時同齡，這一點也耐人尋味。第一個夢中，親鸞被告知天命只有十餘歲，這可以有兩種解釋：第一、照它字面上的說法，親鸞應該在當時就死去；第二、親鸞的內在將發生強烈的變化，他將要經歷死亡與再生的體驗。如果我們考慮親鸞在二十九歲時，有了第三個夢那樣的體驗，顯然第二種解釋，才是第一個夢的真正意義。雖然兩者的方向不同，但親鸞和明惠都透過直接面對死亡——明惠是透過捨身的嘗試——進行逼近極限的修行，因而得到高度的宗教體驗。第二個夢中的夢告「汝之願將獲滿足」，應該是對親鸞的一種鼓勵吧，告訴因為不斷修行而感到疲倦的他，願望實現的日子就快到了。

明惠和親鸞雖然立場各異，但是他們都正面面對女性的問題，而且在解決問題的過程中，夢扮演了極為重要的角色，這是他們的共通之處。接下來，我們要把焦點放在「女犯」的問題上，觀看明惠與親鸞的對比。

女犯

在討論明惠與親鸞對女性的關係之前——特別是女性關係和夢的關聯，必須先強調筆者的立場。我將出現在男性內在的女性，視為一種隱喻（metaphor）。否則，我們將會愚蠢地把親鸞的夢，單純看作對性慾的肯定；或者膚淺地評斷明惠的夢，認為它們證明了即使謹守戒律的清僧，也會為性慾所苦。

話說回來，《明惠上人傳記》裡生動地記載了當時的僧侶為了遵守淫戒，是如何吃盡了苦頭。弟子喜海表示不願和寺內其他僧人一起生活，想要一個人隱居的時候，明惠跟他說了一番話。

這番話的前半，之前已經介紹過了（187頁）；接著明惠告訴喜海阿闍梨公尊【譯註24】的體驗：公尊受不了和其他僧人接觸的雜沓，一個人跑到山裡隱居。前半年左右，他尚能專心修佛，後來卻意想不到地，他的性慾高漲了起來，不論如何壓抑，也沒辦法讓它消失。他心想，這樣的狀態只會成為修行的阻礙，因此他決定滿足自己的欲望，以一掃迷心。於是他變裝前往花街，沒想到途中突然生起病來，只好回去。過不久，他又被欲望佔據，於是來到京都的街上，卻踩到埋在路旁的尖木棒，痛得不得了，只好又回去。第三次他終於成功抵達花柳巷，卻遇見認識的人，只好又落荒而逃。這接二連三的荒謬遭遇，終於使公尊了解到隱居的困難，因此就回到神護寺去了。

喜海聽了這番話，終於放棄了隱居的想法。這段公尊的故事，詳實地顯示出遵守淫戒的困難。針對它的困難，明惠對弟子們說了一段話，《傳記》裡如此記載：

> 上人常語曰：「吾年少即以貴僧為志，願一生清淨不犯。然，吾亦不知所託之魔者為何，每每淫事之便利俱備，即生奇妙之阻礙，終得遂我志也」云云。

看了這段話就可以知道，有無數次的場合，明惠就要輸給了誘惑，幸好因為「奇妙的阻礙」出現，才沒有前功盡棄。或許有人會因此認為，其實在明惠和之前所說的公尊之間，不過是一百步與五十步的差別，沒必要特別稱明惠為「清僧」。的確在

譯註24　阿闍梨是天台、真言宗的一種僧職，引伸為有德高僧的尊稱。公尊是人名。

這一點上，會產生各種分歧的意見，但筆者認為一個人了不起的地方，並不在於他感覺不到性慾，或是能夠完全壓抑性慾；重點是一個人在感覺到性慾的同時，要如何正面處理。看起來，明惠確實覺得這麼大的問題，單靠人類的意志力是沒有辦法處理的。他曾經差點屈服在誘惑之下，表示性的力量比他的意志力還強；幸好難以預料的阻礙阻止了他。其實，明惠能夠判斷這些阻礙來自神祕的力量，並且因而「打消」他的性慾，顯示他有足夠的意志力，能夠突破自我的界限，走向自我轉變的艱難道路。至於公尊，雖然也因為各種意想不到的妨礙，導致他最後沒有發生性行為，但是他不但無法認識這些阻礙背後的神祕力量，也無法因此而改變自己的態度，可見他的自我（ego）力量不足。

以親鸞來說，他並不單純只是認可性慾的存在；如果是這樣，就不會有任何煩惱了。就算真的有些不安，只要像公尊那樣，說一聲「這樣的狀態只會造成修行的阻礙」，給自己找個姑息的藉口，聽任自己的性慾行事就好了。但是從頭到尾，親鸞都避免讓自己簡單地下判斷，而向超越性的存在尋求解答。他因此得到的答案是：「觀音將親身化為女性，來接受包容」，究竟代表了什麼樣的意義？筆者認為這導向親鸞後來所提倡的「自然法爾」。他將來自人類內心最深層的東西，視為「自然」。但是，在親鸞能夠從他內心最深層，得到「自然法爾」的思想之前，上述的深刻苦惱以及夢告，都是必要的。

日本原有的「自然」（じねん，jinen）這個概念，和西方的nature是不同的。原本日語中並沒有和西方的nature相對應的概念；當日本人要談論nature的時候，他們用「山水草木」這個詞語來表現。當初將nature這個概念引進日本時，借用了「自然」這兩

個字來翻譯它，並且讀成しぜん（shizen），導致現代的日本人將這兩個概念混為一談，造成許多誤解。對於這個現象，柳父章先生有詳細的論述，【註18】筆者就不再重複。在這裡我只想指出一點：不論我們如何解釋「自然」，都必須處理一個問題：就是我們如何看待「自然」與人類意識的關係。如果人類完全是自然的一部分，那麼所謂人類的自我意識，就不可能存在。西方的現代自我，將焦點置放在自我意識上，透過強化的自我，切斷自我與自然（nature）的關係，以觀察自然，並且企圖支配自然。佛教則採取相反的立場，主張去除我們對「自我」的執著。然而只要人活著，「自我」就很難消滅，因此，明惠與親鸞的差異，就在他們如何處理「自我」與自然（じねん，jinen）的關係；而這個差異，表現在他們與女性（做為隱喻的女性）關聯的方式上。

　　且讓我們再一次參考249頁的圖表，思考做為隱喻的女性。親鸞沿著這個圖的M軸，達成了他的超越。換句話說，透過往娼婦的方向下降，他得到「當為一切群生聽聞」之夢告，在精神的次元上，升高到日本王妃的位置。與觀音的一體感，象徵著與自然的一體感。不過我們必須注意親鸞對「自然」的解釋。以下為讀者引述著名的〈自然法爾章〉：

　　　　自然（じねん）之謂，自乃出於己，非行者之計，皆
　　緣因得果也。然之謂，緣因得果之謂也，非行者之計，因
　　如來之誓願也。

註18　柳父章把這件事情說得很清楚。請參閱他的《翻訳の思想　「自然」と
　　　NATURE》，平凡社，1977。

在這裡，親鸞要我們把「然」這個字唸作「しからしむ」（shikarashimu，緣因得果的意思），特別值得深思。日文的「自然」一詞，源自中國。根據福永光司的研究，「自然」一詞最早出現在老莊學派的古典文獻中。他說，老莊所說自然的意思是「本來就是如此的事情（本來就是如此的東西），沒有加上人的作為（沒有人為的歪曲或人為的汙染），原原本本的存在方式。它並不表示存在於外界的所謂自然世界，或是與人類相對的自然界」。【註19】從上述的文字可以看出，儘管親鸞的「自然」和中國的思想極為接近，但是他要我們將「自」、「然」唸作「おのづからしからしむ」（緣己之因而得其果），而不是「おのづからしかる」（出於己之本來面貌），這之間有很微妙的差異。因為「行者之計」和「如來之誓願」不同，所以才「緣己之因而得其果」；如果「行者之計」完全等於「如來之誓願」的話，那就是「出於己之本來面貌」了。親鸞一方面認識到如來的誓願才是根本，但同時也承認行者之計的存在，這讓我們看到他的苦惱。「行者之計」就像加在紅豆湯裡面微量的鹽；如果去掉這微量的鹽，聽任「出於己之本來面貌」作用，反而就引不出甜味來了。筆者認為，「出於己之本來面貌」裡潛藏著某種契機，導致親鸞以後的真宗僧侶，不斷地沉淪墮落。

明惠這方面又是如何呢？他強調「あるべきようわ」（如其應然），其中的「ある」（存有）和親鸞的「自然」（じねん，jinen）有共通的一面。黑木幹夫曾經比較研究親鸞與明惠（還加上宣長），他指出，在他們身上可以看到日本人共通的思維模

註19　福永光司，〈中国の自然観〉，《自然とコスモス》新岩波講座哲学5，岩波書店，1985，所収。

式。黑木的論述其實是沿著上述的思考脈絡。他這麼說：「親鸞和明惠的基本思考方式，並沒有不同。他們的思想，都源於這樣的認知：現實是無法推算得知的東西。」【註20】筆者也有同感。這裡所說的「現實」，就是親鸞的「自然」（じねん），明惠的「ある」（存有）；換句話說，就是存在本身。

明惠不說「如其本然」，而說「如其應然」，這擴大了他與親鸞的差異。如果以與女性的關係來說，明惠和善妙的關係，與阿妮瑪軸的存在有關。堅守戒律，需要自我的強力參與。然而光這樣是不夠的，自我需要向右方跳躍。透過這樣的跳躍，我們將學習到一件事：不論我們將「自我」看得多麼重要，自我並不是世界的中心。那些倚賴自我的力量，卻無法產生跳躍的人，經常因此而「石化」。因為石化而不與女性交合的人們，並不能算是遵守戒律。對於被石化而失去生命力的人來說，根本沒有立下戒律的必要。明惠也曾經批評，那些僅僅熱衷於「學問」的學僧之中，有些人其實已經石化了。在過多的知識與僵硬的思考之中，靈魂將死去。

明惠同時與M軸和A軸產生關聯，使他充滿人性的魅力。然而做為一個人，雖然他的存在本身就具有宇宙論的意義，但是他卻無法將自己的思想化為尖銳的「教義」而流傳後世。相反地，親鸞的立場與傳統日本人的心性較為吻合，容易展現為「教義」。本來親鸞的超越發生在M軸上（母性原理），西方人的意識形態或「教義」則透過父性原理而確立，兩者極為不同。但不論怎麼說，親鸞的思想很能夠吸引日本人，才會形成足以流傳的「教

註20　黑木幹夫，〈親鸞・明惠・宣長〉，《現代思想》，13-7・臨時增刊，青土社，1985，所收。

義」。

　之前我們談過，從「宗教史」的角度來看，親鸞與明惠所佔有的地位，其差異之大，幾乎無法比較。但是我們也引述了山本七平的看法：從鎌倉時代到明治年間，規範日本人生活方式的「貞永式目」，它的思想背景，就是明惠的思想。山本指出，「貞永式目」是一本沒有任何法理根據的「法典」，世界上少有，唯一在背後支持它的理論基礎，就是明惠的「如其應然」。山本還認為，到明治時代為止，《明惠上人傳記》「恐怕是最廣受閱讀的書本之一」。親鸞的教誨透過宗教界對日本人產生很大的影響；相反地，明惠的思想則強烈地影響了日本人的日常倫理。筆者認為這是因為明惠的立場，並沒有轉變成尖銳的教義，同時他考慮到「自我」的關聯，將日常生活所必要的自我存在包含在他的思想中，因此對日常倫理有很大的幫助。當然，這樣的不同，無關乎明惠與親鸞哪一個的宗教修養比較深，而只是反映出兩者的思考方式有極為根本的差異。

　明治時代以降，西洋學問的勢力變得強大，教義鮮明的親鸞——話雖如此，和西式的教義完全不同之處，才是他的教義價值所在——浮出宗教史的檯面，明惠則失去了他的舞台。但是，當今在西方，有許多人正試圖改變知識的典範（paradigm），我們正面臨日本人與西洋文化的對決。思考明惠的意義，也是當前的課題之一。

【第七章】事事無礙

　　到目前為止，我們透過明惠夢中女性形象的變化，仔細地觀察了他內在成熟的過程。但是從《夢記》裡可以得知，明惠的夢還循著另一條平行的脈絡發展，那就是他所信仰的華嚴教義。對明惠來說，夢與現實中的修行具有同等的價值；明惠的夢，和他透過經典學習到的事物，以及他從事的修行，有密切的關聯。

　　現存《夢記》中的「文殊現形之夢」，可以算是這個系列最早的一個夢。接下來我們將考察承久二年（1220）眾多紀錄之中，一些屬於這個脈絡的夢。吉哈主要以這個觀點來解釋《夢記》，[註1] 因此筆者將一方面參考他的文章，一方面談談自己的想法。

一、身心凝然

登上兜率天

　　明惠在承久二年六月，作了以下的夢，記載在《夢記》之中：

> 　　一、六月禪修中，登兜率天。菩薩一人有之，於彌勒寶前，磨金桶，置沉香於其中，為予沐浴云云。（「登兜率天之夢」）

註1　參見吉哈，第一章註22。

這個夢裡提到的兜率天，指的是欲界六天中的第四天。按照佛教的說法，這個天的內院，是即將成佛之菩薩的住處，彌勒菩薩在這裡說法。夢見登上兜率天，對明惠來說是個重要的夢。明惠的著作《華嚴佛光三昧觀冥感傳》中，對這個夢有更詳細的記述，為讀者們介紹如下：

> 承久三年夏六月，依圓覺經普眼之章坐禪。坐禪中得好相。其謂，我身忽輕，升上虛空，至於四王天。自四王天，經忉利天，越夜摩天，以至兜率天，彌勒樓閣之寶前。然未見彌勒菩薩。樓閣之前有菩薩一人，其形如普賢菩薩。立以沉水香磨之，入於黃金之桶（註：形如人間之足桶，寸法亦同）。其時，以其香水沐浴予之遍身。身心適悅也。其時出觀，坐禪畢。

首先我們必須注意的，是這個夢的日期。這裡明白地寫著「承久三年夏六月」。但是《夢記》裡的同一個夢，奧田勳卻推斷為承久二年的夢。早年奧田認為《夢記》第十篇裡的夢，幾乎全部發生在承久二年。後來他根據自己的研究，修正了自己先前的看法：這裡面應該也有承久三年的夢，【註2】但他仍然認為這個夢發生在承久二年。說不定有的讀者會想，承久二年或三年，沒有太大差別，但以這個夢來說，差別可大了。承久之亂發生在承久三年，如果是這一年的夢，就剛好是發生在動亂之中，那麼對這個夢的所有解釋，就都必須考慮到這一點。另外，高山寺所

註2　參見奧田勳，第一章註9。

保存的《栂尾御物語》一書記載，這個夢的日期是承久二年六月
十六日。還有一個線索，可以幫助我們判斷：《華嚴佛光三昧觀
冥感傳》（之後將簡稱《冥感傳》）的開頭寫著「承久二年夏，
禪中得好相」。如果看《夢記》的手稿，這句話和「登兜率天之
夢」記在同一個折本上。還有，這些夢的記載之間，沒有太多的
空白，應該是連續寫下來的。根據上述幾點觀察，這些夢應該是
承久二年沒錯。《冥感傳》寫成「承久三年」，應該是抄寫時的
筆誤。

　　話題再回到夢本身來。《冥感傳》對這個夢的記載，比《夢
記》詳細很多：明惠的身體變得很輕，升上空中，經過四王天、
忉利天、夜摩天，到達位於第四的兜率天，而且沒有看到彌勒菩
薩。或許，明惠還不到可以與彌勒會面的時候，但是普賢菩薩以
香水清洗他的身體，這是非常精彩的事，明惠以「身心適悅」來
表現。上田三四二形容得好：「明惠是個透明體。他離開肉體極
度遙遠。」【註3】透過這些夢，明惠正逐漸接近如此的存在。

　　接在這個夢之後，《冥感傳》裡寫著：「其後，頻生好
夢」，並且予以介紹。由於這些夢在《夢記》裡也有記載，我們
先以《夢記》為本：

　　　　一、六月，天上垂下一桿，其端有繩丈許。予取之，
　　其末附於晴天。分為五十二位云云。又，或（註：月性
　　房）云：「東大寺之大佛，年來不若所思，實小佛也。
　　又，薄其側之金箔，其土體顯。予欲勸進以重鑄大佛，然

註3　　　上田三四二，同前註（第四章註1）。

今之眾人不可依用，恐未能行。」云云。（註：同夜之夢
也）（「天垂棒子之夢」）

看了這些夢，令人想起明惠年輕時候的「登塔之夢」以及
「五十二位之夢」。事實上，明惠也在《冥感傳》裡提到這兩
個二十歲左右作的夢。當時產生的上升主題，經年累月徐徐地發
展，終於開花結果。

根據《冥感傳》的記述，天上垂下來一枝棒子，它的一頭接
著繩子，明惠抓著繩子這一端，向天上仰望。這棒子分為五十二
段，代表菩薩的五十二階段。明惠在《冥感傳》中，試著解釋這
個夢：棒子一端所連接的一丈左右長的繩子，乃是菩薩五十二位
最初的十信。五十二位（修行的五十二個階段）依次分別是十
信、十住、十行、十迴向、十地、等覺與妙覺，但明惠的教義體
系認為，能夠達成最初十信位的人，就已經成佛了。十信之後是
十住位的初住「發菩提心」，這是「不退轉」之位，如果能夠到
達這裡，將在文殊的引導之下遍歷五十二位；換句話說，就是已
經到達佛之位了。明惠的這個想法，在之後我們會介紹的「身心
凝然之夢」中，將變得更為明確。

同一天夜裡有關東大寺大佛的夢，甚至包括明惠自己在《冥
感傳》裡所做的解釋，就像吉哈說的：「意義極為不明。」東大
寺的大佛比想像中的小，必須重新鑄造，這或許是暗示到當時為
止，日本對華嚴的理解有問題，而明惠必須重新向世人解釋華嚴
的教義吧。

承久二年七月二十九日，明惠在坐禪中得到好相。雖然《夢
記》也有記載此事，但是《冥感傳》的記述比較詳細，因此我們

引用《冥感傳》：

> 問：何以得知此光明真言，相應此三昧之真言？答：
> 論此雖非易事，然冥冥中自有大聖加被。【譯註1】予，承久
> 二年夏頃，修此三昧百餘日，同七月二十九日初夜，禪中
> 得好相。即，面前現白色圓光，其形如白玉，徑一尺許。
> 左方有一尺二尺三尺白色光明充滿，右方有光明如火。聞
> 聲告之曰：「此為光明真言。」出觀之時細思，此間甚有
> 深意。如火光明，乃照耀惡趣之光明。別本之儀軌所述：
> 「如火光明惡趣消滅。」即此之義也，云云。

　　這裡很明白地記載著，這個禪中好相見於承久二年，再參
考《夢記》的同樣記載，可以斷定其餘群夢是承久二年的夢。這
裡所說的「此三昧」，指的是「佛光三昧觀」；這個好相，是明
惠佛光三昧觀的基礎之一。他認為「光明」是「消滅惡趣」的
東西，這個「光明」可以看作就是華嚴的世界。井筒俊彥曾經指
出：「此經（華嚴經）開展之意象，乃是無所不在『光』的隱喻
之無限連鎖、無限交錯、無限重疊的盛況。」【註4】明惠透過修行
「佛光三昧觀」，得以接近如此奪目的光之世界。

　　這種「光」的意象，讓人聯想起最近大量出現的瀕死經驗。

　　隨著急救技術的迅速發展，經歷瀕死經驗的人也大量增加。
醫學上判定已經死亡的人，再度甦醒過來；這段「死亡」的期

譯註1　指諸佛如來以慈悲心加護眾生。
註4　井筒俊彥，〈事事無礙・理事無礙（上）—存在解体のあと—〉，《思想》733号，岩
　　　波書店，1985，所收。

間，他們經歷了什麼樣的體驗？最近這方面的研究非常盛行。筆者不打算在這裡詳細引述，但這些瀕死經驗的報告有一個共通點，就是大多數的人都看到了奇妙而不可思議的光，許多人稱之為「生命之光」。著名的《西藏死者之書》【譯註2】中提到的「光明」，和這種光有許多類似性。我們在討論「明惠的意識」時也曾經說過，明惠的禪中之意識，幾乎到達等於瀕死狀態的地步。從這一點推測，或許明惠屢屢在坐禪當中，經歷類似「瀕死經驗」的經驗，因而接觸到這樣的「光明」吧。

身心凝然之夢

明惠抵達兜率天這一連串夢的頂點，筆者命名為「身心凝然之夢」。明惠自己也覺得這是個頂點吧；接在這個夢之後，他沒有撰寫直接的解釋，而是經由這個夢的觸發，展開了教義的論述，彷彿挾帶著夢的能量，是一篇無懈可擊的文章。這是承久二年八月七日的夢：

> 一、同初夜坐禪之時，祈願滅罪之事，得戒體。好相若顯，願授戒於諸人。禪中，其如六月之時，身心凝然。空中懸琉璃之棒，狀如筒，其中空虛。執其端，引予而上。予緣之至於兜率。筒之上有寶珠，淨水流出，遍灑予之身。其後，予心思云，欲見予之實體。立時面如明鏡，遍身亦漸如明鏡，圓滿如水晶之珠。動轉之中至於他所。

譯註2　《西藏死者之書》原書名是*Bardo Todol*，英譯為「The Great Liberation upon Hearing in the Intermediate State」，據說是首位將佛教傳至西藏的高僧蓮花生大士（Padma Sambhava）於西元八世紀寫成，有關死亡與來生之間，為死者所寫的導引。這本書和索甲仁波切的《西藏生死書》（1992）不是同一本書，讀者切勿混淆。

待命告，即聞聲曰：「諸佛悉入其中。今，汝得清淨。」
其後，身形變巨，一間【譯註3】之上飾以七寶瓔珞云云。即
出觀畢。又，於其前出真智慧門，遍歷五十二位。信位之
發心乃文殊也。佛智分十重，現此空智。此十住之中，攝
一切理事，盡諸法。是故文曰，十方如來初發心，皆文殊
教化之力也。十住佛果由文殊大智門而生故。住果生於真
智，即佛果由文殊而生也。初住之一分生於信位，即文殊
為佛果之弟子也。即，因果之互為是也。此下十行，乃普
賢大行之具足也。十迴向乃理智之和合也。此去生十地，
無理智作為，又，證得冥合【譯註4】也。佛果能生此也。禪
定之中忽得此義，即，因果與時俱同。當思此。紙筆難記
云云。（「身心凝然之夢」）

這個夢在《冥感傳》裡也有詳細的記述，甚至有些部分是
《夢記》裡沒有的。因為這個夢實在非常重要，雖然有所重複，
筆者還是要引用《冥感傳》的記載：

　　同八月七日，初夜禪中，身心凝然，如存若亡。虛空
中有菩薩三人，是為普賢、文殊、觀音，手執琉璃之杖。
予，以左右手堅執杖端。菩薩執杖之本，予執其末。三菩
薩，引杖上舉。予掛於杖，忽而至兜率天，抵彌勒樓閣之
地。其時，身清涼而心適悅。倘欲取物，亦無物可取。忽
見琉璃之杖立於寶地，杖頭有寶珠，寶水自寶珠流出，遍

譯註3　「間」是古時候日本丈量長度的單位；一間等於六尺，約為 1.818 公尺。
譯註4　指眼睛雖然看不見，可是兩者融為一體。

浴予身。爾時，予之面忽然如明鏡，遍身亦漸如明鏡，遍
身漸圓滿如水晶之珠，運轉如輪。其勢如七、八間許之宅
舍。其如禪中之奇異心想。其時，忽聞空中有聲曰：「諸
佛悉入其中。今，汝得清淨。」其後，回復本身，見虛空
中垂飾七寶之瓔珞。予在其下，得此相時，出定【譯註5】
畢。

　　既然《夢記》裡說：「其如六月之時，身心凝然。」可見
六月「登兜率天之夢」的時候，明惠也曾處在同樣的狀態。那
麼，所謂的「身心凝然」是什麼樣的狀態呢？關於這一點，《冥
感傳》中「身心凝然，如存若亡」這一句話可以幫助我們理解。
我想那是一種身心合一、幾乎沒有重量的透明存在狀態。透過修
行，明惠的身體存在和他的心一起變化，這是一個重要特徵。從
幼年開始，身體就一直是他的重大課題。明惠抓著空中降下來的
琉璃棒，上升到兜率天，但是《冥感傳》裡記載得很清楚，把他
拉上去的，是普賢、文殊、觀音三位菩薩。明惠用「身清涼而心
適悅」來形容到達兜率天的感覺。

　　琉璃杖上有寶珠，從寶珠裡流出寶水，洗浴明惠的全身，
這一點和之前「登兜率天之夢」一樣。這時明惠的身體產生巨大
的變化，首先是臉孔變得像一面鏡子，接下來全身變成像水晶的
珠子一般，也就是「透明體」的狀態。這時候空中傳來聲音說：
「諸佛悉入其中。今，汝得清淨。」「諸佛悉入其中」可以說正
是華嚴世界的體現，接下來我們會說明。

譯註5　　指結束禪定，恢復精神常態；相對於入定。

　　明惠自己的評論非常詳細，他認為十信之位的達成，就是經由文殊的智慧，遍歷五十二個菩薩修行的階段，已經是成佛了。在結語的部分，他說：「禪定之中忽得此義，即，因果與時俱同。」這是非常能夠表現華嚴精神的想法。稍後我們會討論華嚴教義與這個夢的關聯。

　　看了這個夢，我們不難理解明惠這個人對宗教教義的理解、他的修行方式，還有因此產生的夢與意象，全部融合成一體，並且和他的生活方式有密切的關聯。他「行住坐臥」的全體，都和深刻的宗教性緊緊結合在一起。

　　接下來要談的事情，有點小道消息的味道。筆者在通讀《夢記》的時候，發現緊接在「身心凝然之夢」之後，有這樣一小段的紀錄：

　　　「同十八日記之。其夜，同十日有彼之事」

　　這個紀錄使我印象深刻。筆者推測，經過了「毘盧舍那妃之夢」，這裡所說的「彼之事」，應該是與女性有關；明惠覺得應該要記下來，但又不好寫得太明白。按照這個想法的話，這前後的夢紀錄發生於承久三年的可能性頗高，因為承久之亂以後，明惠與女性接觸的機會變得多了起來。然而，奧田勳在當時有關《夢記》最可信的資料《明惠上人資料　第二》中主張，上述幾個紀錄都是承久二年的東西。

　　但是觀察《夢記》手稿的影印本，上述「有彼之事」這段紀錄，字體非常小，應該是後來在筆記中空白的地方補寫上去的；這又加強了筆者的推測。前一章我們也討論過，女性關係對明惠

來說，具有極深的意義。每當他面臨破戒邊緣，就有「奇妙不可思議」的阻礙發生，這件事引起他許多的思考。因此，他將這類的體驗記錄下來，也是不無可能。

另外還有一點：承久二年的夢數量出奇地多，極有可能是錯簡；承久三年的夢，因而誤植於承久二年。再參考《冥感傳》「承久三年」的註記，筆者一時以為疑問已獲得解答。但是這樣一來，「身心凝然之夢」與「善妙之夢」也就很可能是承久三年的夢。在筆者的想法裡，正因為明惠在承久二年成就了如此深刻的宗教體驗，之後在捲入承久之亂時，才能如此冷靜地應對。如果連這兩個夢也是承久三年的東西，那麼上述的狀況就難以理解了。正當筆者難以決定想法之際，接觸到了奧田勳最新的研究；他判斷正好從「同十八日記之。其夜，同十日有彼之事」這一行開始，屬於承久三年。如此一來，所有解釋的邏輯就都說得通了，令人高興。當然，從「彼之事」以及「毘盧舍那妃之夢」來思考明惠與女性現實上的關係，只不過是筆者的猜測而已。

「身心凝然之夢」可以說是明惠宗教體驗的高峰之一。接下來為讀者介紹承久三年（據奧田勳推測）最後的一個夢紀錄：

> 一、六月二日之夜，夢中云，自某處向西行。然，至於一條大臣殿御門前，見黑犬一匹，纏我足，甚為親馴。心思，余飼此犬經年，然今日出外時未見其蹤，至此御門待我也。不知何時來此，如今當相伴不離。此犬狀如小馬，年幼，毛色光鮮，似經梳理云云。（「黑犬之夢」）

不斷升高到達兜率天的明惠，在這個夢裡和一條黑狗親近。

在人格發展的過程中，高高地上升與深深地下降，都是必要的。在兜率天接觸彌勒，和在地上與黑狗親密地遊玩，兩者一樣重要。如果明惠的《夢記》裡，像這種黑狗的夢一個也沒有的話，對於明惠自我實現的過程，筆者或許就要抱以懷疑的眼光了。高與低、白與黑、善與惡，一切都包含在自我實現的過程裡。

黑狗來到他的腳邊廝磨，明惠心想這是自己餵養多年的狗。接著他想：「今日出外時未見其蹤，至此御門待我也。不知何時來此，如今當相伴不離。」筆者讀了這一段記述，覺得它充滿了華嚴的精神。為什麼說它充滿了華嚴精神？下一節我們將簡單地討論華嚴的世界，同時回答這個問題。

華嚴的世界

過去，其實不要說是《華嚴經》了，筆者對所有關於佛教的事物，幾乎都沒有什麼興趣。因為受到明惠《夢記》的吸引，在明惠的引導下，才第一次讀了《華嚴經》。但就算讀過了，也是一片茫然；《華嚴經》不是那麼簡單就可以理解的東西。好像天生眼盲的人，長大成人之後才透過手術，第一次有了視覺，進入眼中的只有光、光、光，完全看不到個別事物的樣貌。《華嚴經》對我來說也是如此，我只看到處處滿溢著光明，但個別的章節在說些什麼，和全體又有什麼關係，我完全無法明白。然而，雖然不明白，我還是繼續讀下去。不可思議的是，漸漸地，我內心感受到一些難以名狀的東西。在眾多對《華嚴經》的解說之中，中村元這樣說：「這部經典極為複雜，宛如汪洋大海，沒有著手之處。但是就算不能清楚地理解，如果你誠心地讀下去，佛陀那無以形容的廣大智慧，就會在不知不覺之中，無聲無息地進

入我們的內心。」【註5】這實在說得再貼切也不過了。

對筆者來說，這畢竟不是憑著我自己的思考可以整理出來的東西，因此我將以井筒俊彥在愛諾思年會（Eranos Conference）【譯註6】上所發表有關華嚴哲學的論文【註6】（它也幫助了我理解「身心凝然之夢」）為基礎，就華嚴的世界與明惠的夢之間的關聯，簡單為各位讀者介紹。

華嚴終極的思想，可以說是「法界緣起」的概念。所謂「法界」一語，雖然沒有辦法簡單地說明完全，但是參考《望月佛教大辭典》的解釋，我們可以看到它有許多種意義。其中在「④華嚴學」這個項目下這樣寫著：「我們可以用『現實如是的世界』以及『讓某事物得以做為該事物而存在的東西』這兩個看似對立、但實際上相互融合的詞句來解釋法界。換句話說：（一）法是性的意思；法性（真如）是同一的。（二）界是分的意思；界是法性的表現，也就是世界。因此所謂『法界』，一方面等於世界、宇宙，另一方面等於真如、法性。法的世界。」這個解釋雖然乍看之下不易理解，但是如果我們再接著讀其後的說明，就會發現其實它在短小的篇幅內，非常精準地掌握到華嚴的思想。

做為出發點，法界首先是「現實如是的世界」。是什麼樣的想法介入，改變了它的意涵，使它成為「讓某事物得以做為該事物存在的東西」？在華嚴思想裡，將法界分為四種，並且將它們體系化：（一）事法界、（二）理法界、（三）理事無礙法界、

註5　　中村元〈解說〉，中村元編《仏典 II》，筑摩書房，1965，所收。

譯註6　愛諾思是一個研究討論的團隊，以心理學、宗教、哲學為主要研究領域，自1933年起每年定期在瑞士舉行會議。

註6　　井筒俊彥，同註4論文。井筒於1980年在愛諾思年會以英文發表，後來自己再以日文改寫。原文的標題是：Izutsu, T., The Nexus of Ontological Events: A Buddhist View of Reality, *Eranos Jahrbuch*, 1980, pp. 357-392.

（四）事事無礙法界。筆者將借用井筒的論點來說明。

　　事法界是我們在日常生活中，普遍經驗到的「現實如是的世界」；在這樣的世界中，萬事萬物各自與其他事物明確地區隔開來，各自獨立存在。這是「以華嚴的語言來說，事物彼此形成相互的障壁。A有A的本性，B有B獨立的性格，透過它們的本性，A和B清楚地分隔區別，不能混同」的狀態。

　　不過，如果我們把區別事物的分界線抽走，來看這個世界，那會是什麼樣的情形？「原本無限細分的、存在的不同樣貌，瞬間化為無差別、茫茫一片的空間。當我們真正覺知到這個境位的時候，禪稱它為『無一物』或『無』。」這樣子看到的世界，以華嚴的術語來說，稱為「理法界」。

　　上述的說法只偏重在理論的論述。如果要「真正覺知到這個境位」，除了需要禪定以外，還需要以行為舉動來「唱頌」《華嚴經》。如同玉城康四郎所說，實際閱讀《華嚴經》就可以發現，「華嚴經裡面的說法，幾乎完全沒有考慮如何讓聽法的人可以理解。它只是一昧地以覺醒的方式，綿延不絕地述說覺醒的世界。換句話說，華嚴的說法，並不是從覺醒的立場去面對眾生，而是從覺醒朝向覺醒，企圖看盡這光明大海的盡頭。」【註7】總之，閱讀《華嚴經》時，就像被光的漩渦吞噬，不斷地打轉。然而，透過這種「體驗」的累積，達到與日常迥異的意識，就可以理解「理法界」。

　　在「事法界」裡，物與物之間有所區別。「讓A做為A存在、讓A與B有所區別、讓A與B不同的存在論原理，佛教的術語稱為

註7　　《永遠の世界観　華厳経》，筑摩書房，1965。

『自性』（svabhāva）。」然而在「理法界」之中，物與物的區別
消失，「自性」受到否定。也就是說，自性並不是實在的東西，
只不過是一種「妄念」。以井筒的話來說，這是「存在解體過程
中暫時的終點」。事實上《華嚴經》不斷反覆地述說，一切都是
無自性，一切都是虛空。

　　這個絕對空化的世界的「空」或「無」，並不是什麼都沒
有的意思，而是一種祕藏著無限「有」之可能性的東西。也就
是說，理法界的「空」，具有微妙的兩義性，同時蘊含「無」與
「有」。因此，「『理』做為無限的存在可能性，做為能量的、
形而上的創造力，永遠、持續地在所有的地方，將自己分節成無
數的現象⋯⋯『空』（『理』）的這種出現方式，華嚴哲學稱它
為『性起』。」

　　研究華嚴哲學，必須理解「性起」的意義。井筒主張：「最
重要的是，那是舉體『性起』。」「也就是說，不論在什麼樣的
場合，『理』永遠、必定以它的全體顯現為『事』。因此，存在
於我們經驗世界的一切事物，每一件、每一件，都完整忠實地體
現『理』的原貌。」「『理』滲入『事』之中，沒有任何阻礙，
結果『理』就是『事』本身。相反地，『事』體現『理』，沒有
任何障礙，結果『事』就是『理』本身。『理』與『事』相互交
融、自在無礙。這種『理』『事』關係的實相，華嚴哲學的術語
稱之為『理事無礙』。」

　　聽了「舉體性起」這句話，關於明惠喜愛一塊石頭、寫信給一
座島等行為，也就不難理解了。明惠達到了這樣的心境：每一件事
物他都能夠看作是「理」的「舉體性起」，來與世界相互接觸。

　　雖然在「理事無礙」的世界中，「事」存在，但是原本無

自性的「事」，為何能夠以個別的眾多事物存在？為了說明這一點，我們需要「事事無礙」的法界。舉例來說，A、B、C……等等個別的事物存在。A本身是無自性的；【譯註7】讓 A 做為A的，是它和B、C……等等的關係。同理也適用於B和C。B是無自性的；B存在於它和A、C……等等的關係之中，而且它和A、C都不同。

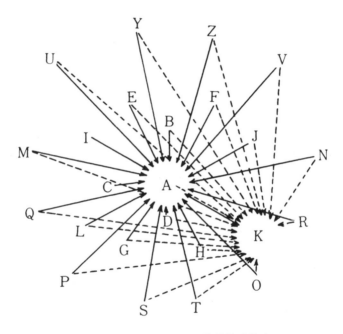

摘自《思想》　第733期，井筒俊彥論文

　　井筒利用圖表來呈現這個情況，並且做了以下說明：「比方，A這個**東西**做為 A 的存在，和B、C以及其他所有東西都有關聯。B這個**東西**，C這個**東西**，以及其他所有一切的事物，結構都是完全一樣的。結果，任何事物都和所有的事物相互關聯；如果

譯註7　指沒有自己的本質。

無視於**全體**關聯性，那就連一件事物的**存在**都無法想像。如果我們將所有**事物**之存在論的全體關聯結構，以圖表的方式視覺化，那大概會是上圖的樣子吧。然而，這個圖表捕捉到的，頂多只是在一瞬間所有**東西**相互關聯的樣貌，也就是它的共時性結構，但是在這個存在的關聯裡，A、B、C……之中，只要有任何一個產生變動，全體的結構就會改變，因此每一個瞬間它的型態都是不同的。也就是說，我們必須以歷時性（diachronic）的結構來思考全體。希望讀者在觀看上述圖表的時候，能夠自己將歷時性填補進去。」

《華嚴經》如此描述這樣的世界：「在那裡，一粒一粒的塵埃之中，都有佛的國土安在；佛之雲從一粒一粒的塵埃之中湧現，普遍包容一切、護持一切。一粒微塵之中就有佛的自在力活動，所有其他的塵埃之中，也是如此。」【註8】每一件事物的存在，都有全宇宙參與其中；絕對不會有任何事物，只憑藉著自己而存在。「所有的**事物**總是以**全體**的狀態同時出現。華嚴哲學稱事物的這種存在實相為『緣起』。『緣起』與『性起』，同為華嚴哲學的中樞概念。」

井筒以「有力」、「無力」為基礎，建立了「主從」的存在論，並且以「主從」的存在論，來說明上述的現象。假設有 A、B、C 三個各異的事物存在，根據華嚴的思想，這三者中的任何一個，都是由同樣的、數量無限的、存在論的構成要素（a b c d e......）所組成。但如此一來，A、B、C 的差異如何產生？無限構成要素中的某一個（或某幾個）特別「有力」時，剩下的要素會

註8　玉城康四郎訳，〈華嚴経〉，中村元編《仏典 II》前出，所收。

282

處於「無力」的狀態。所謂「有力」，是積極、顯現、自我主張、支配的意思；「無力」則相反。也就是說，**事物**性起的時候，某些要素「有力」地出現，成為**主**；其他「無力」地出現的要素，則成為**從**，這就是「主從」的邏輯。然而重要的是，雖然**普通**的人類看不到「無力」的要素，如果是佛或菩薩，當然看得到。同時看得到「有力」和「無力」的人，井筒稱之為「複眼之士」。「複眼之士」的眼睛「總是、一定能夠毫無遺漏地從不可視的黑暗之中，找出存在之『無力』的構成要素。不論是什麼樣的事物，他都可以從『有力』和『無力』兩個側面去觀察。華嚴描敘在這個狀態下看到的存在世界之風景，主張所有的**事物**都在三昧深處」。

這就是華嚴教義中「事事無礙」的法界。

接下來我們再回頭想想，先前提到的「黑犬之夢」。明惠無意間看到一隻黑狗，牠來腳邊廝磨時，明惠直覺到自己「飼此犬多年」。我們可以說，所有的人心中都養著黑狗，差別只在自己有沒有察覺。明惠感覺這是自己所養的狗，就是察覺到「無力」的要素之存在。明惠「如今當相伴不離」的決心，具有重大的意義。筆者之所以覺得這個夢充滿「華嚴精神」，就是這個原因。

以上筆者非常簡單地為讀者介紹了華嚴思想的真髓。有了這樣的認識，也就不難了解「身心凝然之夢」的意義是多麼深遠。身體

幼犬像（高山寺藏）

變成像水晶一樣的透明體，「諸佛悉入其中」，這個意象完美地呈現了華嚴事事無礙的思想。值得注意的是，明惠並非「理解」了事事無礙的思想；他的**身體存在**本身，就是事事無礙世界的體現。對明惠來說，這才是對華嚴世界的了解。想要了解華嚴的世界，必須身心與共，賭上自己的全部存在——那得要如何謹守戒律、禪定修行、鍛鍊身心，不是常人的我們所能想像得到的。

二、示寂

晚年的明惠在高山寺從事著述的工作，並且勤勉講道。世人尊崇他為當代無雙的高僧，他的講道，總是吸引許多的聽眾。但是明惠並沒有因為外在的工作，而荒廢了內在的修行，舉例來說，元仁元年（1224）、他五十二歲那年的冬天，他就在高山寺後方的楞伽山閉關禪定修行。即使有了崇高的社會地位，他仍然努力修行，一直到人生的最後一刻，這可以說是明惠的性格特徵。

關於明惠晚年從事的眾多宗教活動，其他的書籍多有記載，筆者不再贅述；我想要討論的是他晚年幾個令人印象深刻的夢，以及他的死亡。一個人死亡的方式，或許不足以反映他全部的人生；但是一個人面對死亡的態度，確實可以告訴我們許多有關他生命本質的事情。

此、吾之死夢矣

剛剛我們說過，元仁元年的冬天，明惠在楞伽山閉關修行。《行狀》裡記載，他在那裡看到了意義深遠的夢，不過《夢記》

中未曾留存。阿彌陀如來在明惠的夢裡現身,「光明」一再地出現,照亮一切。光的主題不斷持續。另外有一次,明惠坐在繩床上面沉思,忽然見到一位菩薩仰臥在他面前。菩薩的身體似乎與蓮花重疊,明惠一片一片地掀開花瓣,看見其中宛如水晶或琉璃般通徹透明,無一物不可視,「炳然映徹,無障無礙,萬境皆備於其身。」這顯然是「身心凝然之夢」的延伸。

還有一次,明惠夢見自己不斷上升、越過色究竟天;他往下看色究竟天,發現三界之中沒有任何東西比他高。這和他年輕時候夢見的「登塔之夢」屬於同樣的主題。色究竟天是色界最高的天,那時候我們已經說明過。

接下來《行狀》中有這樣的紀錄:

> 又,於夢中越一物,名曰十二緣起。又,欲越死者滿布、名曰老死之處,然恐怖心起,未能越。後日又有一夢,如前日至於老死之處,先時心生恐懼未能越之,此回心意已決,飛躍於其上越之云云。(「老死之夢」)

這一次也像「登塔之夢」一樣,第一個夢沒有做到的事,在幾天後的夢裡達成了。最初他不能越過那個名為「老死」、充滿死人的地方,下一次他成功越過。筆者認為從這個時候,明惠開始踏實地為死亡做準備。即使是像明惠這樣的人,最初也對老死感到恐懼而無法超越,令人印象深刻。

《夢記》的最後,是寬喜二年(1230)、明惠五十八歲時的紀錄。這一年只記載了兩個夢,我們一併介紹:

　　寬喜二年七月終日，夢中立木板二枚，高數十丈，闊
一尺許。予緣板而上，心知此乃通往天竺等之道。上有一
人助予，下有女房二人扶舉。依此，煩憂皆無登於其上。
思，年來未登之境，今已遂之。所做已竟予之當務云云。
（「女性相助之夢」）

　　寬喜二年十二月，思，當讀梵網傳之奧疏。其間與喜
海法師商談。經數日，同十一日之夜，夢中見故乘善房行
俊（註：馬之醫也）。在生之時，返老迴轉，變身十二、
三歲童子。高弁依此，成此少童之師。夢中思及如經觀。
過去一切劫，安立未來今，未來一切劫，迴益過去世云
云。今此迴轉之事，正如此經。即覺醒。示我以時之香，
與答之曰：「丑時之始也」云云。燈下記之。於禪河院之
草庵云云。

　　第一個夢非常精彩。「年來未登之境，今已遂之」，在兩位
女性的幫助下，明惠成功地登上高處。雖然在上面拉拔他的人性
別不明，但在下面推他的人，確定是兩位女性。「心知此乃通往
天竺等之道」──如果我們想想，過去明惠是多麼希望能夠到天
竺去，對他來說，這個夢一定帶給他莫大的成就感。明惠在夢中
賜予石化的女性生命力，現實中更救助了許多戰爭未亡人，還為
她們建立善妙寺。但是這個夢告訴了我們，在內心的世界裡，明
惠透過了許多女性的幫助，才能走向自我實現的道路。然而，像
這樣的成就體驗，說不定也正是死亡將近的預告。
　　接下來在十二月的夢中，已經過世的馬醫乘善房行俊還活

著，並從老人變成一位少年。因為某些理由，明惠成了這名少年的導師。我們不清楚〈如經觀〉是什麼樣的經書，但是從老人變成少年這一點來看，應該是與輪迴有關。可惜我們不知道這位馬醫乘善房和明惠的關係，否則一定很有趣。

翌年，寬喜三年的十月一日，明惠長年的宿疾痔病復發，他無法進食，一度甚至到了臨終的狀態。後來他稍稍恢復，作了以下的夢，記載在《行狀》裡：

> 大海之濱，大磐石聳立，高入穹蒼。草木花果茂鬱，奇麗殊勝。大海一同，予以大神通力，移此十町許，至予居處。思，此，吾之死夢矣。來生之果報，接（告）於現世。（「死夢」）

明惠斷言「此，吾之死夢矣」，讓人無言，夢的內容也出人意表。「大海之濱，大磐石聳立」的景色，令人想到明惠喜愛的白上峰，不過應該更為雄偉吧。明惠以神通力，將大磐石連同大海搬運到自己居處的附近，應該是自認已經為死亡做好了準備。

臨死前不久，榮格也作了一個他認為是死亡預告的夢，並且告訴他的學生們：【註9】

> 他看見「另一幢波林根（Bollingen）」沐浴在光線裡，閃閃發亮。然後有一個聲音告訴他，它已經完工，已經準備好可以住進去了。然後遠方，鼬鼠媽媽正在教她的

註9　芭芭拉・漢娜（Barbara Hannah），《榮格的生活與工作》（*Jung, his Life and Work: A Biographical Memoir*, Michael Joseph, London, 1977）。

小孩，如何縱身飛到小河裡游泳。

波林根是榮格特別喜愛的別墅。開始的時候，榮格親手用磚塊砌了一座塔，沒有電，也沒有水，他經常在這裡沉思冥想。夢裡，有人告訴他「另一幢波林根」已經在「彼方」完工，正等待著新的住客。明惠則是以神通力，拔起了一塊「彼方」的世界。有趣的是，兩個人都在夢裡看到下一個階段的住所，兩個人也都判斷那是個「死夢」。

我，自護戒者中來

寬喜四年（1232）正月十日，明惠的病情惡化，似乎隨時都會離開人世。但之後他一度好轉，終於在十九日才寂滅。這段期間明惠的行為舉止，《行狀》與《傳記》都有詳細的記載；除了讓人敬佩以外，不知道還能說什麼。筆者將為各位簡短介紹明惠臨終的情形，想要知道更多的讀者，不妨直接閱讀原書。

十一日，明惠正式交代遺言，將死後高山寺的營運等等後事，囑託給弟子們。十二日開始，他在彌勒菩薩像前行臨終的儀式，坐禪並向眾人解說佛法，這或許代表明惠希望上生【譯註8】彌勒淨土兜率天的祈願。雖然明惠強調「我不談來生之救贖，只論今世應有之樣貌」，但這只是呼籲我們要有活在當下的覺悟，不應該據此認為明惠否定來生的存在，或是明惠不希望上生淨土。

十五日，正在坐禪的時候，明惠一度停止了呼吸，身體也變得冰冷。弟子們都以為師父已經入滅，但是因為明惠曾告誡他

譯註8　佛教中認為往生極樂淨土分為上品、中品、下品三個位階，每個位階又各自分為上生、中生、下生三個位階。

們：「就算你們以為我大限已到，在確定之前，切勿觸碰我，也不要騷動。」所以弟子們只是專心一意地唱頌彌勒的寶號與真言。那時，弟子之一的靈典，看見彌勒大座左方的寶珠，突然直直地升起一股香煙，在空中聚集成雲朵的形狀；彌勒像則微微晃動，看起來像浮在空中。同時從明惠的口中射出白色的光芒，照亮了彌勒寶前。十八日，靈典把這件事告訴明惠的時候，明惠表示那時他也看見好相。佛法的奇妙不是這時候才開始的。

十六日明惠告訴弟子們：「入滅之儀，有端坐與右側臥兩種。臨終之際，端坐令人煩累，故我將合釋尊御入滅之姿。」隨即以右側臥的姿勢唱頌佛號，直到翌日。十九日辰時一點（早上七點），明惠「洗手、著袈裟、取念珠、倚看病者安坐，告之曰，其時已至，眾人應頌陀羅尼、唱寶號」。（以下引自《行狀》）語畢入觀（進入冥想的狀態）。不久他出觀，回顧自己的人生，高唱《華嚴經》之一節，邀眾人同唱「南無彌勒菩薩」。很快，明惠再次入於禪定，又再度出觀，告訴眾人：「如今我當橫臥休憩。覺其時已近，勿引我起身。」說罷面向右側，躺了下來。弟子定真說道：「其時似已近。」明惠睜開眼睛，說：「此事眾人皆知。年來學習思維觀察之法門，悉數浮於心，無一事或忘。」言畢又闔上眼睛。喜海靠近枕頭，想要聽他的遺言；明惠以幽微的聲音說道：「我，自護戒者中來。」這是他的最後一句話，用來為終生謹守戒律的他劃下句點，再適合也不過了。

其後，忽顯歡喜之形，奄然【譯註9】含笑寂滅，歷六十

譯註9　指忽然逝世。

289

春秋，同廿一日之夜，於禪堂院後葬殮，其間行色無異，
宛若入眠。又十八日之黃昏始，異香瀰漫，聞之者眾，葬
殮後二、三日間，異香猶存。

《行狀》一書，就以上述文字結束。這是罕見的往生過程。
當時的人們都相信明惠已經上生兜率天。

在明惠歿後，其弟子定真寫下〈最後臨終行儀事〉，記錄明
惠臨終的情景；根據他的記載，有許多人在夢中預見了明惠的死
亡。舉例來說，正月三日大福寺掌管寺務的貞俊阿闍梨，夢見明
惠登上一座高入雲端的寶塔，塔的下方包括門下的弟子，道俗群
集；他在夢裡想著，這該不會表示明惠入滅了吧。榮格去世的時
候，他的朋友勞倫斯‧普司特（Laurens van der Post）也看見類似
的幻象：榮格出現在一座類似馬特洪峰的山頂上，對他說：「不
久之後再見了。」同時消失在山的那一邊。【註10】還有，信然阿闍
梨的叔母作了一個夢，看見從西方飄過來一朵紫雲，明惠就站在
中間。

就這樣，夢帶著深厚的意義，從出生到死亡，始終和明惠的
生命緊緊纏繞在一起。

註10　普司特（Laurens van der Post），《榮格與我們這個時代的故事》（*Jung and The Story of Our Time*, The Hogarth Press, 1976）。

後記

　　筆者最早在湯川秀樹老師的引介下，知道明惠上人的《夢記》，已經是大約二十年前的事了。當時我在老師們主編的《創造的世界》雜誌中，發表了有關夢的文章；那是在之後的座談會所發生的事（這件事記載在拙著《夢與民間故事的深度心理學》之中）。當時出席的梅原猛先生，也強力建議我研究《夢記》。雖然他們強力推薦，但那時候我對佛教實在沒有什麼興趣，怎麼也提不起勁去閱讀，就這樣擱置了好久。

　　後來，昭和五十四年，京都松柏社的西川嘉門先生、以及NHK的瀨地山澪子女士提出了一個企畫，希望我和民俗學者高取正男先生合作，共同研究日本的佛教。從那時候，我才開始閱讀《夢記》。

　　很遺憾地，高取先生不幸亡故，這個企畫因而胎死腹中；但是我讀了《夢記》之後，深深受到感動。沒有聽取梅原先生的忠告，把這麼了不起的東西擱置了那麼久，我非常懊惱。不過仔細想一想，凡事都有它的「時機」；我開始閱讀《夢記》的時機恰到好處。受到《夢記》吸引，才進一步閱讀有關明惠上人的文獻；愈是深入了解，我愈是為明惠上人傾倒，遂決定撰寫讀者們所看到的、這樣的一本書。昭和五十八年我在京都大學以《夢記》為題講課；同年夏天我首次接受愛諾思年會的邀請，發表了〈明惠《夢記》中的身體〉（Bodies in the Dream Diary of Myôe, *Eranos Jahrbuch* 1983, Insel Verlag, 1984）。愛諾思是擁有五十年歷

史的著名研討會，我非常緊張；所幸我的發表得到很好的評價。

踏過這樣的歷程，原本我也可以立刻開始撰寫原稿，但是卻一再拖延，一直到今日，給西川先生平添不少麻煩。那是因為——讀者從本文中也可以看到——如果要了解《夢記》，必須對於明惠生存的時代、對於佛教，有某種程度的認識。每日我都必須從事臨床的工作，閱讀這些文獻又比我想像的更花時間，延宕實在是情非得已。但是在明惠的引導下，我開始進入過去從不關心的佛教世界，這是非常值得慶幸的事。

在這段期間，西川先生為忙碌的我，收集了必要的文獻；因為我對佛教與漢字的知識不足，他還替我請教了京都許多的專家。如果沒有他的協助，我絕對不可能完成這本書。我要在這裡，誠心地致上我的感謝。

因為我對明惠上人與佛教的無知，著手進行這件工作，受到了許多先賢諸學研究的幫助。雖然無法一一列舉，但是我要感謝所有出現在文獻清單上的研究者。特別是奧田勳先生讓我閱讀未曾公開的、明惠上人夢的資料，透過書信給予我許多指導，真的是非常感激。

雖然直接、間接受到許多先賢的指導，但這主題畢竟超出了我的專業範圍，總是戰戰兢兢，害怕自己犯下錯誤。關於這一點，今後如果能夠得到忠告與批評，一定會逐步修正我的研究。

雖然對佛教無知，但是關於夢的事務，我頗以專家自豪。昭和四十五年從瑞士歸國以來，我一直從事夢分析的工作，直至今日。說不定在我們國家裡，如此連續、大量聽取個人的夢的人，我是第一個。

夢是不可思議的東西。雖然即使是沒有太多經驗的人，也

可以談論、書寫有關夢的事情，但是在本書中我對《夢記》的意見，是以我分析許多他人的夢的經驗為基礎完成的，這一點我很確定。

撰寫本書的時候，我遭遇一個難題：了解佛教與歷史的讀者，或許對夢的知識不足；了解夢的人，可能又不認識佛教或歷史。因此，在實際進入夢的分析之前，我以第一章與第二章，作為前置的必要背景。關於這一點，已經熟知這些歷史的讀者，不妨快速翻閱即可。

撰寫本書的時候，我造訪了和歌山施無畏寺的住持中島昭憲大師，受到他親切的招待，在此表達謝忱。另外，我雖然訪問了京都的高山寺，但是因為葉上照澄阿闍梨住持，是曾經在比叡山千日回峰的名僧，不敢驚動他。最近在機緣之下，得以親自聽到他的教誨，內心充滿感恩之情。可惜書已經脫稿，無法把他的睿見錄在本書之中。

阿闍梨強調明惠上人的合理性，和我的意見不謀而合，令我非常高興。同時阿闍梨也提醒我明惠上人與宮澤賢治、亞西西的聖方濟之間的類似之處。希望能夠以這三位人物的比較，作為我今後的課題。

還有，關於刊載高山寺典藏文化財的圖片，葉上阿闍梨費了許多心思；這一點我也要在此表達謝意。

我在瑞士學習榮格心理學之後，身為日本人該如何思考榮格所說的個體化、自我實現，成為我終生的課題。經過長年的思考而不是現學現賣，最近我打算一點一點，發表我自己的想法。關於這一點，接續先前發表的《日本人的傳說與心靈》，目前這本書或許可以看作我的第二作。

這一次我毫不顧忌地，講了我想講的話；就算只為了這件事，我也必須感謝讀者的包容。如果這本書對那些用心思考個體化的人，能夠產生少許的助益，身為作者，沒有比這個更幸福的事了。

河合隼雄
昭和六十二年三月

（感謝京都國立博物館提供高山寺
相關圖片，在此謹致謝忱。）

明惠上人座像（高山寺藏）

延伸閱讀

◉《從西方哲學到禪佛教》，傅偉勳，東大，1986

◉《尋求靈魂的現代人》，卡爾·榮格（Carl Gustav Jung），志文，1989

◉《禪與心理分析》，鈴木大拙、佛洛姆（Erich Fromm），志文，1989

◉《簡明佛教概論》，于凌波，東大，1991

◉《導讀榮格》，羅伯·霍普克（Robert H. Hopcke），立緒，1997

◉《榮格自傳——回憶·夢·省思》，卡爾·榮格，張老師文化，1997

◉《可理解的榮格：榮格心理學的個人方面》，哈里·威爾默（Harry A. Wilmer），北京：東方，1998

◉《人及其象徵：榮格思想精華的總結》，卡爾·榮格，立緒，1999

◉《榮格心靈地圖》，莫瑞·史丹（Murray Stein），立緒，1999

◉《人類心靈的神話：榮格的分析心理學》，常若松，果實，2000

◉《夢：私我的神話》，安東尼·史蒂文斯（Anthony Stevens），立緒，2000

◉《狂喜之後》傑克·康菲爾德（Jack Kornfield），橡樹林，2001

- 《東洋冥想的心理學——從易經到禪》，卡爾‧榮格，商鼎，2001
- 《黃金之花的祕密——道教內丹學引論》，卡爾‧榮格、湯淺泰雄，商鼎，2002
- 《超越自我之道》，羅傑‧渥許（Roger Walsh）、法蘭西絲‧方恩（Frances Vaughan）編著，心靈工坊，2003
- 《佛教的見地與修道》，宗薩欽哲仁波切，探索，2004
- 《日本人的傳說與心靈》，河合隼雄，心靈工坊，2004
- 《佛教與心理治療藝術》，河合隼雄，心靈工坊，2004
- 《華嚴宗哲學》（上）、（下），方東美，黎明文化，2005
- 《榮格解夢書：夢的理論與解析》，詹姆斯‧霍爾（James A. Hall），心靈工坊，2006
- 《榮格學派的歷史》，湯瑪士‧克許（Thomas Kirsch），心靈工坊，2007
- 《夢是靈魂的使者：一個榮格心理分析師的夢筆記》，申荷永，心靈工坊，2011
- 《新譯華嚴經入法界品》（上）、（下），楊維中，三民，2011
- 《英雄之旅：個體化原則概論》，莫瑞‧史丹，心靈工坊，2012
- 《共時性：自然與心靈合一的宇宙》，約瑟夫‧坎柏瑞（Joseph Cambray），心靈工坊，2012

Psychotherapy 34

高山寺的夢僧：明惠法師的夢境探索之旅
明惠 夢を生きる

作者—河合隼雄（Hayao Kawai）　譯者—林暉鈞

出版者—心靈工坊文化事業股份有限公司
發行人—王浩威　總編輯—徐嘉俊
執行編輯—裘佳慧　特約編輯—黃素霞
內文排版—冠玫股份有限公司
通訊地址—10684　台北市大安區信義路四段53巷8號2樓
郵政劃撥—19546215　戶名—心靈工坊文化事業股份有限公司
電話—02）2702-9186　傳真—02）2702-9286
Email—service@psygarden.com.tw　網址—www.psygarden.com.tw

製版‧印刷—中茂分色製版印刷事業股份有限公司
總經銷—大和書報圖書股份有限公司
電話—02）8990-2588　傳真—02）2290-1658
通訊地址—248　新北市五股工業區五工五路二號
初版一刷—2013年2月　初版三刷—2022年12月
ISBN—978-986-6112-66-9 定價—400元

《MYOUE YUME O IKIRU》
© Kayoko Kawai 2013
Original Japanese edition published by KODANSHA LTD.
Complex Chinese publishing rights arranged with KODANSHA LTD.
through Future View Technology Ltd.
本書由日本講談社經由巴斯里那有限公司授權心靈工坊文化事業股份有限公司
發行繁體字中文版，版權所有，未經日本講談社書面同意，
不得以任何方式作全面或局部翻印、仿製或轉載。
Complex Chinese Edition Copyright © 2013 by PsyGarden Publishing Company
ALL RIGHTS RESERVED

國家圖書館出版品預行編目資料

高山寺的夢僧：明惠法師的夢境探索之旅／河合隼雄著；林暉鈞 譯.
-- 初版. -- 臺北市：心靈工坊文化, 2013.02.
面；公分. -- (Psychotherapy；34)
譯自：明惠 夢を生きる
ISBN 978-986-6112-66-9 (平裝)
1.夢
175.1
101027791

探訪幽微的心靈，如同僧越曲折逶迤的河流
面對無法預期的彎道或風景，時而煙波浩渺，時而萬壑爭流
留下無數廓清、洗滌或抉擇的痕跡
只為尋獲真實自我的洞天福地

Psychotherapy

遊戲與現實
作者—唐諾‧溫尼考特　審閱—王浩威
譯者—朱恩伶　定價—320元

溫尼考特長期關注的是：想像力的泉源何在？是什麼使
人活得有創造力？本書是他深化「過渡客體與過渡現象」
理論之作，以十一個章節來探討這個哲人、詩人向來關
注的領域。

拉岡與李維史陀
【1951-1957回歸佛洛伊德】
作者—馬可‧薩非洛普洛斯
審閱—楊明敏　譯者—李郁芬　定價—350元

本書作者針對拉岡於1951-1957年間的講座內容，進行地
毯式搜索，逐條辯證出結構主義大師李維史陀對當時提
出「回歸佛洛伊德」運動的拉岡思路的影響，以及這份
貢獻被潛抑的原因。

塗鴉與夢境
作者—唐諾‧溫尼考特
譯者—廖婉如　定價—520元

從小兒科醫師進入兒童精神醫學領域
的溫尼考特，累積了近四十年的兒童
諮商經驗，發展出互動式塗鴉來與孩
子溝通。透過書中案例分析，可以明
白他如何開創性地將溝通的技巧，拓
展到圖像與語言並重的層次。

二度崩潰的男人
【一則精神分析的片斷】
作者—唐諾‧溫尼考特　審閱—王浩威
譯者—廖婉如　定價—450元

精神分析裡的醫病關係從來都是流動
變幻的，是患者接受治療，還是治療
師獲得療癒？精神分析大師溫尼考特
透過對個案的溫暖扶持以及犀利詮
釋，帶我們一窺深奧複雜的人性。

犧牲
【精神分析的指標】
作者—侯頌極　審閱—楊明敏
譯者—卓立、楊明敏、謝隆儀　定價—320元

犧牲無所不在：個人的犧牲，使欲望
與衝突得以調解；群體則以犧牲儀式
保障當權者，取得團結，將暴力合理
化。本書從弒父情結出發，分析以犧
牲作為罪咎感的一種「治療」功能。

榮格學派的歷史
作者—湯瑪士‧克許　審閱—申荷永
譯者—古麗丹等　定價—450元

本書為世人描繪了一株分析心理學家
族樹，以榮格為根，蘇黎世的國際分
析心理學協會為主幹，各國的榮格學
會為大小分枝，榮格門生及傑出分析
師、學者們，則化身成片片綠葉高掛
枝頭。

艾瑞克森
【天生的催眠大師】
作者—傑弗瑞‧薩德　審閱—劉慧卿
譯者—陳厚愷　定價—280元

本書深入介紹艾瑞克森學派突破傳統
心理治療框架的取向，並透過實例呈
現這位催眠大師如何巧妙地善用軼
事、情境及對隱微線索的覺察力來協
助個案。

跟大師學催眠
【米爾頓‧艾瑞克森治療實錄】
作者—傑弗瑞‧薩德　策劃、審閱—王浩威
譯者—朱春林等　定價—450元

這本書展現了艾瑞克森為期五天研討
會的完整實錄，透過此書，讀者可以
經驗他的催眠與心理治療方法及技
巧，於一個又一個迷人的趣聞軼事中
流連忘返。

兒童精神分析
作者—梅蘭妮．克萊恩
譯者—林玉華　定價—450元

在本書中的第一部分，克萊恩以其臨床實務經驗，描述孩童的精神官能症、導因與對客體的施虐衝動所引發的焦慮和罪惡感。第二部分略述她奠基於佛氏之思路所延展的理論架構。

嫉羨和感恩
作者—梅蘭妮．克萊恩
譯者—呂煦宗、劉慧卿　定價—550元

偏執一類分裂心理位置及憂鬱心理位置是克萊恩所創的最重要概念，本書收集了她在此創新概念下的著作。書中論文有些是關於分析技術的，有些則探討較廣泛性的精神分析主題。

兒童分析的故事
作者—梅蘭妮．克萊恩
策劃—林玉華、王浩威　審閱—樊雪梅
譯者—丘羽先　定價—750元

本書詳述一名十歲男孩的分析歷程，並精闢詮釋其畫作、遊戲和夢境。藉由本書可觀察治療過程的逐日變化與延續性，更是探究兒童精神分析技巧的必備書籍。

佛教與心理治療藝術
作者—河合隼雄
譯者—鄭福明、王求是　定價—220元

河合隼雄深刻地反思成為榮格心理分析師的歷程，及佛學如何提升了其心理分析實踐。作者也揭示了「牧牛圖」如何表達了自性化過程，充分展示一位東方人對人類心靈的獨特理解。

日本人的傳說與心靈
作者—河合隼雄
譯者—廣梅芳　定價—340元

「浦島太郎」、「鶴妻」等傳說不只富涵神祕與想像色彩，更蘊含了日本人獨特的自我形成過程。作者藉著比較日本和世界各國故事的異同，從心理學角度探討屬於日本的特有文化。

沙遊療法與表現療法
作者—山中康裕　策劃—王浩威
譯者—邱敏麗、陳美瑛　定價—300元

本書作者是世界沙遊學會創始人之一，他深入淺出介紹沙遊療法，並收錄50幅繪畫治療的珍貴個案畫作。

文化精神醫學的贈物
【從台灣到日本】
作者—林憲　譯者—王珮瑩　定價—260元

作者是台灣文化精神醫學研究先驅，見證了戰前與戰後歷史文化變遷、時代推移，對人們精神症狀的影響。他藉著本書將過去六十年來台大醫院精神科所進行的社會文化精神醫學研究結果，進行簡明扼要的總整理。

佛洛伊德經典個案系列｜全集六冊｜

★當代台灣精神分析研究者與臨床實務工作者，群力合作，重新翻譯、審閱、校訂，完整呈現一代大師的治療手法，第一手珍貴的原始記錄，是後代精神分析界與精神醫學界人人必讀的範本！
★王浩威——策劃
★金石堂網路書店編輯推薦

朵拉
【歇斯底里案例分析的片斷】
作者—佛洛伊德
譯者—楊明敏、劉慧卿　定價—240元

在「朵拉」此案例中，佛洛伊德對歇斯底里、夢、雙性特質、轉移關係等主題，均做了重點探討。於其中將理論植基於臨床素材，並交織於臨床經驗之中。

論女性
【女同性戀案例的心理成因及其他】
作者—佛洛伊德
譯者—楊明敏、劉慧卿　定價—180元

本書包含「女同性戀」案例的全文，並收錄五篇與女性主題有關的文稿。希望透過本書，帶領讀者進一步瞭解女性與精神分析的糾葛。

史瑞伯
【妄想症案例的精神分析】
作者—佛洛伊德　審閱—宋卓琦
譯者—王聲昌　定價—180元

佛洛伊德超越史瑞伯的妄想內容表象，深入心性發展的核心過程，為妄想症的形成機轉提出極具創見的論述，並啟發日後的性別認同、女性情結、生殖、生死及存在等議題研究。

鼠人
【強迫官能症案例之摘錄】
作者—佛洛伊德
譯者—林怡青、許欣偉　定價—260元

佛洛伊德透過本案例由折精采的分析過程，闡明了父子之間的愛恨糾葛如何在愛情、移情和反移情當中盤錯交織，堪稱伊底帕斯情結在二十世紀初再現的精妙範例。

狼人
【論孩童期精神官能症病史】
作者—佛洛伊德　審閱—蔡榮裕
譯者—陳嘉新　定價—220元

狼人的焦慮之夢，迂迴解開了他精神官能症的迷團，當中有錯綜複雜的閹割恐懼、性別認同、性誘惑等議題。其幼時的原初場景是微不足道的平凡事件，還是心性發展的關鍵時分？

小漢斯
【畏懼症案例的分析】
作者—佛洛伊德　審閱—林玉華
譯者—簡意玲　定價—240元

此案例蘊含的具體臨床經驗，印證了佛洛伊德在《性學三論》中所勾勒的許多結論。

- -

心理治療核心能力系列

★本系列由美國精神醫學會出版社（APPI）出版，葛林‧嘉寶醫學博士（Glen O. Gabbard, M.D.）主編，邀請高居領導地位的專家親自執筆。

★這六本書的出版，主要是依據美國醫學繼續教育認證審議委員會（Accreditation Council for Graduate Medical Education, ACGME）的精神科住院醫師甄審委員會（Psychiatry Residency Review Committee, RRC），明確指定所有精神科住院醫師的教育計畫，應致力於推動長期精神動力取向心理治療、支持性心理治療、認知行為治療、簡短心理治療、動力取向精神醫學及藥物與心理治療等領域的核心能力。

★本系列六本既創新又權威的書籍，由華人心理治療研究發展基金會與心靈工坊共同出版，將陸續完整推出。是國內精神醫師、心理衛生專家、精神醫學住院醫師或醫學系學生們的必備專書！

動力取向精神醫學
【臨床應用與實務】
作者—葛林‧嘉寶　審閱—張書森
譯者—李宇宙等　定價—1200元

作者是當今美國精神醫學界領袖級人物，他在書中提綱挈領地闡述了動力取向精神醫學的基礎、症狀診斷原則及治療方法，並將生物精神醫學的發現融入對人類心智的臨床理論之中。

支持性心理治療入門
作者—阿諾‧溫斯頓、理查‧羅森莎、亨利‧品斯克
審閱—周立修、蔡東杰
譯者—周立修、蔡東杰等　定價—280元

支持性心理治療是當今最廣泛使用的個別心理治療模式。本書完整詳述此治療法的基本架構，包括適應症、治療之分期、如何開始及結束治療、專業的界限，及移情／反移情等議題。

長期精神動力取向心理治療 【基本入門】
作者—葛林‧嘉寶
譯者—陳登義　定價—350元

本書介紹長期精神動力取向心理治療的基本原理，聚焦在與成人進行的個別治療工作上，涵蓋了基本精神動力原理、病人的評估、處遇、目標及治療作用等課題。

藥物與心理治療
作者—蜜雪‧瑞芭、理察‧巴隆
譯者—周佑達　定價—260元

合併藥物與心理治療的治療模式，在許多方面已證實比單純的藥物治療有更好的療效。本書針對整合式治療與分離式治療當中不同階段所需要的基本能力，以漸進而全面的方式，介紹其原則。

簡短心理治療
【臨床應用的指引與藝術】
作者—曼塔許、戴文、布瑞特、史丁巴格
羅傑‧格林伯格
審閱—陳錫中
譯者—李宇宙等　定價—500元

集結全美十八位簡短心理治療教學與訓練的頂尖專家，導引讀者如何進行簡短心理治療，是一本能在診間立即派上用場的實用手冊。

學習認知行為治療
【實例指引】
作者—傑西‧萊特、莫妮卡‧巴斯可
麥可‧泰斯
譯者—陳錦中、張立人等　定價—600元

本書涵蓋了執行認知行為治療（CBT）所需的基本方法與進階技巧，合併認知－行為／生物基礎／人際等治療模式，並藉助DVD影音教學，忠實呈現診間進行CBT時實際發生的狀況及因應方法。

心靈工坊 PsyGarden 書香家族 讀 友 卡

感謝您購買心靈工坊的叢書,為了加強對您的服務,請您詳填本卡,
直接投入郵筒(免貼郵票)或傳真,我們會珍視您的意見,
並提供您最新的活動訊息,共同以書會友,追求身心靈的創意與成長。

書系編號－PT 034　　　書名－高山寺的夢僧:明惠法師的夢境探索之旅

| 姓名 | 是否已加入書香家族? □是 □現在加入 |

電話 (O)　　　　　　　(H)　　　　　　手機

E-mail　　　　　　　　　　　生日　　年　　　月　　　日

地址 □□□

服務機構(就讀學校)　　　　　　職稱(系所)

您的性別－□1.女 □2.男 □3.其他

婚姻狀況－□1.未婚 □2.已婚 □3.離婚 □4.不婚 □5.同志 □6.喪偶 □7.分居

請問您如何得知這本書?
□1.書店 □2.報章雜誌 □3.廣播電視 □4.親友推介 □5.心靈工坊書訊
□6.廣告DM □7.心靈工坊網站 □8.其他網路媒體 □9.其他 ＿＿＿＿＿＿＿

您購買本書的方式?
□1.書店 □2.劃撥郵購 □3.團體訂購 □4.網路訂購 □5.其他 ＿＿＿＿＿＿＿

您對本書的意見?
• 封面設計　　　□1.須再改進 □2.尚可 □3.滿意 □4.非常滿意
• 版面編排　　　□1.須再改進 □2.尚可 □3.滿意 □4.非常滿意
• 內容　　　　　□1.須再改進 □2.尚可 □3.滿意 □4.非常滿意
• 文筆／翻譯　　□1.須再改進 □2.尚可 □3.滿意 □4.非常滿意
• 價格　　　　　□1.須再改進 □2.尚可 □3.滿意 □4.非常滿意

您對我們有何建議?

▲您的意見,我們將轉貼在心靈工坊網站上,www.psygarden.com.tw

心靈工坊
Ψ|PsyGarden|

台北市106 信義路四段53巷8號2樓
讀者服務組　收

（對折線）

加入心靈工坊書香家族會員
共享知識的盛宴，成長的喜悅

請寄回這張回函卡（免貼郵票），
您就成為心靈工坊的書香家族會員，您將可以──

⊙隨時收到新書出版和活動訊息

⊙獲得各項回饋和優惠方案